D1937048

Günther W. Gellermann

# Geheime Wege zum Frieden mit England . . .

Günther W. Gellermann

# Geheime Wege zum Frieden mit England ...

## Ausgewählte Initiativen zur Beendigung des Krieges 1940/42

Bernard & Graefe Verlag

© Bernard & Graefe Verlag, Bonn 1995
Alle Rechte vorbehalten. Nachdruck und fotomechanische
Wiedergabe, auch auszugsweise, nur mit Genehmigung des
Verlages.
Herstellung und Layout: Walter Amann, München
Satz, Lithos, Druck und Bindung: Isar-Post GmbH, Altheim/Landshut
Printed in Germany

ISBN 3-7637-5947-6

# Inhalt

**Einleitung** . . . . . . . . . . . . . . . . . . . . . . . . . . . . . . . . . 7

**I. Die geheimen diplomatischen Missionen des Dr. L. Weißauer** . . . 10

Wer war Dr. Ludwig Weißauer . . . . . . . . . . . . . . . . . . . . . . . . . . 10

Erste Besprechungen in Skandinavien . . . . . . . . . . . . . . . . . . . 13

Hitlers Finnlandpolitik 1939/40 . . . . . . . . . . . . . . . . . . . . . . . 13

Die Anbahnung der Skandinavienkontakte . . . . . . . . . . . . . . 14

Weißauers erste Gespräche in Stockholm im Juli 1940 . . . . . . . 15

Erste Unterredung des deutschen Emissärs in Helsinki in der Zeit vom 19.–27. Juli 1940 . . . . . . . . . . . . . . . . . . . . . . . . . 16

Die Fortsetzung der Gespräche in Stockholm am 28. Juli 1940 und ihre Bedeutung für die schwedische und finnische Außenpolitik 19

War England zu einem Frieden mit Deutschland bereit? . . . . . . . . . 25

Die »indirekten« deutsch-englischen Gespräche in Stockholm im September 1940 und die britische Reaktion auf die deutschen Friedensvorschläge . . . . . . . . . . . . . . . . . . . . . . . . . . . . . . 27

Vorbemerkung: Hitlers Werben um die britische Freundschaft 27

Die »indirekten« Gespräche . . . . . . . . . . . . . . . . . . . . . . . . 30

Wollte Hitler eine neue Weltordnung? . . . . . . . . . . . . . . . . . . 39

Ein finnischer Geschäftsmann erkundet in London die britische Friedensbereitschaft im Januar 1941 – die Fortsetzung der Versuche des schwedischen Vermittlers, einen Frieden zwischen England und Deutschland zu erreichen . . . . . . . . . . . . . . . . . . . . . . . . . . 45

Weißauers Gespräche mit dem finnischen Staatspräsidenten Ryti 1941–1943 . . . . . . . . . . . . . . . . . . . . . . . . . . . . . . . . . . . 48

Die Erkundung der politischen Stimmung in Norwegen durch Diskussionen mit Vertretern der Opposition in Oslo im Mai/Juni 1942 . . . . 49

Die Verleihung eines hohen finnischen Ordens . . . . . . . . . . . . . 51

Die dienstliche Tätigkeit Weißauers als Wehrmachtsbeamter bei der Luftwaffe und im Bereich des Reichsministeriums für die besetzten Ostgebiete . . . . . . . . . . . . . . . . . . . . . . . . . . . . . . . . . . . 52

Die Beurlaubung vom Militärdienst für die geheimen Aufträge des Reichssicherheitshauptamtes . . . . . . . . . . . . . . . . . . . . . . . . 58

Die Nachkriegskarriere . . . . . . . . . . 61
Anlagen zu Teil I . . . . . . . . . . 64

**II. Die Fortsetzung der deutschen Bemühungen im April 1942 einen Frieden mit England zu erreichen – Überbrachte der Abwehragent »A 2048« den Briten 1942 deutsche Friedensvorschläge?** . . . . . . . 117
Anlagen zu Teil II . . . . . . . . . . 138

**III. Gab es einen Fall Hans Baur?** . . . . . . . . . . 163
Anlagen zu Teil III . . . . . . . . . . 172

**Schlußbetrachtung** . . . . . . . . . . 199

**Literaturverzeichnis** . . . . . . . . . . 207

**Personenregister** . . . . . . . . . . 212

**Danksagung** . . . . . . . . . . 215

**Der Autor** . . . . . . . . . . 215

# Einleitung

Die Vielzahl offizieller und inoffizieller diplomatischer Bemühungen zur Wiederherstellung des Friedens in den Jahren 1940/41, aber auch noch 1942, die insbesondere über das neutrale Schweden liefen, bieten ein buntes Bild sich widerstrebender, kaum überbrückbarer Interessengegensätze Deutschlands, der europäischen Mächte, aber auch der USA[1]. Einige, vor allem der deutschen Versuche zur Herbeiführung eines Friedens mit England, wie die hier beschriebenen, haben sich ganz offensichtlich ausschließlich im Bereich der Geheimdienste abgespielt.

Warum aber wählten die Kriegsparteien die Geheimdienstebene, um einen Gedankenaustausch über die Herbeiführung eines Friedens zu führen und überließen solche Gespräche hierüber nicht den Diplomaten?

Churchill wie auch Hitler hatten ihre Kriegsziele deutlich mehrfach öffentlich geäußert. Beide mußten befürchten, daß offizielle Verhandlungen als ein Abweichen von diesen Zielen gedeutet und als Nachgeben gegenüber dem Gegner gewertet werden könnte.

Insbesondere der britische Premierminister Churchill glaubte daher 1940/41 angesichts der Erwartung, daß die USA – früher oder später – an der Seite Englands in den Krieg eintreten würden, nicht den geringsten Zweifel am Willen seines Landes, den Krieg mit allen Mitteln fortzusetzen, aufkommen lassen zu dürfen. Aus diesen Gründen blieb beiden Gegnern, wollten sie vorsichtig herausfinden, ob sich der öffentlich geäußerte, unversöhnliche Standpunkt des anderen geändert hatte, nur die Geheimdienstebene. Diese hatte den Vorteil, daß sich sowohl Hitler als auch Churchill jederzeit von solchen Aktivitäten, wurden sie denn bekannt, distanzieren konnten. Beide Politiker waren dann in der Lage zu behaupten, daß solche Initiativen von ihnen nicht autorisiert, sondern ohne ihr Wissen unternommen worden waren. Eine offizielle Bedeutung konnte ihnen daher nicht beigemessen werden.

Trotzdem fanden auch solche auf der Geheimdienstebene durchgeführten Kontakte, wie die erste hier beschriebene Auftragsinitiative des deutschen Agenten Dr. Weißauer zeigt – und das ist bemerkenswert –, eine hochoffizielle Beachtung durch die britische Regierung. Obgleich hierbei überhaupt keine direkten deutsch-britischen Gespräche stattgefunden hatten – die deutschen Vorschläge wurden über einen schwedischen Vermittler an den britischen Gesandten in Stockholm weitergeleitet – waren die Vorschläge Gegenstand englischer Kabinettsberatungen und -beschlüsse. Die Briten beantworteten, was zunächst außerordentlich verwundert, die ihnen mündlich übermittelten deutschen Vorschläge schriftlich in Form einer diplomatischen Note, die dem deutschen Agenten über Mittelsmänner zugestellt wurde.

[1] Vgl. hierzu insgesamt: Martin, Berndt, Friedensinitiativen und Machtpolitik im Zweiten Weltkrieg 1939–1942, Freiburg 1974. Schlie, Ulrich, Kein Friede mit Deutschland, München 1994.

Wesentlich ist, daß durch diese von Weißauer in Stockholm geführten indirekten Gespräche eine Äußerung des diplomatischen Chefberaters des britischen Außenministers, Sir Robert Vansittard, veranlaßt wurde, die vielleicht klarer als alles andere die Motive des englischen außenpolitischen Handelns verdeutlichte:

»... das Deutsche Reich und die Reichsidee sind seit 75 Jahren der Fluch der Welt ... der Feind ist das Deutsche Reich und nicht nur der Nazismus.« Der letzte Satz dieses Dokumentes »... Ich verlasse mich darauf, daß Mr. Mallet die entschiedenste Weisung bekommt (nicht mit Weißauer zu sprechen/d.Verf.). Wir haben mehr als genug von Dahlerus, Goerdeler, Weißauer und ihresgleichen«[2], läßt erkennen, daß auch sämtliche Versuche der deutschen Opposition, einen Frieden mit England herbeizuführen, zum Scheitern verurteilt waren.

Offensichtlich beurteilten die Briten die Vorschläge Goerdelers[3] nicht positiver als die von der NS-Führung veranlaßten von Dahlerus und Weißauer. Beiden hier dargestellten deutschen Versuchen, einen Frieden mit England herbeizuführen, war die Bereitschaft gemeinsam, hierfür als Preis die Aufgabe des japanischen Verbündeten anzubieten.

Die Person des deutschen Agenten, Dr. Ludwig Weißauer, der, so lassen seine eigenen, wenig präzisen Angaben vermuten[4] bereits vor dem Ausbruch des Zweiten Weltkrieges wirtschaftliche und diplomatische Aufträge auf der Geheimdienstebene wahrgenommen hat, läßt viele Fragen offen. Hierzu gehören auch seine zahlreichen Gespräche mit finnischen Politikern in der Zeit zwischen 1940 und 1943, über deren Inhalt relativ wenig bekannt ist. Aus diesem Grund wird der Lebensweg Weißauers ausführlicher beschrieben, als es sein unmittelbarer diplomatischer Auftrag in Stockholm erforderlich macht.

Zwei bislang unbekannt gebliebene Funksprüche sowie ein Korrespondentenbericht des »Daily Telegraph« und in Verbindung damit ein offizielles Dementi des Foreign Office lassen beim zweiten hier dargestellten Fall des Kölner Bankiers Waldemar Freiherr v. Oppenheim die starke Vermutung zu, daß der Bankier 1942 in Schweden nicht nur wirtschaftliche Interessen verfolgte und als Agent des Amtes Ausland/Abwehr Aufträge dieser Dienststelle erledigte, sondern auch den Engländern deutsche Friedensvorschläge überbrachte. Sein Besuch in der schwedischen Hauptstadt im April 1942 erregte den in einer Reihe von ausländischen Zeitungen geäußerten Verdacht, er habe im Auftrag Hitlers den Engländern Friedensvorschläge übergeben. Dieser Verdacht hatte für den Bankier eine unerwünschte Resonanz im Auswärtigen Amt zur Folge, die ihm Schikanen durch den Reichsaußenminister und das Reichssicherheitshauptamt einbrachte. Ein zweiter, von der Abwehr mit einer unrichtigen Begründung gegenüber v. Ribbentrop durchgesetzter Besuch in Stockholm im Oktober 1942 verlief ohne Schwierigkeiten.

2 Urgent/Secretary of State/6.9.1940/FO/371/24408/XC 1973/PRO.
3 Vgl. S. 32, Fußnote 31.
4 Vgl. Personalakte/Luftwaffe/Dr. Weißauer, BA/ZNS.

Dieser Aufenthalt, so kann aufgrund des dargestellten Verhaltens des Amtes Ausland/Abwehr und der vorgelegten Dokumente vermutet werden, diente mit hoher Wahrscheinlichkeit wiederum vor allem der Vermittlung von Friedenskontakten zu den Engländern.

Der dritte hier behandelte Fall ist wohl der mysteriöseste. Er unterscheidet sich von den beiden anderen grundsätzlich dadurch, daß hier nicht auf höchste Anweisung Friedensinitiativen übermittelt wurden, sondern persönliche Motive das auslösende Moment der geplanten Aktion waren. Es ging um die Herbeiführung des Friedens durch die Entführung Hitlers nach England. Sein Chefpilot Hans Baur wollte – so wurde den Engländern mitgeteilt – wegen des Soldatentodes zweier seiner Brüder den Krieg auf diese Weise beenden. Zu diesem Zweck nahm eine Person, die sich als »bulgarischer Schwiegervater« Baurs ausgab, Kontakt zu britischen Diplomaten in Sofia auf. Er erhielt von den Engländern Anweisung, welchen für den Empfang Hitlers in Großbritannien vorbereiteten Flugplatz der Pilot mit der Führermaschine anfliegen sollte, um seinen Chef an die Briten zu übergeben.

Die Royal Air Force traf alle Vorbereitungen für die Ankunft Hitlers auf der britischen Insel.

# I. Die geheimen diplomatischen Missionen des Dr. L. Weißauer

## Wer war Dr. Ludwig Weißauer?

Am 23. Oktober 1940 übersandte der Amtschef VI/Auslandsnachrichtendienst des Reichssicherheitshauptamtes, SS-Brigadeführer Heinz Jost, dem Gesandten Luther im Auswärtigen Amt einen Brief sehr interessanten Inhaltes. Es ging um die Möglichkeit, inoffizielle Friedensverhandlungen mit England aufzunehmen[1]. Diesem Schreiben war ein Bericht beigefügt, in dem es unter anderem heißt:

*»Über unsere schwedischen Verbindungen wurde bekannt, daß sich der englische Gesandte in Stockholm im engsten Kreis in nicht mißzuverstehender Weise geäußert hatte, daß seine Regierung evtl. bereit wäre, in inoffizieller Form Feststellungen zu treffen, ob Deutschland zu Friedensverhandlungen bereit sei . . . der Sicherheitsdienst entsandte zur Überprüfung dieser Meldung und zur Feststellung ihrer Richtigkeit einen VM[2] nach Stockholm . . [3].«*

Ferner wurde dem AA mitgeteilt, daß das RSHA als VM den Rechtsanwalt Dr. Ludwig Weißauer aus Berlin nach Stockholm geschickt habe[4].

*»Dr. Weißauer ist Mitarbeiter des Sicherheitsdienstes und bot aufgrund seiner bisherigen politischen Tätigkeit sowie seiner vielen guten Beziehungen im Ausland beste Gewähr dafür, die notwendigen Ermittlungen mit der erforderlichen Sorgfalt und Vorsicht durchzuführen . . .[5].«*

Wer war dieser Dr. Ludwig Weißauer? Er wurde am 2. November 1900 in Prien am Chiemsee geboren, studierte Rechtswissenschaften und Volkswirtschaft an den Universitäten Würzburg und München. Das erste juristische Staatsexamen legte er 1924 ab, wurde in München 1925 zum Dr. oec. promoviert und bestand das zweite juristische Staatsexamen 1927.

1 Vgl. Der Chef der Sicherheitspolizei u.d. SD/VI G AZ:5767 v. 23.10.1940/Pol.Arch./Inl.IIg, Bd. 476.

2 Vertrauensmann; es gab innerhalb des SD fünf Kategorien von Informanten: V-Leute (Vertrauensleute), A-Leute (Agenten), Z-Leute (Zubringer), H-Leute (Helfershelfer), U-Leute (Unzuverlässige). Vgl. hierzu: Kogon, Eugen, Der SS–Staat, Gütersloh o.J., S. 48 ff.

3 Vgl. Der Chef der Sicherheitspolizei, a.a.O.

4 Vgl. ebenda.

5 Ebenda.

Von 1927–1929 arbeitete er für das Internationale Arbeitsamt in Genf. Dr. Weißauer hielt sich 1929/30 in England und Frankreich auf; er befaßte sich dort mit wirtschaftspolitischen Fragen dieser Länder[6].

Auf Beschluß des bayerischen Justizministeriums vom 5. Juli 1930 wurde er für die Landgerichte München I und II sowie beim Oberlandesgericht in München als Rechtsanwalt zugelassen. Weißauer übte seinen Anwaltsberuf in der bayerischen Landeshauptstadt aber nur kurze Zeit aus. Er wurde wegen Aufgabe seiner Anwaltstätigkeit am 8. Januar 1931 als Mitglied der Münchener Anwaltskammer gestrichen. Der Grund für die Aufgabe seiner Anwaltspraxis ist einem undatieren Fehlblatt der Unterlagen der Rechtsanwaltskammer der bayerischen Landeshauptstadt zu entnehmen: ». . . ist in Berlin als Zeitungsredakteur tätig[7].«

Weißauer ließ sich 1931 als Rechtsanwalt in Berlin nieder. Gleichzeitig war er aber, nachdem er am 1. November 1929 in die NSDAP aufgenommen worden war, als Verlagsleiter der NS-Zeitung »Der Angriff« tätig. Im Mai 1931 wurde Weißauer auf Weisung des Berliner Gauleiters Dr. Goebbels als Stennes-Anhänger[8] aus der NSDAP ausgeschlossen[9].

Seine anwaltliche Tätigkeit in den folgenden Jahren beschreibt Weißauer wie folgt:

*»Ständige Bearbeitung wirtschaftlicher Fragen, vor allem über Arbeitseinsatz im Kriegsgebiet. Untersuchungen darüber während des spanischen Bürgerkrieges, des italienisch-abessinischen und des japanisch-chinesischen Krieges in diesen Ländern. Für verschiedene Reichsdienststellen auch für das OKW tätig[10].«*

Am 13. Juli 1940 bewarb sich Dr. Weißauer um eine Verwendung als Beamter auf Kriegsdauer im Geschäftsbereich des Reichsluftfahrtministeriums. Wenige Tage später, am 16. Juli führte er deswegen ein persönliches Gespräch mit Graf Baudissin, der als Regierungsrat im RLM hierfür zuständig war[11].

Zunächst gingen seine Bewerbungsunterlagen an das Luftgaukommando Belgien/Nordfrankreich, wo keine Verwendungsmöglichkeit für den Rechtsanwalt bestand. Eine weitere, fernschriftliche Anfrage beim Luftgaukommando Westfrankreich ergab, daß auch hier keine Einsatzmöglichkeiten gegeben waren. Erst das Luftgau-

6 Vgl. Luftwaffenpersonalakte Dr. L. Weißauer/BA-ZNS. Die hier zitierten Angaben wurden von Dr. Weißauer für seine Personalakte gemacht.

7 Mitteilung der Rechtsanwaltskammer München v. 5. November 1992.

8 Stennes, Walter, Hauptmann a.D., SA-Führer von Berlin und Stellvertreter Ost des Obersten SA-Führers, war über Ungerechtigkeiten in der SA empört. Er wurde im März 1931 durch Hitler aus allen Ämtern entfernt, trat später der Schwarzen Front Strassers bei und wurde nach der »Machtergreifung« verhaftet. Den Morden anläßlich des »Röhmputsches« entging er durch einen Auslandsaufenthalt.

9 Vgl. Akte Dr. Weißauer im Document Center.

10 Vgl. Personalakte Weißauer, a.a.O.

11 Vgl. Schreiben Dr. Weißauer an Graf Baudissin v. 16.7.1940/Personalakte a.a.O.

kommando Hamburg erklärte sich am 8. Oktober 1940 bereit, Weißauer »überplanmäßig« einzustellen[12].

Die Eile, mit der Weißauer seine Verwendung im Rahmen des Reichsluftfahrtsministeriums betrieb, und die Schnelligkeit, mit der seine Bewerbungsunterlagen zwischen den verschiedenen Luftwaffendienststellen bewegt wurden, überraschte nicht. Der Rechtsanwalt hatte zwischenzeitlich eine sehr viel wichtigere »Nebentätigkeit« übernommen. Einen allerdings unter Geheimhaltungsaspekten unverständlichen Hinweis hierauf enthält seine dienstliche Beurteilung durch das Luftgaukommando Hamburg vom 13. Juni 1941, in der es unter der Spalte »Ämter in der Partei und ihren Gliederungen und angeschlossenen Verbänden« unter anderem heißt: »Mitarbeit im Reichssicherheitshauptamt (Ausland)«[13].

Es kann daher vermutet werden, daß Dr. Weißauer um seine Tätigkeit für das Amt VI/Reichssicherheitshauptamt zu tarnen, sehr schnell im Rahmen der Luftwaffe verwendet werden wollte.

Es ist in diesem Zusammenhang auch nicht auszuschließen, daß seine diesbezügliche Bewerbung auch vom RSHA angeregt worden war, weil Weißauer zwischenzeitlich in Skandinavien sehr wichtige Kontakte geknüpft hatte. Seine dortigen, sehr hochrangigen Gesprächspartner sollten aber sicherlich nicht erfahren, daß er auch als VM für das Reichssicherheitshauptamt tätig war.

12 Vgl. D.R.f.d.L.u.Ob.d.L./LD 9 Nr. 773/40 v. 13.7.1940, LG.Kdo. Belgien/Nordfrankreich an Reichsminister der Luftfahrt u. Ob.d.Lw. v. 27. Juli 1940, LG.Kdo.Westfrankreich an RLM Nr. 751/9/9 2020 DSZ v. 10.9.1940. Luftgaukommando Hamburg v. 23.9.1940/773/40 L.D. 9 A sowie LGKdo. Hamburg v. 8.10.1940/I B 9–Az.25 m 4, alles Pesonalakte a.a.O.

13 Vgl. Dienstliche Beurteilung durch das LGKdo Hamburg vom 13. Juni 1941/Personalakte, a.a.O.

# Erste Besprechungen in Skandinavien

## Hitlers Finnlandpolitik 1939/40

Die geheimen politischen Aktivitäten Weißauers in Finnland werden nur vor dem Hintergrund von Hitlers politischer Einstellung gegenüber diesem nordeuropäischen Land verständlich.

Deutschland hatte in dem geheimen Zusatzprotokoll zum deutsch-sowjetischen Nichtangriffspakt vom 23. August 1939 Finnland zusammen mit den baltischen Staaten ausdrücklich dem Interessengebiet der UdSSR zugeordnet. Diese Regelung in bezug auf Finnland fand deshalb die volle Zustimmung Hitlers, weil er offenbar über die Politik dieses Landes gegenüber dem Reich außerordentlich verärgert war. Seinen Unmut drückte er sehr deutlich gegenüber Sven Hedin, dem schwedischen Asienforscher aus, der ihn am 16. Oktober 1939 aufgesucht hatte, um bei diesem Besuch auch etwas über Hitlers Haltung in einem möglichen sowjetisch-finnischen Konflikt zu erfahren. Er beschied seinen schwedischen Besucher auf dessen diesbezügliche Fragen mit dem Hinweis: Den Norden habe er »abgeschrieben . . .«. Von dort habe er nur »Undank und Antipathie erfahren, ohne daß er ihnen jemals etwas zuleide getan« habe. Er könne nur sagen, daß »diese Länder sich in Äußerungen und in ihrer Presse niederträchtig benommen« hätten[1].

Noch deutlicher wurde die deutsche Auffassung gegenüber Finnland durch einen am 7. Dezember 1939 im »Völkischen Beobachter« erschienenen Artikel »Deutschland und die finnische Frage« ausgedrückt. Der Inspirator dieses Aufsatzes, so kann vermutet werden, war Hitler[2]. In diesen Ausführungen wurde unter anderem festgestellt:

*»Es ist naiv und sentimental zugleich, zu erwarten, daß das deutsche Volk in dem Kampf um seine Zukunft nun plötzlich all den kleinen Staaten beistehen soll, die sich vorher nicht genugtun konnten, Deutschland zu schmähen und zu verunglimpfen . . .[3].«*

Am 4. März 1940 lehnte Hitler Sven Hedin gegenüber, der ihn wiederum aufgesucht hatte, um ihn zu bitten, etwas zur Beendigung des sowjetisch-finnischen Konfliktes zu unternehmen, dieses Anliegen mit der Bemerkung ab:

*». . . daß ihm die Finnen dies sicherlich nicht danken würden, sondern ihn höchstens nachträglich für den Verlust von Hangö oder anderen Gebieten verantwortlich machen würden . . . Die Finnen hätten im übrigen allen Grund, Deutschland dankbar zu sein, denn ohne das aktive Eingreifen deutscher Truppen im Jahr 1918 wäre Finnland überhaupt nicht ins Leben gerufen worden[4].«*

1 Zitiert bei: Domarus, Max, Adolf Hitler, Leonberg 1988, Bd. 3, S. 1400.
2 Die Vermutung, daß Hitler der Inspirator dieses Artikels ist, wird dadurch gestützt, weil hier die gleichen Argumente wie in den Gesprächen mit Sven Hedin verwendet worden sind.
3 Domarus, a.a.O., S. 1429.
4 Domarus, S. 1479.

Am 12. August 1940 scheint sich eine grundsätzliche Änderung der bislang ablehnenden Haltung Hitlers gegenüber Finnland, wie aus einer Bemerkung Generalfeldmarschall Keitels hervorgeht, abzuzeichnen[5]. Finnland wurde nunmehr von Deutschland als Bundesgenosse gegen die UdSSR gebraucht.

Diese Wende in der deutschen Finnlandpolitik war unter anderem offensichtlich durch den geheimen Gesprächskontakt zwischen dem neu ernannten finnischen Gesandten in Berlin, Kivimäki, und Dr. Weißauer vorbereitet worden. Die deutsche Seite mußte aufgrund der vertraglichen Vereinbarungen mit der SU diesen Weg anstatt des offiziell-diplomatischen wählen, wollte sie sich nicht dem Vorwurf eines Vertragsbruches durch die Sowjets aussetzen.

## Die Anbahnung der Skandinavienkontakte

T.M. Kivimäki nahm als finnischer Gesandter im Juni 1940 seine Dienstgeschäfte in Berlin auf. Kurze Zeit darauf, so berichtet der Diplomat[6], suchte ihn Dr. Weißauer auf, um seine Bekanntschaft zu machen. Es verwundert in diesem Zusammenhang, daß der finnische Gesandte in seinen Memoiren nicht angibt, aufgrund welcher Empfehlungen oder sogar auch Weisungen er Dr. Weißauer, der ihm fremd war, empfing. Dieses muß um so mehr erstaunen, da, wie die Folgezeit ausweist, intensive Gespräche über höchst vertrauliche Sachverhalte zwischen beiden stattfanden. Diese aber, so kann unterstellt werden, hätten, ohne daß Kivimäki entsprechende Hinweise auf die Person Weißauers zuvor erhalten hatte, so nicht vonstatten gehen können. Der finnische Diplomat beschreibt den Rechtsanwalt als einen sehr angenehmen Menschen, der eine »englische Erziehung« genossen haben müsse und diese Sprache sehr gut beherrsche[7]. In der Folgezeit trafen sich die beiden sehr häufig. Die Orte dieser Begegnungen wechselten dabei ständig. Sie trafen sich nie zweimal im gleichen Restaurant oder Café.

Die Art der Zusammenkünfte kam Kivimäki sehr bald verdächtig vor. Er vermutete, daß sein deutscher Gesprächspartner, da er sich wie ein Geheimagent verhielt, entweder für Himmler oder für Ribbentrop tätig sein müsse[8]. Gewißheit darüber, für wen der Berliner Rechtsanwalt tatsächlich arbeitete, erhielt auch später keiner seiner anderen ausländischen Gesprächspartner. In den Gesprächen der Folgezeit zwischen Kivimäki und Weißauer wurden Fragen der deutschen Außenpolitik, aber auch ein möglicher Angriff des Deutschen Reiches auf die Sowjetunion diskutiert. Hierbei ging es insbesondere um die Position Finnlands in einem solchen Konflikt.

Später ließ Weißauer Kivimäki wissen, daß es konkrete deutsche Pläne, die Sowjetunion anzugreifen, gäbe. Der Rechtsanwalt wollte von seinem finnischen Gesprächspartner erfahren, wie sich Finnland in einem solchen Konflikt verhalten

5 Vgl. Aufzeichnungen des Staatssekretärs v. 12.8.1940/ADAP, Serie D., Bd. 10, S. 385.
6 Vgl. Kivimäki, T.M., Suomalaisen Poliitikon Muistelmat, Helsinki, o.J., S. 188 ff.
7 Vgl. ebenda, S. 189.
8 Vgl. ebenda.

würde. Der Gesandte meinte dazu, daß diese Frage nur von seiner Regierung beantwortet werden könne. Seine persönliche Meinung dazu sei aber die, daß sich Finnland nicht an einem Angriffskrieg gegen die SU beteiligen würde. Sein Land könne nicht wesentlich über Maßnahmen der eigenen Verteidigung hinausgehen. Kivimäki kam, da Weißauer diese Frage nach der finnischen Haltung in einem solchen Konflikt immer wieder stellte, zu der Überzeugung, daß dessen Auftraggeber, entweder Himmler oder Ribbentrop, eine klare Antwort Finnlands zu diesem Problem haben wollte. Kivimäki berichtete Weißauer sehr offen, was er seiner Regierung in diplomatischen Berichten zu diesen Fragen mitteilte[9].

## Weißauers erste Gespräche in Stockholm in Juli 1940

Nach seinen offenbar sehr informativen Gesprächen mit dem finnischen Diplomaten erhielt Dr. Weißauer von seiner vorgesetzten Dienststelle im Juli 1940 den Auftrag, nach Finnland und Schweden zu reisen. Kontakte zu wichtigen Persönlichkeiten in diesen Ländern hatte ihm Kivimäki vermittelt[10].

Weißauer hielt sich in der Zeit vom 16.–18. Juli in Stockholm, vom 19.–27. Juli in Helsinki und vom 28.–30. Juli wiederum in Stockholm auf[11].

Sein erster wichtiger Gesprächspartner in der schwedischen Hauptstadt war der Präsident des Schwedischen Hofgerichts, Birger Ekeberg. Diesem war der Besuch des Berliner Rechtsanwalts durch ein Schreiben Kivimäkis vom 16. Juli 1940 angekündigt worden[12].

Wegen Terminschwierigkeiten des Schweden kam eine erste Begegnung zwischen den beiden erst am 18. Juli, dem Tag der Abreise Weißauers nach Helsinki, zustande. Der Rechtsanwalt fragte den Schweden nach seiner Meinung über die außenpolitische und wirtschaftliche Situation seines Landes[13]. Ekeberg meinte, daß solche allgemeinen Fragen bei einem zweiten Treffen erörtert werden könnten. Jetzt sollte man sich auf die aktuellen Themen, die mit dem Finnlandaufenthalt Weißauers im Zusammenhang stehen würden, beschränken. Der Rechtsanwalt äußerte die Befürchtung, daß die Sowjetunion die gegenwärtige außenpolitisch-militärische Lage ausnutzen und Finnland neuerlich angreifen könnte. Er fragte den Schweden, wie sich sein Land in einer solchen Situation verhalten würde. Hinsichtlich der deutschen Pläne im Westen gab der Deutsche Ekeberg zu verstehen, daß die Niederwerfung Englands nur noch eine Frage von Wochen sei. Es ginge daher jetzt wesentlich darum, daß Rußland während dieses kurzen Zeitraumes davon abgehalten werde, Finnland anzugreifen.

9 Vgl. ebenda.

10 Vgl. Ekeberg, Birger, Denkschrift v. 5.8.1940, S. 1; Schwedisches Staatsarchiv, o.S. Ekeberg bezeichnet Dr. Weißauer hier nur als »X«.

11 Vgl. Brief Weißauers an RLM/Graf Baudissin v. 16.7.1940, a.a.0.: 16.–18.7. Stockholm, Grandhotel, 19.7.–27.7., Helsinki, Hotel Kämp, 28.7.–30.7., Stockholm, Grandhotel.

12 Vgl. Ekeberg, a.a.0.

13 Der nachfolgende Text hält sich weitgehend an die Angaben der Denkschrift Ekebergs. Leider sind keine Aufzeichnungen oder Berichte Weißauers zu seinen Gesprächen mit dem schwedischen Richter erhalten.

Hierbei könne niemand außer Schweden helfen. Obgleich Finnland in Deutschland große Sympathien genieße, gelte für die deutsche Außenpolitik der Grundsatz Bismarcks, einen Zweifrontenkrieg auf jeden Fall zu vermeiden. Es bestehe jedoch die Gefahr, daß die russischen Truppen Finnland überfallen könnten, während Deutschland an anderen Fronten voll in Anspruch genommen sei und daher nicht sofort zugunsten Finnlands intervenieren könne. Ekeberg gewann in diesem Gespräch den Eindruck, daß ein solcher Überfall unmittelbar bevorstand. Der Schwede sagte seinem Gesprächspartner, daß er ja nicht dem Reichstag angehöre und auch keine aktive Politik betreibe. Es sei ihm daher auch keine Aussage über die Einstellung der einzelnen Reichtagsparteien möglich. Noch weniger könne er die militärisch-wirtschaftliche und moralische Bereitschaft Finnlands zu einem neuen Waffengang beurteilen. Ekeberg erklärte, daß seine Regierung den Gedanken an ein militärisches Eingreifen aufgreifen könnte, wenn sie davon überzeugt sei, daß Schweden den Rücken nach Westen und Süden frei habe und darüber hinaus der Handel mit den anderen skandinavischen Ländern und mit Deutschland in unverändertem Ausmaß fortgesetzt würde. Insbesondere müsse Schweden Garantien über ausreichende Waffen- und Munitionslieferungen erhalten. Ekeberg war klar, daß letzteres nicht offiziell zugesichert werden konnte. Er bat seinen deutschen Gesprächspartner aber, solche Zusagen anderweitig sicherzustellen und dieses Problem bis zu einem weiteren Treffen zu klären. Der Schwede erklärte weiter, daß einem russischen Angriff auf Schweden mit härtestem Widerstand begegnet werden würde. Dieses gelte übrigens auch für alle anderen Übergriffe, aus welcher Richtung sie auch immer auf Schweden unternommen würden. Letzteres war eine deutliche Warnung an Deutschland, die offensichtlich von Weißauer kommentarlos zur Kenntnis genommen wurde. Eine in diesem Zusammenhang vielleicht von Ekeberg erwartete Zusicherung, daß ein deutscher Angriff auf Schweden in keinem Fall geplant sei, gab der Rechtsanwalt nicht ab.

Eine von dem Schweden gemachte nebensächliche Bemerkung, daß die russische Kriegsmarine schlechte Schießergebnisse gezeigt habe, war für Weißauer ebenso interessant wie die optimistischen Angaben Ekebergs über die Verteidigungsbereitschaft seines Landes.

## Erste Unterredungen des deutschen Emissärs in Helsinki in der Zeit vom 19.–27. Juli 1940

Am 19. Juli traf Dr. Weißauer in Helsinki ein. Er wohnte dort im Hotel Kämp. Sein Auftrag bestand offenbar darin, in Gesprächen mit führenden finnischen Politikern die Haltung dieses Landes bei einem deutsch-sowjetischen Konflikt zu eruieren. Gleichzeitig sollte er seinen Gesprächspartnern deutlich machen, daß Finnland zum deutschen Interessengebiet gehörte[14]. Die Kontakte zu den führenden Politikern dort

[14] Vgl. Manninen, Ohto, Ludwig Weißauer i hemliga uppdrag 1940–1943, in: Historisk tidskrift för Finland 1975, S. 176–193, S. 2.

hatte ihm Kivimäki hergestellt[15]. Feldmarschall v. Mannerheim, mit dem der Rechtsanwalt unmittelbar nach seiner Ankunft sprach, hatte offensichtlich den Eindruck, daß ihm ein

*»... merkwürdiger deutscher Diplomat ... einen Besuch abstattete ... Weißauer, der von Ribbentrop und wohl auch von Hitler oft als inoffizieller Botschafter eingesetzt wurde, sollte im Verlauf der kommenden Kriegsjahre eine wesentliche Rolle in der finnischen Politik spielen. Seine Mitteilung lautete diesmal, daß Finnland zur Verteidigung seiner Freiheit auf deutsche Waffenhilfe rechnen könne. Deutschland müsse jedoch wegen der Sowjetunion Vorsicht walten lassen*[16]*.«*

Weißauer erklärte gegenüber dem Marschall, daß Hitler sich strikt an die Maxime Bismarcks halte und einen Zweifrontenkrieg auf jeden Fall vermeiden wolle. Mannerheim beeindruckte den Deutschen dadurch, daß er ohne jede Einschränkung erklärte, für eine solche »militärische Realität« völliges Verständnis zu haben[17].

Bei einem Gespräch mit dem finnischen Ministerpräsidenten Ryti gewann Weißauer einen sehr positiven Eindruck von diesem Politiker. Er äußerte später Ekeberg gegenüber[18], daß er sehr selten einem Staatsmann begegnet sei, der so klar »die großen Zusammenhänge« gesehen habe. Auch Ryti beurteilte Weißauer sehr positiv. Er hielt ihn »für ausgewogen in seinen Urteilen und aufrichtig in seinen Berichten«. Der finnische Politiker sah in dem Deutschen »einen aufrichtigen Freund seines Landes, obwohl der Rechtsanwalt Nationalsozialist war«[19].

Der Besuch Weißauers fiel mit einem Kurswechsel der finnischen Außenpolitik zusammen.

*»Der Ministerpräsident Ryti spricht kein Deutsch, ist ganz englisch erzogen und hat bis zuletzt eine stark englisch orientierte Politik betrieben. Um so beachtlicher ist seine völlige rückhaltlose Umstellung in den letzten Wochen, die so plötzlich und so radikal erfolgte, daß eine Beratung, die am 23. bzw. 24. Juli 1940 zwischen ihm, verschiedenen Wirtschaftsführern und Persönlichkeiten des öffentlichen Lebens erfolgte, alle Anwesenden aufs Äußerste überraschte. Ryti erklärte nämlich in einer völlig internen und vertraulichen Beratung, daß am Siege Deutschlands auch bei einer längeren Kriegsdauer nicht zu zweifeln sei und daß wohl die Rettung Finnlands im Augenblick wie auch seine zukünftige wirtschaftliche und politische Entwicklung ausschließlich in völliger und freiwilliger Einfügung in die deutschen Pläne erfolgen könne. Alle finnischen Stellen hätten sich an dieser Tatsache auszurichten*[20]*.«*

15 Vgl. ebenda.

16 Jägerskiöld, Stig, Mannerheim 1867–1951, Herford 1985, S. 206.

17 Vgl. Manninen, a.a.O., S. 2ff.; auch Ekeberg, a.a.O., S. 3.

18 Vgl. Ekebergs Brief an Kivimäki v. 18.8.1940/Schwedisches Staatsarchiv, Ekeberg, a.a.O., S. 3.

19 Vgl. Ryti, Risto, Memoiren, Helsinki i.J., S.82; auch Ekeberg, a.a.O., S. 3.

20 Chef der Sicherheitspolizei u.d. SD/VI G da/Ki v. 12. August 1940/Amtschef des Amtes VI/RSHA, SS-Brigadeführer Jost an Auswärtiges Amt/Gesandten Luther: »Führende Männer Finnlands und augenblickliche Lage«, Pol.Archiv des AA/Inland II g Bd. 359. – Obgleich der hier zitierte Bericht offensichtlich ausschließlich das Ergebnis nachrichtendienstlicher Erkenntnisse

Ryti und sein Außenminister Witting beabsichtigten sogar, in Verfolgung dieses politischen Kurswechsels am 2. August nach Deutschland zu kommen, wenn in Berlin ein solcher Besuch positiv aufgenommen werden würde[21]. (Was angesichts der offiziellen deutschen Finnlandpolitik fraglich sein mußte.)

Es kann vermutet werden, daß dieser politische Kurswechsel der Finnen, die bislang gegenüber Deutschland äußerste politische Zurückhaltung geübt hatten, um nicht in den Krieg der Großmächte verwickelt zu werden, das Ergebnis der von Weißauer geführten Gespräche war. Der Rechtsanwalt dürfte allerdings seinen Auftrag weit überschritten haben, hätte er den finnischen Politikern geraten, so offen und demonstrativ, wie Ryti und sein Außenminister Rolf Witting es zu tun beabsichtigten, die politische Wende ihres Landes anzuzeigen. Es kann hier nur angenommen werden, daß Weißauer von seinen Auftraggebern wegen dieser beabsichtigten finnischen Demonstration, für die er mitverantwortlich gemacht wurde, gerügt worden ist[22]. Anders ist in diesem Zusammenhang kaum zu verstehen, daß Kivimäki seinem deutschen Gesprächspartner seinen diplomatischen Bericht für Helsinki vom 4. August vorlegte, in dem er zwar empfahl, die deutsche Freundschaft zu suchen, aber gleichzeitig davor warnte zu glauben, daß eine militärische Auseinandersetzung zwischen Deutschland und der Sowjetunion unmittelbar bevorstand[23].

Vielleicht sollte der nun Weißauer bekannte Inhalt dieses Berichtes, den er sicherlich seinen Auftraggebern unverzüglich mitgeteilt haben dürfte, dazu dienen, ihn hinsichtlich der ihm unterstellten Mitverantwortlichkeit für die beabsichtigten politischen Schritte Finnlands zu »entlasten«. Er konnte doch nun behaupten, nicht wesentlich anders als Kivimäki argumentiert zu haben.

Aufgrund der vorgenannten Ereignisse wurde Weißauer in seinen Äußerungen gegenüber dem finnischen Diplomaten vorsichtiger. Als Kivimäki ihn im Herbst 1940 nach einer möglichen Reaktion Deutschlands für den Fall eines Versuches einer politischen Annäherung Finnlands an die Staaten des Drei-Mächte-Paktes, der am 27. September 1940 zwischen Deutschland, Japan und Italien abgeschlossen worden war, fragte, meinte der Rechtsanwalt, sein Land sollte in dieser Angelegenheit eine Initiative Deutschlands abwarten. Diese Antwort, die ganz klar eine finnische Zurückhaltung empfahl, entsprach offensichtlich auch der Auffassung Rytis, der hierzu als Randbemerkung auf den entsprechenden Bericht seines Berliner Gesandten schrieb: »müssen wir zu vermeiden versuchen, da wir in einem solchen Fall

ist und überdies auch das Wunschdenken seines(r) Verfasser(s) ausdrückt, wird er hier zitiert, weil er wahrscheinlich mit in die deutsche Lagebeurteilung hinsichtlich der politischen Entwicklung Finnlands eingeflossen sein dürfte. Es ist überdies zu vermuten, daß dieses Schriftstück von Dr. Weißauer angefertigt wurde. Die hier angebrachten handschriftlichen Korrekturen stammen allerdings nicht von ihm. Mitteilung seiner ehemaligen, Sekretärin, Frau Rütting, v. 5.12.1992. Vgl. Hierzu auch: Bericht des Gesandten in Helsinki an das AA v. 4. Juli 1940, Nr. 398 ADAP, Serie D, Bd. X, S. 101.

21 Vgl. Manninen, a.a.O., S. 3.

22 Vgl. Kivimäki an Ekeberg v.28.10.1940/Kivimäki, Sammlung 1.

23 Vgl. Manninen, a.a.O., S. 3. Manninen bezieht sich hier auf den Bericht Kivimäkis vom 4.10.1940, »Suomi, Venäjä Saksa«, 5 C UM.

schließlich nur ein Knopf in der Politik der Großmächte sein werden . . .[24].« Hierdurch wollte der finnische Politiker betonen, daß eigene »unerbetene« Initiativen seines Landes nur schädlich sein würden.

Der vorsichtige finnische Gesandte hatte deshalb eine Beantwortung dieser Frage auf dem Weg über Weißauer und nicht noch einmal über das AA versucht, weil er dort bereits am 14. August in einem entsprechenden Gespräch mit dem Leiter der Politischen Abteilung auf offizielle Ablehnung gestoßen war[25], obgleich Hitler offenbar bereits eine grundsätzliche Änderung seiner Finnlandpolitik beschlossen hatte, was allerdings nur einigen, sehr engen Mitarbeitern bekannt war[26].

## Die Fortsetzung der Gespräche in Stockholm am 28. Juli 1940 und ihre Bedeutung für die schwedische und finnische Außenpolitik

Am Sonntag, den 28. Juli, trafen sich der Präsident des Schwedischen Hofgerichtes und der deutsche Emissär zur Fortsetzung ihrer Gespräche in Stockholm und diskutierten mehrere Stunden miteinander[27]. Dr. Weißauer interessierte sich jetzt, was dem Schweden besonders auffiel, weniger für die Frage eines finnisch-sowjetischen Konfliktes, als vielmehr für die Beziehungen Schwedens zu Deutschland. Der Deutsche berichtete Ekeberg zunächst einiges über seine Unterhaltungen mit Mannerheim und Ryti. Der Marschall habe insbesondere darauf Wert gelegt zu erfahren, ob sein Land mit deutschen Waffenlieferungen rechnen könne. Weißauer schlug für die gewünschten Lieferungen folgenden Weg vor: Schweden sollte Finnland, nach vorheriger Zusage Deutschlands, die an das Nachbarland gelieferten Waffen zu ersetzen, die benötigten Waffensysteme zur Verfügung stellen. Mit einer solchen Absprache zwischen Deutschland und Schweden könnte ein formelles Verbot der Weiterveräußerung der deutschen Waffen an Finnland verbunden werden. (Gemeint ist hier sicherlich, daß Schweden nur schwedische Waffen an Finnland weitergeben durfte, die dann durch deutsche Waffen ersetzt werden sollten, deren Weitergabe an Finnland verboten war. Formal lieferte Deutschland dann nur Waffen an Schweden, nicht aber an Finnland.)

Diese Absprache sollte so formuliert werden, daß diese Lieferungen auch im Fall eines neuerlichen russisch-finnischen Krieges weiterliefen. Ekeberg fragte den Rechtsanwalt wiederholt nach der deutschen Einstellung bezüglich einer militärischen Unterstützung Finnlands durch Schweden. (Gemeint ist hier sicherlich im Falle eines neuerlichen sowjetischen Angriffs auf Finnland!).

Weißauer antwortete ausweichend und erklärte, daß Schweden in einer solchen Situation keinerlei Befürchtungen vor deutschen militärischen Maßnahmen zu haben

24 Kivimäki an Ryti v. 27.11.1940, Kivimäkis Bericht v. 29.10.19405C5 UM, Weißauer und Kivimäkis Diskussion bzgl. des Dreimächtepaktes. Alles zitiert bei Manninen, a.a.O., S. 13.

25 Vgl. Aufzeichnung des Leiters der Pol.Abt. im AA v. 18.8.40/ADAP, Serie D, Bd. X, S. 394.

26 Vgl. Aufzeichnung des Staatssekretärs v. 12.8.1940/ADAP, Serie D, Bd. X, S. 385.

27 Vgl. Memorandum Ekebergs, a.a.O., S. 3 ff. Leider liegen keine weiteren Quellen über die Gespräche zwischen Ekeberg und Weißauer vor.

brauchte. Er wich so der eigentlichen von Ekeberg angesprochenen Fragestellung nach einer deutschen »Unter-der-Hand-Garantie« für Schweden aus. Ebenso beantwortete er die Frage nach der Fortsetzung der deutschen Warenlieferungen in einem solchen Fall nicht.

Um auf seine Fragen eine klare Antwort zu bekommen, wollte Ekeberg von Weißauer wissen, ob es nicht den vitalen Interessen Deutschlands entsprechen würde, wenn Schweden vor einer solchen möglichen neuen Auseinandersetzung zwischen der SU und Finnland erklärte, als Verbündeter seines kleinen Nachbarlandes an einem solchen Waffengang teilnehmen zu wollen. Der Schwede wies besonders darauf hin, daß die schwedischen Seestreitkräfte aufgrund ihrer Stärke ein beachtenswerter Machtfaktor in einem solchen Kampf seien. Ekeberg meinte, daß allein schon eine solche Ankündigung der schwedischen Regierung einen neuen Angriff der Russen auf Finnland verhindern könnte. Deutschland müsse Schweden für diesen Fall allerdings Sicherheitsgarantien geben.

Der Berliner Rechtsanwalt fand diese von seinem Gesprächspartner skizzierte Situation sehr interessant. Er bezweifelte jedoch die Bereitschaft der deutschen Führung zur Abgabe selbst einer inoffiziellen Sicherheitsgarantie für Schweden. Hitler sei sicherlich nicht dazu zu bewegen, das derzeit noch gute Verhältnis zu Rußland durch eine solche Verpflichtung gegenüber Schweden aufs Spiel zu setzen.

Ekeberg vermutete, daß das geringe Interesse seines deutschen Partners an einem militärischen Eingreifen des Königreiches auf die Zweifel Feldmarschall Mannerheims zurückzuführen seien, der an einen solchen Schritt des Nachbarlandes nicht glaubte. Überdies, so meinte Ekeberg, sei wahrscheinlich die deutsche Planung, in England zu landen, aufgegeben und somit auch die Gefahr eines sowjetischen Überfalles auf Finnland geringer geworden.

Ekeberg führte in seinem Memorandum weiter aus, daß ihm Dr. Weißauer erklärt habe, keine andere Nation genieße in Deutschland so große Sympathien wie Schweden. In Finnland habe der deutsche Emissär erfahren, daß nach dem Eindruck der dortigen Politiker allein Schweden im Gegensatz zu allen anderen europäischen Ländern von Deutschland politisch sehr gut behandelt werde. Das Königreich, so Weißauer, könnte sich nicht aus der jetzt entstehenden europäischen Wirtschaftsgemeinschaft heraushalten. Es sei für die deutsche Politik nur die Frage, ob sich Schweden Deutschland aufgrund eigener Initiative nähern oder die weitere Entwicklung mit »verschränkten Armen« abwarten wolle. Letzteres könnte allerdings dazu führen, daß sich die deutsche Führung eines Tages gezwungen sähe, Schweden ebenso wie kürzlich Rumänien und Bulgarien nach Berlin zu zitieren[28].

Diese hier in der Form einer Drohung von dem Berliner Rechtsanwalt vorgetragene Forderung nach einem Anschluß Schwedens an die jetzt unter deutscher Füh-

[28] Wahrscheinlich meinte Weißauer den Empfang des rumänischen Ministerpräsidenten Gigurtu am 26.7.1940 durch Hitler auf dem Berghof. Hier wurde dem Rumänen nahegelegt, einen friedlichen Ausgleich mit Ungarn in der Siebenbürgen-Frage zu suchen. Ferner das Gespräch Hitlers mit dem bulgarischen Ministerpräsidenten Filoff am 27.7. ebenfalls auf dem Berghof. Hier wurde dem Bulgaren die deutsche Stellungnahme in der Süd-Dobrudscha-Frage mitgeteilt.

rung erzwungene »europäische Wirtschaftsgemeinschaft« war nicht neu. Hitler hatte bereits in seiner Reichstagsrede vom 6. Oktober 1939 unter anderem ausgeführt:

*»Vor meinem Machtantritt versanken Mitteleuropa, und zwar nicht nur Deutschland, sondern auch die umliegenden Staaten in eine Not trostloser Erwerbslosigkeit. Die Produktion fiel und damit verminderte sich zwangsläufig auch der Konsum der Menschen. Der Lebensstandard sank, Not und Elend waren die Folgen. Es kann keiner der kritisierenden fremden Staatsmänner bestreiten, daß es nicht nur im alten Reich, sondern auch nun darüber hinaus auch in allen nunmehr mit ihm vereinten Gebieten gelungen ist, diese Verfallserscheinungen beseitigen . . . Es hat sich damit erwiesen, daß dieser mitteleuropäische Raum überhaupt nur zusammengefaßt lebensfähig ist, und daß derjenige, der ihn trennt, ein Verbrechen an Millionen von Menschen begeht . . .*[29]*.«*

Selbst wenn Hitler hier von einer Notwendigkeit der Vereinigung des »mitteleuropäischen Raumes« gesprochen hatte, kann unterstellt werden, daß auch Nordeuropa, wenngleich offenbar zunächst in einer Sonderform, diesem Wirtschaftsraum angeschlossen werden sollte.

Weißauer versuchte, in diesem Gespräch mit Ekeberg Hitlers Forderung nach einer »neuen europäischen Wirtschaftsordnung« unter Hinweis auf die besondere Rolle, die den skandinavischen Staaten hierbei offensichtlich zugedacht war, zu interpretieren. Der Berliner Rechtsanwalt machte diese Sonderrolle in seinen weiteren Ausführungen deutlich: Er stellte fest, daß er Finnland als wirtschaftlich dem Norden zugehörig ansah. Dieses Land bildete seiner Meinung nach mit Schweden und Norwegen zusammen eine Wirtschaftseinheit. Dänemark nahm er hiervon aus. Ekeberg vermutete, daß die deutschen Wirtschaftspläne in bezug auf die drei genannten nordischen Länder darauf abzielten, deren Holzindustrie als Spezialsparte zusammenzufassen. Gleichzeitig sollten diese Staaten andere Industriezweige an Deutschland abtreten.

Der deutsche Emissär fragte Ekeberg, ob er ihm einen kompetenten schwedischen Partner zur Erörterung von Wirtschaftsproblemen nennen könne. Der Schwede mußte diese Frage, weil er über keine Verbindung zu Wirtschaftskreisen verfügte, verneinen.

Ekeberg gewann den Eindruck, daß die deutsche Seite großen Wert auf eine schwedische Wirtschaftsinitiative legte. Deren Inhalt hingegen wurde von Weißauer gänzlich offen gelassen. Der deutsche Rechtsanwalt betonte, daß Deutschland keine direkten politischen Verhandlungen wünsche.

Weißauer bemerkte ferner, daß das Deutsche Reich mit Schweden Beratungen mit dem Ziel der Beibehaltung der schwedischen Vormachtstellung im Norden, insbesondere im wirtschaftlichen Bereich, wünsche.

In bezug auf Norwegen teilte Dr. Weißauer dem Schweden folgendes mit: Deutschland würde dort sehr gerne so bald wie möglich die Zahl seiner Besatzungstruppen verringern. Gleichzeitig sei die deutsche Führung bereit, auch den in

[29] Zitiert bei Domarus, a.a.O., S. 1387.

Norwegen eingerichteten Verwaltungsapparat zu reduzieren. Die Politik König Haakons und seines Staatsrates stünde jedoch der Verwirklichung solcher Pläne entgegen.

Am Ende der Begegnung wies Weißauer seinen Gesprächspartner darauf hin, daß er sehr bald von der Luftwaffe an die Front abkommandiert werden würde. Daher könne er in naher Zukunft wahrscheinlich nicht wieder nach Stockholm kommen oder von sich hören lassen. Ein neuer Besuch von ihm in Schweden sei nur durch Vermittlung Kivimäkis möglich.

Das schwedische Außenministerium übersandte am 5. August[30] die von Ekeberg verfaßten und von ihm am 3. August[31] dieser Behörde überlassenen Gesprächsaufzeichnungen, nachdem zuvor der außenpolitische Ausschuß des schwedischen Reichstages Kenntnis genommen hatte, zur Information an die Botschafter des Königreiches in Berlin (Richert) und Helsinki (Sahlin)[32].

Das Begleitschreiben des Außenministeriums an die Diplomaten lautete:

*»Hiermit bitte ich um strenge Vertraulichkeit beim Überlassen einer von Präsident Ekeberg angefertigten Aufzeichnung, die gewisse Gespräche zwischen ihm und einem Deutschen betreffen, der kürzlich Schweden und Finnland besucht hat . .* [33]*.«*

Den Gesprächen zwischen Ekeberg und Weißauer wurde von den offiziellen schwedischen Stellen offensichtlich eine sehr hohe Bedeutung zugemessen, sonst wären wohl nicht die wichtigsten, mit den Fragen der Außenpolitik befaßten Institutionen des Königreiches über die Niederschrift Ekebergs informiert worden. Dies ist um so erstaunlicher, weil niemand in Schweden und Finnland zu diesem Zeitpunkt – und auch später nicht – wußte, welche Stellung Dr. Weißauer eigentlich bekleidete.

Letzteres wird aus einem »streng vertraulichen« Schreiben der schwedischen Gesandtschaft in Berlin an das Außenministerium (Staatsrat Söderblom) vom 8. November 1940 deutlich, in dem es unter anderem heißt:

*»Unter Bezugnahme auf Dein Handschreiben vom 5. August mit einer von Präsident Ekeberg gefertigten Aufzeichnung, die ein gewisses Gespräch zwischen ihm und Dr. Weißauer betrifft, darf ich mitteilen, was ich vom finnischen Legationsrat Lundström erfahren habe, der Herrn Weißauer flüchtig kennt. Hiernach ist dieser eine Person, die direkten Kontakt sowohl zum Reichskanzler wie aber auch zu Ribbentrop hat. Der letztere dürfte ihn für gewisse spezielle Aufträge einsetzen, ohne daß das AA oder Ribbentrops privates Außenministerium, die ›Dienststelle Ribbentrop‹, irgendeine Kenntnis davon haben. Lundström betont, daß es für Ribbentrop charakteristisch wäre, für wichtige Spezialaufträge Privatpersonen ohne jegliche offizielle Stellung in Anspruch zu nehmen . . .*[34]*.«*

30 Vgl. Kunl.Utrikes Departement/Strängt förtroligt v. 5.8.40/Schwed. Staatsarchiv o.S.

31 Vgl. Brief Ekebergs an Söderblom v. 3.8.40/Schwed.Staatsarchiv/HP 1 Af101/Bd. HP111.

32 Kunl. Utrikes Dep., a.a.O.

33 Kunl.Utrikes Dep., a.a.O.

34 Schwed. Gesandtschaft an Söderblom v. 8.11.1940/Schwed.Staatsarchiv/HP 1 CT:64 Bd. HP317.

Den schwedischen Meldeunterlagen ist zu entnehmen[35], daß sich Dr. Weißbauer in der Zeit vom 2. September bis 12. September wiederum in Stockholm aufhielt[36].

Sein Auftrag scheint gewesen zu sein, die Schweden inoffiziell zu ermutigen, ihre finnischen Nachbarn im Fall eines neuerlichen sowjetischen Angriffs militärisch zu unterstützen.

Hierzu trug der schwedische Justizminister K. G. Westmann am 11. September 1940 folgendes in sein Tagebuch ein:

*»... In den letzten Tagen sind immer mehr Nachrichten eingegangen, daß die Deutschen ihren Standpunkt in bezug auf Finnland – SU ändern. Ribbentrop hat einen Mann, Weißauer, hierher geschickt, der angibt, daß wir uns nicht um die abweisende Antwort kümmern sollten, die unser Gesandter in Berlin erhalten hat, als er mehrmals auf die Frage nach Deutschlands Stellung im Fall eines russischen Überfalles auf Finnland zurückgekommen ist. Tatsächlich würde Deutschland nicht verstehen, wenn wir nicht zu Finnlands Unterstützung eingreifen würden. Ähnliche Aussagen werden nun auch aus Berlin durch Ministerialrat Bömer[37] überbracht ...[38].«*

In der Tat bewegte sich die deutsche Finnlandpolitik offensichtlich auf zwei Gleisen. Offiziell mußte das Reich alles unterlassen, was das Verhältnis zur SU verschlechtern konnte, gehörte doch Finnland nach dem geheimen Zusatzprotokoll des deutsch-sowjetischen Nichtangriffsvertrages vom 23. August 1939 zur sowjetischen Interessensphäre. Aus diesem Grunde wurde dem finnischen Gesandten in Berlin, Kivimäki, in einem Gespräch mit dem Leiter der Politischen Abteilung des AA, Woermann, am 14. August 1940 nur die offizielle deutsche Haltung mitgeteilt:

*»Im Laufe der Unterhaltung kam der Gesandte mehrfach mit der Frage, ob wir Finnland im Fall eines neuen Vorgehens der Sowjetunion nicht wenigstens diplomatisch unterstützen würden. Da ich dieser Frage auswich, meinte der Gesandte schließlich, er sehe wohl, daß dies nicht der Fall sein würde. Weiter brachte Herr Kivimäki das Gespräch erneut auf die Haltung Schwedens. Die Stimmung sei dort Finnland gegenüber wesentlich zurückhaltender als während des letzten Krieges. Der Gesandte wollte dies auf eine deutsche Einwirkung auf Schweden zurückführen. Ich habe hierzu gesagt, daß wir mit der schwedischen Regierung keine Unterhaltungen über dieses Thema geführt hätten, daß wir jedenfalls nichts tun würden, was irgendein Land ermuntern könnte, in einen Krieg gegen die Sowjetunion einzutreten. Herr Kivimäki meinte hierzu, es würde ja genügen, wenn Deutschland Schweden im Fall eines russisch-finnischen Konfliktes freie Hand ließe. Ich habe eine weitere Unterhaltung hierüber mit der Bemerkung abgebogen, ich könne zu diesen Fragen keine Erklärung der deutschen Regierung abgeben, nehme aber als sicher an, daß unsere*

35 Vgl. Karteikarte L. Weißbauer Nr. 492284/Schwed.Staatsarchiv o.S.

36 Ebenda.

37 Bömer, Karl, Reichspropagandaministerium. Zur Person: Vgl. Gellermann, Günther W., ... und lauschten für Hitler, Koblenz 1991, S. 89f.

38 Westmann, K.G., Poltiska anteckningar September 1939–mars 1943, Stockholm 1981, S. 130.

*Haltung in einem neuen finnisch-sowjetischen Konflikt nicht anders sein werde als im letzten . . .*[39]*.«*

Hitler hatte aber bereits zwei Tage zuvor, am 12. August, eine völlig andere Haltung eingenommen. Nicht nur, daß er eine Waffenlieferung der dänischen Firma Madsen an Finnland genehmigte, sondern er änderte offensichtlich auch seine Meinung zur Finnlandpolitik. Generalfeldmarschall Keitel teilte dem Staatssekretär im AA, Weizsäcker, an diesem Tag mit:

*». . . der Führer habe gestern von neuem im gleichen Sinne seine Aufmerksamkeit auf das finnische Problem gelenkt. Herr Keitel erklärte mir diese Bemerkung so, daß der Führer eine indirekte und unauffällige Unterstützung der Finnen (z. B. durch Schweden) ins Auge zu fassen scheine . . .*[40]*.«*

Am 6. September bat Dr. Weißauer um ein Gepräch mit einem Vertreter der schwedischen Streitkräfte[41]. Er traf sich daraufhin mit dem stellvertretenden Verteidigungschef Rappe. Der Inhalt des im folgenden skizzierten Gespräches bewegt sich im grundsätzlichen völlig auf der Linie, die Hitler in seinem Gespräch mit Keitel umrissen hatte. Weißauer unterstrich, daß Schweden, um Finnland vor einer sowjetischen Eroberung zu retten, seine schwankende Politik aufgeben müsse. Das Königreich sollte der SU zu verstehen geben, daß es einen Angriff Rußlands auf Finnland als casus belli ansehen werde.

Irgendwelche Garantien für eine deutsche Hilfe durch Lieferung von Kriegsmaterial oder anderer Wirtschaftsgüter an Schweden im Kriegsfall gab der deutsche Emissär nicht ab. Dr. Weißauer argumentierte, daß es für die schwedische Führung ausreichend sei zu wissen, daß ihr Land ein souveräner Staat wäre, der seine Entscheidungen unabhängig treffen könne. Deutschland würde es nie gestatten, daß irgendein Teil des Königreiches von russischen Truppen besetzt werden würde. Die Sowjetunion könnte bereits dadurch von einem neuerlichen Angriff auf Finnland abgehalten werden, wenn man sie wissen lasse, daß Schweden in einem solchen Fall auf der Seite seines Nachbarn in den Krieg eintreten werde. Ein solcher Effekt aber sei bereits durch entsprechend lancierte Nachrichten erreichbar. Wesentlich allein sei ein Zeitgewinn. Sobald Deutschland England niedergerungen habe, würde sich das Reich der Erledigung der Aufgaben im Osten zuwenden. Für die Deutsche Wehrmacht mit ihrer großen Kriegserfahrung sei dieses nur ein militärischer Spaziergang[42].

Der schwedische Außenminister Günther, dem der Inhalt dieses Gespräches mitgeteilt wurde, scheint die Äußerungen Weißauers als einen Hinweis auf eine Änderung der deutschen Finnlandpolitik verstanden zu haben[43].

39 Aufzeichnung des Leiters der Pol.Abt.des AA v. 14.8.1940, ADAP, Serie D, Bd.X, Bonn 1964, S. 394.

40 Aufzeichnung des Staatssekretärs v. 12.8.1940/ADAP, Serie D, Bd. 10, S. 385.

41 Vgl. Calgren, W.M., Mellan Hitler och Stalin, Uddevalla 1981, S. 32 ff.

42 Vgl. Calgren, a.a.O.

43 Vgl. ebenda.

## War England zu einem Frieden mit Deutschland bereit?

Tatsächlich galt aber der Aufenthalt des deutschen Emissärs in Schweden einem ganz anderen Problem, nämlich festzustellen, ob Großbritannien zu einem Friedensschluß mit dem Deutschen Reich bereit war. Wie aber konnte die deutsche Seite zu einer solchen Annahme kommen? Hierzu hatte der Amtschef VI/RSHA, SS-Brigadeführer Jost, an den Gesandten Luther im Auswärtigen Amt geschrieben:

*». . . Über unsere schwedischen Verbindungen wurde bekannt, daß der englische Gesandte in Stockholm (V. Mallet, d. Verf.) sich in engstem Kreis in nicht mißzuverstehender Weise geäußert hatte, daß seine Regierung evtl. bereit wäre, in inoffizieller Form Feststellungen zu treffen, ob Deutschland zu Friedensverhandlungen bereit sei. In dieser Besprechung wurde erklärt, daß die bisherigen Bemühungen aller Teile immer daran gescheitert wären, daß die Vermittlung durch diplomatische Persönlichkeiten neutraler Länder jedesmal ein vorzeitiges Bekanntwerden mit sich brachte . . . Der Sicherheitsdienst entsandte zur Überprüfung dieser Meldung und zur Feststellung ihrer Richtigkeit einen VM nach Schweden. Dieser stellte zunächst fest, daß die oben angeführte Äußerung dem finnischen Gesandten in London sowie dem Präsidenten des schwedischen Hofgerichtes – höchster Richter des Landes und politischer Vertrauensmann des Königs, Dr. Ekeberg, bekannt war . . . Da Dr. Ekeberg ein persönlicher Bekannter unseres VM ist, ließ sich dieser noch einmal die gemachten Angaben bestätigen und brachte Dr. Ekeberg gegenüber zum Ausdruck, daß er als Privatmann ein Interesse daran hätte, Feststellungen in dieser Angelegenheit zu treffen und Genaueres in diesem Zusammenhang zu erfahren . . .[1].«*

Die hier wiedergegebenen Äußerungen Mallets gründeten sich wahrscheinlich auf die nachfolgend dargestellten Vorgänge. Diese aber konnten unabhängig von den dem britischen Diplomaten unterstellten Auslassungen auch durch andere Hinweise zur Kenntnis deutscher Stellen gelangt sein.

Am Nachmittag des 17. Juni 1940 führte der Unterstaatssekretär im britischen Außenministerium, Butler, ein Gespräch mit dem schwedischen Gesandten in London, Björn G. Prytz[2]. Während dieser Unterhaltung entwickelte der hohe britische Beamte eine Alternative zu der von Churchill (seit dem 10. Mai 1940 Premierminister) beabsichtigten »totalen Verteidigung« Englands.

Butler hielt die hierbei durch militärische Einwirkungen möglichen Zerstörungen und Verluste für nicht verantwortbar. Der Unterstaatssekretär teilte dem schwedischen Gesandten mit, daß in dieser schwierigen Situation seines Landes nur »common sense and not bravado« der Grundsatz britischer Politik sein könnte[3]. Butler

[1] Der Chef der Sicherheitspolizei und des SD/VI G/Az.: 5766 v. 23.10.1940 Pol.Arch./Inland Iig Bd. 476, S. 1.

[2] Vgl. Costello, John, Ten Days that saved the West, London 1991, S. 300 f.; aber auch: Charmley, John, Churchill, The End of Glory, London 1993, S. 423 f.

[3] Vgl. Costello, a.a.O.

äußerte dem schwedischen Diplomaten nach einer weiteren Rücksprache mit Halifax (Außenminister bis zum 23. Dezember 1940) ferner, auch sein Außenminister sei der Auffassung, daß nur »common sense and not bravado« Maßstab derzeitiger englischer Politik sein könne. Diese Haltung sei allerdings nicht als »Frieden um jeden Preis« zu deuten[4]. Der Schwede interpretierte diese Unterredungen als einen deutlichen Wunsch der britischen Regierung nach Friedensgesprächen. Die Vermutung, daß diese Ansicht von Prytz nicht ganz unrichtig war, läßt eine Tagebucheintragung von Cadogan »Keine Antwort der Deutschen« zu[5].

Prytz telegraphierte am 17. Juni daher seiner Regierung folgendes:

*»Englands gegenwärtige offizielle Haltung ist die, daß der Krieg fortgesetzt werden muß. Tatsächlich aber, so hätte ihm Butler versichert, würde man jede Gelegenheit eines Kompromißfriedens zu annehmbaren Bedingungen ernsthaft prüfen . . . weil England jetzt günstigere Verhandlungsmöglichkeiten hat als vielleicht später . . .*[6]*.«*

Auch der schwedische Außenminister Günther, der das Telegramm seines Londoner Gesandten am Morgen des 18. Juni erhielt, betrachtete seinen Inhalt als ein inoffizielles britisches Angebot zur Anbahnung von Friedensgesprächen. Günther leitete den Telegramminhalt an seine diplomatischen Vertreter in Helsinki, Moskau und Berlin weiter. In diesem Zusammenhang dürfte nicht ganz unwichtig sein, daß der Inhalt des Londoner Telegramms dem Gesandten Schwedens in Berlin, Arvid Richert, der sich zu diesem Zeitpunkt in Stockholm aufhielt, direkt übergeben wurde[7].

Es besteht daher auch die Möglichkeit, daß sich der SD über Helsinki und/oder die schwedische Gesandtschaft in Berlin mit den britischen Friedensabsichten vertraut machte.

Waren also die von Weißauer den Engländern in Stockholm wenig später übermittelten Friedensvorschläge jene von Cadogan erwartete deutsche Resonanz auf das Gespräch Butler/Pyrtz?

Das von Butler mit Pyrtz geführte Gespräch hatte in London noch ein Nachspiel. In einem von Churchill am 25. Juni an Halifax gerichteten Schreiben rügte der Premierminister die dem Schweden gegenüber gemachten Äußerungen des Unterstaatssekretärs als »defätistisch«[8].

Halifax besprach die in diesem Brief erhobenen Vorwürfe mit Butler, der bestritt, sich so gegenüber dem schwedischen Diplomaten geäußert zu haben, wie der Gesandte nach Stockholm berichtet hatte. Der Unterstaatssekretär bot seinen Rücktritt an, den Halifax ablehnte. Der Außenminister teilte Churchill daraufhin mit, daß ». . . er darüber befriedigt sei, daß es keinerlei Divergenzen oder Zweifel in bezug auf Butlers Loyalität gegenüber der von der Regierung vertretenen Politik gäbe . . .[9].«

4 Vgl. ebenda.
5 Cadogan, Diary, v. 18.6.1940. Churchill College, Cambridge, S. 304.
6 Telegramm Nr. 723 v. 17. Juni 1940/Schwedisches Staatsarchiv/HP39 A XXXIII/UDA.
7 Costello, a.a.O., S. 302.
8 Vgl. Churchill an Halifax v. 25.6.1940/Prem.11/100/8 200852/PRO.
9 Vgl. Halifax an Churchill v. 26.6.1940/Prem.11/100/8 200852/PRO.

Gleichwohl muß festgestellt werden, daß Halifax bereits eine Woche später, sehr zum Ärger Churchills, dem Vermittlungsangebot des Papstes für einen Verhandlungsfrieden, durchaus positiv gegenüberstand[10].

Der Premierminister machte hingegen deutlich, daß er an keinerlei Übermittlung von Friedensbedingungen Hitlers interessiert sei[11].

Diese ablehnende Haltung Churchills ist deshalb widersprüchchlich, weil er noch Ende Mai geäußert hatte, daß er

*»... darauf vorbereitet sei, gewisse deutsche Bedingungen, die ihm zugeleitet würden, zu akzeptieren und das Ziel nicht länger die Vernichtung Deutschlands, sondern lediglich die Bewahrung unserer eigenen Integrität und Unabhängigkeit sei. Es könnte daher die Zeit kommen, in der wir uns veranlaßt sehen, den Kampf zu beenden, obgleich es gegenwärtig noch wichtig ist, Deutschland Widerstand zu leisten[12].«*

*Es bleibt daher festzustellen, daß der britische Außenminister zu diesem Zeitpunkt – im Gegensatz zu seinem Premierminister grundsätzlich bereit war, mit dem Deutschen Reich über einen Kompromißfrieden zu verhandeln.*

## Die »indirekten« deutsch-englischen Gespräche in Stockholm im September 1940 und die britische Reaktion auf die deutschen Friedensvorschläge

### *Vorbemerkung: Hitlers Werben um die britische Freundschaft*

Hitler warb mit einer kaum verständlichen Hartnäckigkeit um die britische Freundschaft. Dieses nicht nur in öffentlichen Äußerungen, sondern auch, wie aus den nachfolgend dargestellten Fällen klar wird, ebenfalls auf der Geheimdienstebene. Er versuchte auf diese Weise auch noch während des Krieges zu einem Ausgleich mit England zu kommen.

Es ist notwendig, einige Anmerkungen über die Rolle, die er Großbritannien im Rahmen seiner Außenpolitik zugedacht hatte, zu machen, um so die Zähigkeit seines Werbens um Englands Freundschaft zu verdeutlichen.

England und Italien waren, wie Hitler bereits in »Mein Kampf« dargestellt hatte[13], nicht nur seine Wunschverbündeten gegen Frankreich, sondern auch die Alliierten, die er zur Durchsetzung seiner von ihm geplanten Eroberungen in Osteuropa brauchte.

Daß er durch die geplante Ausschaltung Frankreichs, als Voraussetzung für die Gewinnung von »Lebensraum« im Osten, zunächst eine Hegemonialstellung des Deutschen Reiches in Europa erreichen mußte, war ihm klar, daß er aber dadurch ein

10 Cadogan, a.a.O., S. 309 (v. 2.7.1940).

11 Vgl. Hill, C., Cabinet Decisions in Foreign Policy, October 1938–June 1941, Cambridge 1991, S. 185.

12 Gilbert, Martin, Finest Hour, Bd. IV, London 1983, S. 418.

13 Vgl. Hitler, Adolf, Mein Kampf, München 1939, S. 755.

außenpolitisches »Grundgesetz« Englands, die »Balance of Powers«[14], verletzte, ebenfalls nicht unbekannt[15]. England konnte weder einer Hegemonialstellung Deutschlands zustimmen, noch in Verbindung damit akzeptieren, daß Hitler freie Hand zur »Neuordnung« Europas nach seinen Vorstellungen erhielt.

Warum betrieb er aber eine Außenpolitik, die durch ihren hegemonialen Anspruch in Europa zwangsläufig eine Gegnerschaft Englands zur Folge hatte? Warum nahm er trotz dieses unüberbrückbaren britisch-deutschen Gegensatzes das Grundsätzliche dieser englischen Haltung zunächst offenbar einfach nicht zur Kenntnis und wiederholte fast stereotyp in vielen öffentlichen Äußerungen, er suche die Freundschaft Englands, denn es gäbe keinerlei territoriale Gegensätze zwischen Großbritannien und dem Reich? Lediglich die ehemals deutschen Kolonien müßten zurückgegeben werden. Selbst der deutsch-britische Flottenvertrag von 18. Juni 1935 wurde von Hitler nach seinen eigenen Worten abgeschlossen, um den Frieden zu festigen und Englands Freundschaft zu gewinnen: ». . . habe ich in Verfolg meiner unentwegten Freundschaftspolitik England gegenüber von mir aus selbst den Vorschlag einer freiwilligen Begrenzung der deutschen Seerüstung gemacht . . .[16].« Ein Zugeständnis an England, das deshalb gemacht werden konnte, weil Deutschland aus rüstungswirtschaftlichen Gründen in absehbarer Zeit nicht in der Lage war, den Rüstungsvorsprung Großbritanniens zur See aufzuholen. Überdies gestand England Deutschland in diesem Vertrag die Parität beim U-Boot-Bau zu. Unter Berücksichtigung dieser rüstungspolitischen Gesichtspunkte war der Flottenvertrag für Hitler ein außerordentlich wichtiges Propagandainstrument. Er konnte, wie in dieser Rede, behaupten, den Vertrag nur abgeschlossen zu haben, um den Frieden zu festigen und Englands Freundschaft zu gewinnen.

Als gewisser Höhepunkt dieses »Freundschaftswerbens« kann sicherlich das Angebot Hitlers gegenüber dem englischen Botschafter in Berlin, Sir Neville Henderson vom 25. August 1939, das britische Empire, wenn nötig, mit deutscher militärischer Hilfe zu verteidigen, gesehen werden[17].

Waren es also neben dem deutschen Hegemonialanspruch in Europa nur die Kolonien, die einer deutsch-britischen Einigung im Wege standen?

14 Seit den Zeiten der Tudors war England bemüht, jeder europäischen Macht, die eine Hegemonialstellung auf dem Kontinent anstrebte, mit dem Ziel entgegenzutreten, die Machtbalance zwischen den kontinentalen Staaten wiederherzustellen. Der Grundsatz der »Balance of Powers« hatte hierbei einen instrumentalen Charakter. Er sollte die Vormachtstellung eines Staates auf dem Kontinent verhindern, da dieser anderenfalls zu leicht hätte versucht sein können, einen Sprung über den Kanal zu wagen. Jede Politik eines europäischen Landes, die eine solche Hegemonialstellung auf dem Kontinent anstrebte, wurde daher von England als tödliche Bedrohung angesehen.

15 Vgl. Hitler, Mein Kampf, a.a.O., S. 696.

16 Vgl. Reichstagsrede v. 28.4.1939, zitiert bei: Domarus, Max, Hitler, Reden u. Proklamationen 1932–1945, Leonberg 1988, s. 1159.

17 Vgl. Hitlers Angebot an England v. 25.8.1939, Vertrags-Ploetz, Bielefeld 1953, S. 373.

Hitler forderte überseeische Kolonien offenbar nur, wenn er die Engländer provozieren wollte. Er hatte bereits sehr früh die Kolonialpolitik des kaiserlichen Deutschlands kritisiert, wenn er schrieb:

*». . . denn nicht in einer kolonialen Erwerbung haben wir die Lösung dieser Frage zu erblicken, sondern ausschließlich im Gewinn eines Siedlungsgebietes, daß die Grundfläche des Mutterlandes selbst erhöht und dadurch nicht nur die neuen Siedler in innigster Gemeinschaft mit dem Stammland erhält, sondern der gesamten Raumenge jene Vorteile sichert, die in ihrer geeinten Größe liegen . . .[18].«*

Wenn Hitler also die Forderung nach neuem Siedlungsraum in Europa erhob, meinte er nur Territorien im Osten[19]. Um diese aber erobern zu können, mußte er den Rücken frei haben, was bedeutete, daß Frankreich niedergeworfen sein mußte und England nicht zu seinen Gegnern gehören durfte.

Deutlicher präzisierte er seinen Standpunkt in der Kolonialfrage in einem Interview mit dem Journalisten Ward Price am 5. August 1934:

*»Ich würde nicht das Leben eines einzigen Deutschen fordern, um irgendeine Kolonie der Welt zu erlangen. Wir wissen, daß die vormals deutschen Kolonien in Afrika ein kostbarer Luxus sogar für England sind . . .[20].«*

Noch deutlicher wurde er in einer Besprechung mit den höchsten Offizieren der drei Wehrmachtsteile am 23. Mai 1939: ». . . Zu Kolonien: Warnung vor Schenkung kolonialen Besitzes. Es ist keine Lösung des Ernährungsproblems. Blockade! . . .[21].« Hitler drückte hier in aller Klarheit aus, daß er aus militärischen Gründen sogar eine Schenkung überseeischer Kolonien ablehnte. Diese konnten im Kriegsfall aufgrund einer zu erwartenden Seeblockade keinerlei Beitrag mehr zur Ernährung der Bevölkerung des Reiches leisten. Überdies mag Hitler eine weitere, hier nicht geäußerte Überlegung, geleitet haben: Diese Kolonien waren ebenso wenig wie im Ersten Weltkrieg militärisch zu verteidigen. Ihre Eroberung durch Kriegsgegner bedeutete für ihn einen Prestigeverlust, den es zu vermeiden galt.

Es kann aufgrund dieser Äußerungen angenommen werden, daß Hitler keine überseeischen Kolonien verlangte, sondern sein »Kolonialbegriff« sich ausschließlich auf Gebiete in Osteuropa bezog.

Ein weiterer Gesichtspunkt seines Werbens um die britische Freundschaft war die Absicht der Errichtung eines »germanischen Staates deutscher Nation«[22] oder, wie er später auch formulierte, »eines Germanischen Reiches deutscher Nation«[23].

[18] Vgl. Hitler, Mein Kampf, a.a.O., S. 741.

[19] Vgl. Ebenda, S. 742.

[20] Zitiert bei Domarus, a.a.O., S. 432.

[21] Ebenda, S. 1197.

[22] Vgl. Hitler, Mein Kampf, a.a.O., S. 362.

[23] Vgl. Rede v. 13.9.1937 »Die deutsche Nation hat doch bekommen ihr germanisches Reich«, zitiert bei Domarus, a.a.O., S. 732.

Hierdurch drückte er seinen Willen aus, alle Länder »germanischer Rasse« unter deutscher Führung zusammenzuschließen. Es sollten zu diesem »Großgermanien« nicht nur die deutschsprachigen Länder, sondern auch die nordischen Staaten, die Niederlande, insbesondere aber auch das britische »Brudervolk« gehören[24]. Zu diesem Reich sollten als Kolonien in Osteuropa kommen: Polen, das Baltikum und Rußland, deren Bevölkerung niedere Sklavendienste verrichten oder ausgerottet werden sollte[25].

Nur vor diesem hier skizzierten Hintergrund wird verständlich, weshalb Hitler alle Möglichkeiten, auch die der Geheimdienstebene, benutzte, um selbst nach Ausbruch des Krieges jede auch noch so wenig erfolgversprechende Gelegenheit auszuloten, doch noch zu einem Ausgleich mit Großbritannien zu kommen, dieses, obwohl ihm die eigentlichen Gedankengänge seiner englischen Gegner, die einen Ausgleich zwischen den beiden Ländern unmöglich machten, immer deutlicher wurden. Seine Rede vom 30. Januar 1941 drückt diesen Sachverhalt klar aus:

*»Wir haben nichts von ihnen gefordert, haben nichts verlangt. Immer wieder gab ich ihnen die Hand, und trotzdem war alles vergeblich. Die Gründe sind uns klar: es ist erstens die deutsche Einigung an sich. Sie hassen diesen unseren Staat, ganz gleich, wie er aussieht, ob kaiserlich oder nationalsozialistisch, demokratisch oder autoritär. Das ist ihnen gleichgültig . . .*[26]*.«*

Der diplomatische Chefberater des britischen Außenministers, Sir Robert Vansittard, drückt diesen Sachverhalt in einem Vermerk vom 6. September 1940 ganz ähnlich aus, wenn er unter anderem schreibt:

*». . . das Deutsche Reich und die Reichsidee sind seit 75 Jahren der Fluch der Welt . . . der Feind ist das Deutsche Reich und nicht nur der Nazismus . . .*[27]*.«*

Es gab daher keinen politischen Preis, den Hitler England für die hartnäckig angestrebte »Freundschaft« hätte bezahlen können. So war jeder Versuch, zu einem Ausgleich mit Großbritannien zu Hitlers Bedingungen zu kommen, zum Scheitern verurteilt.

## Die »indirekten« Gespräche

Der britische Gesandte in Stockholm, Victor Mallet, teilte am 7. September 1940 in einem als »geheim und persönlich« gekennzeichneten Brief dem Unterstaatssekretär im Foreign Office, Cadogan, folgendes mit: Der schwedische Außenminister Günther habe ihn unvermittelt angesprochen und gefragt, ob ihn der ihm bis zu

24 Vgl. hierzu insgesamt: Loock, Hans-Dietrich, Zur »großgermanischen Politik« des dritten Reiches, in: Vierteljahreshefte zur Zeitgeschichte (8) 1960, H. 1, S. 37 ff.
25 Vgl. ebenda.
26 Zitiert bei Domarus, a.a.O., S. 1659.
27 Urgent/Secretary of State v. 6.9.1940/FO 371/24408/XC1973/PRO.

diesem Zeitpunkt unbekannte Präsident des schwedischen Hofgerichtes, Dr. Ekeberg, anrufen dürfe. Günther fragte den britischen Gesandten weiter, ob er darüber hinaus auch bereit sei, mit Ekeberg ein persönliches Gespräch zu führen, da dieser eigentlich mit Politik nicht befaßt sei, obgleich er vor zehn Jahren einmal Justizminister war. Der Präsident sei in Schweden als absolut integere Persönlichkeit bekannt. Mallet erklärte sich bereit, Ekeberg zu empfangen[28]. Der britische Diplomat behandelte die im nachfolgenden dargestellte Angelegenheit offensichtlich zweigleisig. Er teilte in den offiziellen Telegrammen seinem Außenministerium nur einen Teil dessen mit, was er über Ekeberg von Weißauer erfuhr. Gleichzeitig übersandte er drei Briefe an Cadogan, in denen er dem Unterstaatssekretär erheblich mehr über das, was er von Weißauer erfuhr, mitteilte, als er offiziell nach London meldete.

Offenbar wollte sich Mallet gegenüber seinen Vorgesetzten so in dieser überaus heiklen Angelegenheit absichern. Dieser Sachverhalt wird in dem Schreiben des Gesandten vom 8. September deutlich, in dem der Diplomat meint: ». . . ich kann darum nicht annehmen, daß irgendein Schaden entstanden ist . . .« (durch seine Kontakte zu Weißauer/d. Verf.) »ob in dem Dargestellten etwas Neues ist, bin ich nicht in der Lage zu beurteilen . . .[29].« (Vorschläge des deutschen Emissärs/d. Verf.).

Am 5. September suchte Ekeberg den britischen Gesandten auf[30]. Der Schwede wies zu Beginn des Gespräches darauf hin, daß er kein Diplomat sei, um dem Engländer, sehr zögernd, folgende Vorschläge zu machen: Dr. Ludwig Weißauer, ein Berliner Rechtsanwalt, sei ihm etwa vor einem Monat durch den finnischen Gesandten in Berlin, Kivimäki, als eine Persönlichkeit mit sehr wichtigen Verbindungen vorgestellt worden. Der Deutsche sei ein geheimer Emissär Hitlers. In dieser Eigenschaft hätte er im vergangenen Monat Finnland besucht und dort Gespräche mit dem Staatspräsidenten und dem Feldmarschall geführt. Es könnte unterstellt werden, daß Weißauer auch in der Vergangenheit ähnliche Aufträge in China und den USA ausgeführt habe. Der deutsche Emissär wünsche Gespräche mit Mallet zu führen. Diese, falls sie zustande kommen würden, sollten niemandem außer Hitler und der britischen Regierung bekannt werden. Weißauer würde Hitler unmittelbar berichten. Nach Vorstellungen der Deutschen könnten die Gespräche sofort beginnen. Ekeberg sollte als neutraler Beobachter an ihnen teilnehmen. Der Schwede teilte dem Engländer weiter mit, daß die Auffassung Weißauers über Skandinavien im schwedischen Außenministerium großen Eindruck hinterlassen hätte. Trotzdem sei die schwedische Regierung von diesem Kontaktversuch durch ihn, Ekeberg, nicht unterrichtet worden. Mallet gab dem Schweden zu verstehen, daß er bei einem solchen Treffen keine andere Meinung als die der britischen Regierung, den Krieg fortzusetzen,

[28] Vgl. Brief Mallets an Cadogan v. 7.9.1940/FO 371/24408/XC1973/PRO.

[29] Brief Mallets an Cadogan v. 8.9.1940/FO 371/24408/XC1973/PRO.

[30] Vgl. Mallet an Foreign Office Nr. 1011 v. 5.9.1940/FO 371/24408/XC1973/PRO. Die Darstellung des Kontaktes zu Dr. Weißauer hält sich ausschließlich an die vorliegenden Telegramme Mallet/Foreign Office und die bereits zitierten Briefe des Gesandten an Cadogan, sowie die aus London hierzu ergangenen Weisungen an Mallet. Andere wesentliche Quellen liegen zu diesem Vorgang leider nicht vor.

äußern könnte. Ekeberg bat den Diplomaten trotzdem, eine solche Begegnung nicht abzulehnen, weil eine Weigerung sicherlich Hitler unmittelbar berichtet werden würde.

Mallet bat sich Bedenkzeit aus. Er unterrichtete das britische Außenministerium über diesen Sachverhalt und verlangte Weisungen, wie er sich dem Gesprächsersuchen Weißauers gegenüber verhalten sollte. Das Telegramm des britischen Gesandten wurde den Spitzenbeamten des Foreign Office zugeleitet. Die Stellungnahme des diplomatischen Chefberaters des Außenministers, Sir Robert Vansittard, zu dem Gesprächsvorschlag ist außerordentlich bedeutsam. Sie enthält offenbar wesentliche Aussagen über die britische Deutschlandpolitik. Aus diesem Grund soll sie hier wiedergegeben werden:

**Eilt!**

**Staatssekretär**

Ich hoffe, Sie weisen Mr. Mallet an, daß er unter keinen Umständen Dr. Weißauer treffen darf. Die Zukunft der Zivilisation steht auf dem Spiel. Es geht jetzt um unser oder deren Überleben, und entweder das Deutsche Reich oder unser Land muß untergehen, und zwar nicht nur untergehen, sondern, völlig vernichtet werden. Ich bin überzeugt, es wird das Deutsche Reich sein. Das ist etwas ganz anderes, als zu sagen, daß **Deutschland** untergehen muß; aber das Deutsche **Reich** und die Reichsidee sind seit 75 Jahren der Fluch der Welt, und wenn wir sie diesmal nicht erledigen, werden wir es nie tun, und sie werden uns erledigen. Der Feind ist das Deutsche Reich und nicht nur der Nazismus, und diejenigen, die das noch nicht begriffen haben, haben gar nichts begriffen und würden uns in einen sechsten Krieg schlittern lassen, selbst wenn wir den fünften überleben würden. Ich würde weit eher meine Gelegenheit ergreifen, den fünften zu überleben. Jede Möglichkeit zu einem Kompromiß ist jetzt vorbei, und es muß ein Kampf ums Ende, und zwar um ein wirkliches Ende sein.

Ich verlasse mich darauf, daß Mr. Mallet die entschiedenste Weisung bekommt. Wir haben weit mehr als genug von Dahlerus, Goerdeler[31], Weißauer und ihresgleichen.

6. September 1940 R.V.[32]

Mallet wurde durch das Foreign Office am 6. September angewiesen, wegen der Gefahr von Mißdeutungen Dr. Weißauer nicht zu treffen.

[31] Goerdeler, Carl, F., 1884–1945, 1930–37 Oberbürgermeister von Leipzig. Einer der führenden Männer des bürgerlich-konservativen Widerstandes gegen Hitler. Goerdelers Friedensplan v. 30.5.1941 zur Übermittlung an die englische Regierung vorgesehen, sah nicht vor, daß wesentliche Teile der von Hitler eroberten Gebiete bei Deutschland bleiben sollten, sondern verlangte außerdem die Wiederherstellung der deutschen Grenzen von 1914(!) und überdies die Rückgabe aller deutscher Kolonien. Vgl. hierzu Ritter, Gerhard, Carl Goerdeler und die deutsche Widerstandsbewegung, Stuttgart 1956, S. 569.

[32] Vgl. Foreign Office To Mallet/Nr. 1011 v. 6.9.41/FO 371/24408/XC1973/PRO.

Ferner teilte das Außenministerium dem Gesandten mit, daß er jederzeit Informationen über Ekeberg oder andere Kanäle entgegennehmen könne. Im übrigen sei in der Antwort an den schwedischen König die Haltung der britischen Regierung eindeutig ausgedrückt worden. Hier wurde nachdrücklich betont, daß den Worten (von deutscher Seite/d. Verf.) nunmehr auch Taten folgen müßten[33]. Eine Angabe darüber, was von der deutschen Seite politisch zu diesem Zeitpunkt tatsächlich erwartet wurde, fehlt allerdings. Mallet informierte nunmehr Ekeberg darüber, daß er den deutschen Emissär nicht sprechen wolle. Ein solches Gespräch wäre auch angesichts des bekannten Standpunktes der britischen Regierung völlig sinnlos.

Einige Stunden später suchte der Schwede den britischen Diplomaten im Zustand großer Erregung neuerlich auf. Ekeberg teilte Mallet mit, daß sich Weißauer aufgrund eines persönlichen Auftrages von Hitler in Stockholm aufhalte. Die ganze Angelegenheit sei daher von außerordentlicher Wichtigkeit. Nur zwei Personen in Deutschland wüßten um diese Mission. Ekeberg überbrachte dem britischen Diplomaten folgende Vorschläge Weißauers:

»*1. Die Welt sollte in zwei wirtschaftliche Interessensphären aufgeteilt werden. Eine durch Deutschland organisierte kontinentale und die durch das Britische Empire geführte maritim-koloniale.*
*2. Die politische Unabhängigkeit der jetzt von Deutschland besetzten Länder sollte wiederhergestellt werden. Eingeschlossen einen polnischen Staat, aber ausgeschlossen die Tschechoslowakei. Die wirtschaftliche Teilung Europas müßte beendet werden.*
*3. Das Britische Empire sollte alle jene Kolonien einschließlich aller Mandatsgebiete behalten, die es zur Durchsetzung seiner politischen und militärischen Interessen benötigte. Deutschland wird durch Kompensationen entschädigt.*
*4. Die Zukunft folgender Gebiete kann diskutiert werden: Ägpyten und der Mittelmeerraum, französische, belgische und deutsche Kolonien.*

*Weißauer bezeichnete seine Vorschläge als letzte Chance. Die Alternative zum Frieden wäre die Fortsetzung des Krieges in sehr intensiver Form. Der deutsche Emissär ließ Mallet besonders auf den dann drohenden Verlust Ägyptens, des Mittleren Ostens und letzten Endes auch Indiens hinweisen*[34].«

Ekeberg suchte Mallet noch zweimal, wahrscheinlich auf Veranlassung des deutschen Emissärs auf, ohne daß er von dem Gesandten irgendeine Nachricht für Weißauer erhielt. Der Deutsche ließ dem britischen Diplomaten mitteilen, daß er sich noch bis zum 12. September, falls erforderlich aber auch länger, in Stockholm aufhalten werde. Die Kontakte könnten jederzeit über eine neutrale Person fortgesetzt werden.

Neben den diplomatischen Depeschen, die Mallet nach London sandte, gab er in persönlichen Briefen weitere Informationen über die Weißauer-Kontakte an den ihm offenbar gut bekannten Unterstaatssekretär im Foreign Office, Sir Alexander Cadogan, weiter.

33 Vgl. ebenda.
34 Mallet nach London/Nr. 1016 v. 10.9.1940/FO 371/24408/XC1973/PRO.

Hieraus wird deutlich, daß der deutsche Emissär während dieser Tage sehr lange und intensive Gespräche mit Ekeberg führte, deren Inhalt der Schwede unmittelbar an den britischen Diplomaten weitergab, wahrscheinlich sogar weitergeben sollte.

Von Ekeberg über Einzelheiten von Hitlers Skandinavienplänen befragt, gab der Berliner Rechtsanwalt an, daß Hitler beabsichtige, die Souveränität aller Staaten auf Dauer wiederherzustellen. Er habe an ihren inneren Angelegenheiten keinerlei Interesse. Als Beispiel für diese Haltung wurde Dänemark genannt. Dort hatte die dänische Regierung kürzlich dänische Nazis bestraft, ohne daß sich deutsche Dienststellen eingeschaltet hatten. Das politische Ziel des Deutschen Reiches sei es, einen neuen Krieg zu verhindern, weil Europa einen hundertjährigen Frieden benötige.

Das Prinzip des Gleichgewichtes der Kräfte auf dem Kontinent müsse aufgehoben werden, weil dieser Grundsatz eine ständige Gefahrenquelle für neue Kriege darstelle.

Deutschland sollte, weil kontinental ausgerichtet, Kontinentalmacht sein und seine Hegemonialstellung auf dem Kontinent sollte nicht in Frage gestellt werden. England, nach Übersee ausgerichtet und überdies mit Amerika verbündet, muß Seemacht sein. Die maritime Kraft der USA und Englands würde beiden Staaten die Überlegenheit auf den Meeren garantieren.

Deutschland verlangt nicht die Rückgabe seiner Kolonien. Es werde in diesem Zusammenhang die politischen und militärischen Interessen Englands berücksichtigen. Vielleicht, so Weißauer, verlangt das Deutsche Reich irgendwo Kompensationen.

Möglicherweise von den Belgiern, Franzosen oder Holländern. Der deutsche Emissär wiederholte, daß gegenwärtig die letzte Möglichkeit gegeben sei, dem Empire sein Überleben zu garantieren. In Südafrika würden sich sonst die Anstrengungen der Buren nach Unabhängigkeit verstärken. Kanada geriete mehr und mehr in den politischen Sog der USA und damit auch in eine stärkere Abhängigkeit seines Nachbarlandes.

Während dieser Gespräche blieb die ägyptische Frage offen. Weißauer meinte, wenn dieses Land erobert sein würde, könnte über Ägypten nicht mehr diskutiert werden.

Sollte allerdings der Krieg fortgesetzt werden, müßte Deutschland Italien helfen, den Krieg nach Ägypten, zum Suezkanal und Indien zu tragen sowie Südafrika für die Buren zu befreien. Dr. Weißauer sprach ohne jede Begeisterung über Italien und meinte: »Mussolini würde das tun, was der Führer anordnet[35].«

Des Führers Grundideen[36]: Die derzeitigen Wirtschaftsprobleme unterscheiden sich sehr deutlich von denen der Vergangenheit. Die Situation heute ist mit jener der napoleonischen Zeit vergleichbar. Um eine vernünftige wirtschaftliche Entwicklung zu erreichen, müßte in Großräumen gedacht werden. Europa muß daher als wirtschaftliche Einheit angesehen werden. Napoleon habe bereits dieses Ziel zu errei-

35 Mallet an Cadogan v. 7.9.1940/FO 371/24408/XC 1973/PRO.

36 Die hier vorgenommene Darstellung der Äußerungen Dr. Weißauers folgt den brieflichen Mitteilungen Mallets an Cadogan vom 7., 8. u. 9.9. 1940/FO 371/24408/XC1973/PRO.

chen versucht. Zu seiner Zeit sei es aber deshalb unmöglich gewesen, weil Frankreich nicht im Zentrum Europas lag und ihm die notwendigen Verkehrswege fehlten. Jetzt liege Deutschland im Herzen Europas und verfüge sowohl über die Verkehrswege als auch die erforderlichen Transportmittel.

Für die weiße Rasse müsse es zwei große wirtschaftliche Machtbereiche geben: Deutschland und die kontinentale Einheit und England mit Amerika als Zentrum der Weltwirtschaft. England und die USA müßten künftig natürlich die größten Flotten haben. Sie brauchen die Weltmeere als ihr natürliches Operationsgebiet. Nur diese beiden großen Gruppen (England, die USA und Deutschland) können den Übergriffen der gelben Rasse widerstehen. Rußland sollte als Gegner angesehen werden.

Die Friedensbedingungen umriß Weißauer wie folgt:

*1. Das Empire bleibt mit allen Kolonien und Mandatsgebieten erhalten.*
*2. Die kontinentale Hegemonialstellung Deutschlands wird nicht in Frage gestellt.*
*3. Alle Fragen, die den Mittelmeerraum, die französischen, belgischen und holländischen Kolonien betreffen, können diskutiert werden.*
*4. Es soll einen »polnischen Staat« geben.*
*5. Die Tschechoslowakei muß zu Deutschland gehören*[37].

Weißauer ging nicht weiter ins Detail. Ekeberg verstand ihn aber so, daß die von Deutschland jetzt besetzten europäischen Staaten nach einem Friedensschluß ihre Unabhängigkeit zurückerhalten sollten.

Der deutsche Emissär teilte Ekeberg mit, daß er Verständnis dafür habe, daß ihn Mallet zu diesem Zeitpunkt nicht treffen könnte. Er war aber damit zufrieden, daß dem britischen Gesandten über eine neutrale Person, wie der schwedische Richter es war, die deutschen Vorschläge zugeleitet würden. Mallet gab Ekeberg zu verstehen, daß er in dem von Weißauer Vorgetragenen nicht viel Neues entdecken könne. Eine Menge dieser Punkte sei von Hitler bereits vor bzw. während des Krieges geäußert worden. Der britische Diplomat empfand die von dem deutschen Emissär gemachten Vorschläge als die bekannte Kombination von »Zuckerbrot und Peitsche«.

Mallet charakterisierte Ekeberg als einen völlig harmlosen Mann ohne jeden Arg, der darüber sehr erstaunt war, daß ausgerechnet er der Überbringer solcher Nachrichten sein mußte. Der Diplomat beschreibt den Schweden weiter als fähigen, sehr sorgfältigen Juristen, der absolut vertrauenswürdig sei.

Die britische Regierung unter Vorsitz von Churchill befaßte sich in einer geheimen Sitzung mit den deutschen Vorschlägen. Der englische Premierminister wurde offenbar während der Beratung von einigen Kabinettsmitgliedern hart bedrängt. Er äußerte sich dahingehend, daß er eine Verständigung mit Deutschland auf folgender Basis für möglich hielt.

Das Reich verzichtet auf eine totale Vernichtung des britischen Prestiges dadurch, indem es Polen gegenüber gewisse Zugeständnisse im Hinblick auf eine kulturelle

37 Die Tschechoslowakei existierte seit März 1939 als Staat nicht mehr.

Autonomie macht. Ein ähnliches Entgegenkommen wurde in bezug auf die anderen von Deutschland besetzten Länder gefordert. Insgesamt verlangte England also nur ein deutsches Einlenken auf den beschriebenen Gebieten. In der Kolonialfrage zeigte die britische Regierung während dieser Sitzung eine außerordentliche Kompromißbereitschaft[38].

Trotz der lebhaften Kabinettsdiskussionen wurden die deutschen Vorschläge abgelehnt, und Halifax wurde beauftragt, Mallet die Antwort der britischen Regierung zur Weiterleitung an den Vermittler zu übersenden.

Diese Nachricht an Ekeberg, der sie, wie erwartet wurde, an Weißauer weitergeben sollte, hat den Charakter eines offiziellen diplomatischen Schriftstückes. Am 11. September erhielt Mallet folgendes Telegramm mit der Weisung, den Text »dem Vermittler« zu übermitteln:

*»Die Regierung Seiner Majestät ist nicht aus selbstsüchtigen Gründen in diesen Krieg eingetreten, sondern mit dem großen Ziel, die Freiheit und Unabhängigkeit vieler europäischer Staaten zu schützen. Unsere Haltung gegenüber den deutschen Friedensangeboten ist durch die Rede Mr. Chamberlains, damals Premierminister, am 12. Oktober 1939 klar umrissen worden. Es ist zwischenzeitlich nichts eingetreten, was die Regierung Seiner Majestät in irgendeiner Form veranlaßt haben könnte, von den damals so klar formulierten Grundsätzen abzurücken. Im Gegenteil, die Absicht aller Völker des britischen Empires, den Krieg mit allen Mitteln fortzuführen, ist durch viele schreckliche Verbrechen der Machthaber Nazi-Deutschlands gegenüber kleineren Staaten nur noch bestärkt worden. Insbesondere auch durch die wahllosen Bombardierungen Londons, bei denen keinerlei militärische Objekte angegriffen wurden.*

*Die Regierung Seiner Majestät wünscht den Krieg nicht einen Tag länger, als unbedingt notwendig, fortzusetzen. Es liegt darum an der deutschen Regierung, Vorschläge zu machen, wie das Unrecht, das Deutschland anderen Nationen zugefügt hat, wieder gutgemacht werden kann. Noch wichtiger ist es, bevor solche Vorschläge beachtet werden können, daß Deutschland wirkungsvolle Garantien nicht nur verbal, sondern auch tatsächlich abgibt. In einem umfassenden Frieden muß die Freiheit Frankreichs und die der anderen Länder, die ihrer beraubt worden sind, gewährleistet werden. Hierzu gehört ebenso die Garantie der Sicherheit Englands und des britischen Empires*[39]*.«*

Am 12. September händigte Mallet dem »Vermittler« die britische Stellungnahme aus. Gleichzeitig informierte er das Foreign Office über die Abreise Weißauers nach Berlin. Ekeberg, so Mallet, glaubte, der deutsche Emissär würde Instruktionen hinsichtlich der von England geforderten »verbindlichen Garantien» einholen[40].

[38] Vgl. Jost an Luther v. 23.10.1940, a.a.O., S. 2; Strang an Maechtig v. 11.9.1940/FO 371/24408/XC1973/PRO; Dr. Weißauer/Prem. 11/100/8 200852/PRO; auch Manninen, a.a.O., S. 9.

[39] Cadogan an Mallet Nr. 737 v. 11.9.1940 Reg.Nr.C 9558/G/FO 371/24408/XC1973/PRO.

[40] Vgl. Mallet an Foreign Office; Nr. 1019 v. 12.9.1940/FO 371/24408/XC1973/PRO.

Ekeberg übersandte die britische Nachricht am 12. September an den finnischen Gesandten in Berlin, Kivimäki, der sie Dr. Weißauer aushändigte[41].

Der Berliner Rechtsanwalt leitete seine Antwort am 19. September dem schwedischen Richter zu, der sie sofort Mallet übergab. Dieser meldete am 23. September nach London:

»*... Er (Weißauer/d. Verf.) betrachtet den Inhalt Ihrer Nachricht als derzeitige Ablehnung ... W. sagte (zu dem Vermittler/d. Verf.), er sei über die feierliche Sprache sehr überrascht ... er meinte weiter, daß der Zukunft mehr Beachtung als der Vergangenheit geschenkt werden sollte. Unter diesen Umständen würde er die Nachricht hochrangigen deutschen Entscheidungsträgern nicht vorlegen ... er wollte diese Verbindung in der Hoffnung nicht abreißen lassen, daß ich (Mallet/d. Verf.) eines Tages durch die Regierung ermächtigt würde, inoffizielle Verhandlungen mit ihm zu führen. Er könnte in einem solchen Fall jederzeit nach Stockholm zurückkehren ...*[42].«

Ekeberg kam bei diesem Stand der Gespräche offenbar zu der Überzeugung, daß ein Friedensvertrag erreichbar sei. Er übermittelte hierzu Dr. Weißauer in einem Schreiben vom 24. September diese seine Überlegungen. Der deutsche Emissär teilte die Auffassungen seines schwedischen Gesprächspartners nicht, sondern er war der Meinung, daß die USA auf Churchill einwirken würden, bis auf weiteres von der Einleitung von Friedensverhandlungen abzusehen. Der Berliner Rechtsanwalt meinte aber weiter, daß Gespräche für die Schaffung eines günstigen Klimas trotzdem nützlich sein könnten[43].

Daß Dr. Weißauer die Haltung der USA in dieser Frage nicht unrichtig einschätzte, wird aus einem Telegramm des britischen diplomatischen Vertreters in Washington, Lothian, an das Foreign Office vom 18. September 1940 deutlich. Der englische Diplomat war durch Weisung seines Außenministeriums vom 11. September angewiesen worden, den US-Präsidenten Roosevelt über die Stockholmer Gespräche zu unterrichten[44].

In einer Unterhaltung mit dem amerikanischen Außenminister, Cordell Hull, am 18. September, informierte Lothian diesen und offenbar nicht, wie ihm aufgegeben war, den Präsidenten, über die schwedischen Kontakte.

Hull teilte dem britischen Diplomaten während dieser Unterredung mit: »... daß er (Hull/d. Verf.) sich deshalb geweigert hätte, amerikanische Geschäftsleute, die mit Göring gesprochen hatten, zu empfangen, um den falschen Eindruck zu vermeiden,

41 Vgl. Ekeberg an Kivimäki v. 12. u. 17.9.1940, Kivimäkis Sammlung, zitiert bei Manninen, a.a.O., S. 9.

42 Mallet an Foreign-Office, Nr. 1038 v. 23.9.1940/FO 371/24408/XC1973/PRO.

43 Vgl. Ekeberg an Kivimäki v. 24.9.1940, Kivimäkis Sammlung, zitiert bei Manninen, a.a.O., S. 10.

44 Vgl. Foreign Office an Marquess of Lothian, Washington Nr. 2234 v. 11.9.1940/FO 371/24408/XC1973/PRO.

daß die Vereinigten Staaten von Amerika an einem baldigen Frieden zu Hitlers Bedingungen interessiert wären . . .[45].«

Am 23. Oktober 1940 informierte der Amtschef des Amtes VI/Auslandsnachrichtendienst im Reichssicherheitshauptamt, SS-Brigadeführer Heinz Jost, den Gesandten im Auswärtigen Amt, Luther, über die »Aufnahme inoffizieller Friedensverhandlungen mit England« aufgrund »reiner nachrichtenmäßiger Feststellungen«[46].

Ein handschriftlicher Vermerk Luthers auf dem Anschreiben weist aus[47], daß der gesamte Vorgang Ribbentrop zugeleitet wurde. Der Reichsaußenminister hat aber offenbar die Stockholmer Kontakte mehr als Nebensächlichkeit durch sein Ministerium behandeln lassen. Dieses scheint eine weitere handschriftliche Notiz Luthers nach Kenntnisnahme der Angelegenheit durch Ribbentrop auszuweisen: »SS-Brigadeführer Jost habe ich mündlich unterrichtet, er möchte weiter beobachten lassen und ggfls. berichten (unverbindlich und unauffällig)[48].« Konnte es sich der Reichsaußenminister aber tatsächlich leisten, die Kontakte als Belanglosigkeit zu behandeln?

Jost hat, bevor er das AA unterrichtete, mit Sicherheit den Chef des Reichssicherheitshauptamtes, Heydrich, informiert. Dieser, so darf vermutet werden, hat Himmler verständigt. Auf diesem Weg konnte auch, falls ihm der Gesamtvorgang nicht ohnehin bereits bekannt war, Hitler ins Bild gesetzt werden. Da ein Friedensvertrag mit England zeitweise zu Hitlers Lieblingsvorstellungen gehörte, konnte sich Ribbentrop nicht die Blöße geben, daß der Reichsführer-SS Hitler die entsprechenden Nachrichten vortrug und vielleicht sogar über diese Kontakte und die sich daraus ergebenden Möglichkeiten besser unterrichtet war als der Reichsaußenminister. Der Chef des Auswärtigen Amtes mußte vielmehr entsprechende eigene Vorstellungen zu den sich hier vielleicht ergebenden Chancen entwickeln. Belege hierfür fehlen aber leider.

Wie aber wurden die Stockholmer Kontakte in England weiter behandelt? Am 11. September wies der britische Außenminister seinen Botschafter in Washington an, wie bereits erwähnt, Präsident Roosevelt zu informieren:

*»Ich meine, daß der Präsident in dem Augenblick, in dem Herr Hitler London wahllos bombardieren läßt, wissen sollte, daß er gleichzeitig seine bekannte Taktik anwendet. Er bietet einen illusionistischen-Frieden zu sehr günstig lautenden Bedingungen auf Kosten anderer . . .*[49]*.«*

Der Zeitpunkt dieser Weisung überrascht deshalb, weil das britische Kabinett erst am 16. September formal beschloß, daß der Außenminister den US-Präsidenten über die

45 Marquess of Lothian Foreign Office, Nr. 2042 v. 19.9.1940/FO 371/24408/XC1973/PRO.

46 Chef d. Sicherheitspolizei u.d.SD/VI G Az: 5766 v. 23.10.1940/Inl.IIg/Bd. 476, PolArchiv.

47 Vgl. Der Chef der Sicherheitspolizei u.d. SD/VI G Mey./Ho.Az: 5767 v. 23.10.1940/Inland IIg/ Bd. 476/Pol.Archiv.

48 Ebenda.

49 Halifax an Lothian Nr. 2234 v. 11.9.1940/FO 371/24408/XC1973 PRO.

Stockholmer Kontakte informieren sollte[50]. Halifax hielt aber diese Angelegenheit offensichtlich für so wichtig, daß er zunächst ohne Billigung der Regierung die Unterrichtung Roosevelts vorweg vornahm.

Am 12. September wurden die Regierungen der britischen Dominien über die deutschen Friedensfühler ausführlich informiert[51]. Der englische König erhielt laufend Mitteilungen über die Kontakte in Stockholm; er ließ das Foreign Office am 18. September bitten, ihn auch weiterhin auf dem laufenden zu halten[52]. Daraufhin übersandte ihm das Außenministerium am 1. Oktober weitere Unterlagen[53].

## Wollte Hitler eine neue Weltordnung?

Die von Weißauer dem britischen Gesandten übermittelten Vorschläge enthalten einige sehr interessante Ansätze. Die Forderung nach Anerkennung des deutschen Hegemonialanspruches in Europa wird ökonomisch begründet. Nur durch die Schaffung eines einheitlichen wirtschaftlichen Großraumes in Europa könnten die derzeitigen Wirtschaftsprobleme gelöst werden. Die Notwendigkeit der Errichtung eines solchen Wirtschaftsgebietes müsse zwangsläufig auch zu einem politischen Zusammenschluß unter einheitlicher Führung Deutschlands führen. Weißauer hatte bereits in seinem Gespräch mit Ekeberg am 28. Juli 1940 ähnliche Gedanken in bezug auf Nordeuropa anklingen lassen.

Ein zweites, hier vorgetragenes, erstaunliches Argument ist, daß nur auf diese Weise den »Übergriffen«[54] der gelben Rasse begegnet werden könne. Es sollte nicht nur ein kontinentaleuropäisches Wirtschaftszentrum unter deutscher Führung errichtet werden, sondern auch ein weiteres Machtzentrum unter englisch-amerikanischer Führung. Letzteres sei nur durch große Flotten zu sichern, da die Weltmeere das natürliche Operationsgebiet dieses angelsächsischen Machtblockes sein müßten. Deutschland erhob, laut Weißauers Angaben, offenbar keine Einwände gegen einen angelsächsischen Flottenausbau.

Rußlands Interessen könnten unberücksichtigt bleiben, weil dieser Staat als Gegner angesehen werden müsse. Dieser Umstand ermögliche Deutschland, der UdSSR das Land abzunehmen, das als Siedlungsraum benötigt werde. Hitler verlangte – unausgesprochen – freie Hand gegenüber dem östlichen Nachbarn und verzichtete als Gegenleistung auf die Rückgabe der ehemals deutschen Kolonien. Der Hinweis auf die möglichen Übergriffe der gelben Rasse zielte natürlich auf Japan, den Hauptgegner der beiden angelsächsischen Länder in Asien und dem pazifisch-ozeanischen Raum. Große Teile des britischen Empires lagen zu diesem Zeitpunkt in diesem Teil der Erde: Malaya, Burma, Singapur, Hongkong, Nordborneo, Indien,

50 Vgl. Extract from War Cabinet Conclusions v. 16.9.1940/FO 371/24408/XC1973/PRO.

51 Vgl. Strang an Maechtig v. 11.9.1940 u. Circular M Nr. 61/FO an Regierungen Canada, Australien, Südafrikanische Union, Neuseeland v. 12.9.1940/FO 371/24408/XC1973/PRO.

52 Vgl. Sir A.Hardinge an Hopkins v. 18.9.1940/FO 371/24408/XC1973/PRO.

53 Vgl. Hopkins an Hardinge v. 1.10.1940/FO 371/24408/XC1973/PRO.

54 engl. encroachment/Mallet an Cadogan v. 7.9.1940, a.a.O.

Australien mit Neuguinea[55]. Die Annahme der hier übermittelten Vorschläge Hitlers hätte daher England – so wurde suggeriert – nach Abschluß eines Friedens in Europa, die Konzentration seiner sämtlichen militärischen Kräfte in Asien ermöglicht. Hitler wollte jedoch in Wahrheit den Rücken in Europa frei haben, um sich auf die Niederwerfung Rußlands konzentrieren zu können.

Daß Hitlers Überlegungen in bezug auf Japan nicht nur kurzfristig, wie in diesem Vorschlag, eine Rolle gespielt haben, erhellt aus der Mission eines weiteren deutschen »Friedensemissärs« im April 1942, der seinen britischen Gesprächspartnern folgendes mitteilte:

*». . . in bezug auf Japan drückte sich der Unterhändler sehr unbestimmt aus, hielt aber fest, daß Deutschland mit großer Sorge die großen japanischen Erfolge beobachtet und künftig ernsthaft wünscht, daß dem japanischen Imperialismus Einhalt boten wird[56].«*

Die durch Weißauer vorgeschlagene Aufteilung der Welt in zwei wirtschaftliche Machtzentren bedeutete einen Verstoß gegen den Artikel 2 des zwischen Deutschland, Japan und Italien am 27. September 1940 abgeschlossenen Dreimächtepaktes, wonach »die Führung Japans bei der Schaffung einer neuen Ordnung im Großasiatischen Raum« von Deutschland anerkannt wurde.

Die von Weißauer übermittelten deutschen Vorschläge, die den Engländern zu einem Zeitpunkt zugeleitet wurden, als die beteiligten Staaten bereits über den Dreimächtepakt verhandelten, schloß das Kaiserreich eben von dieser Führung gänzlich aus und überließ die wirtschaftlich-politische Ordnung in dieser Region den beiden angelsächsischen Mächten und versetzte sie überdies in die Lage, sich mit ihrer vollen militärischen Macht gegen Japan zu wenden und Asien zu ihrer ausschließlichen Interessenssphäre zu machen. Die Befürchtung der Japaner, daß sich das Reich in Verfolgung eigener politischer Konzeptionen über ihre Interessen hinwegsetzen könnte, war daher nicht ohne Berechtigung. Japan mußte befürchten, daß sein wichtigster europäischer Verbündeter ein sehr unsicherer Partner war und ohne Rücksicht auf die Interessen des Kaiserreiches bereit war, zu Lasten Japans eine Friedensregelung mit England anzustreben, um seine Annexionen in Rußland betreiben zu können. Das tiefe Mißtrauen der Japaner gegenüber dem verbündeten Deutschen Reich wurde von den Engländern richtig eingeschätzt, wie die folgende Meldung der britischen Gesandtschaft in Stockholm an das Foreign Office zeigt:

*»Beachtliche Erregung herrschte in der japanischen Gesandtschaft während der letzten fünf Tage aufgrund von eingegangenen Berichten, daß die Deutschen beabsichtigen, Frieden mit der Regierung Seiner Majestät zu schließen, und daß eine kleine Delegation in Stockholm eintreffen soll, um eine englische Abordnung zu treffen, von der angenommen wird, sie sei auf dem Wege aus dem UK . . . Während der*

[55] Es werden hier die 1940 gültigen politisch-geographischen Bezeichnungen verwendet (d. Verf.).

[56] To Mr. Sommers-Cocks from Sir John Cameron/April 1942/FO 371/30912/XC698.

*letzten bzw. der beiden letzten Wochen waren die deutschen Attachés offensichtlich nicht gewillt, ihre Meinung zum Thema einer strategischen Zusammenarbeit mit Japan zu äußern . . .*[57]*.«*

Nicht Japan, sondern England und Italien waren offensichtlich nach wie vor die Wunschverbündeten Hitlers. Nach den über Weißauer den Briten zugeleiteten Vorschlägen hätte Hitler allerdings das »britische Brudervolk« nicht seinem »Großgermanischen Reich« eingliedern können. England wäre zusammen mit den USA zu einer Weltmacht geworden, deren Machtstellung er schwerlich hätte erschüttern können.

Die von Weißauer vorgetragenen Vorschläge bezüglich der »gelben Rasse« waren daher für England, so kann angesichts der sich in Asien zuspitzenden Lage unterstellt werden, nicht uninteressant. Sie dürften der wichtigste Bestandteil dieses Angebotes überhaupt gewesen sein. Wollte England, so mag die Überlegung Hitlers gewesen sein, das Empire in seinen wichtigsten Teilen vor einer möglichen japanischen Invasion durch eine erfolgreiche Verteidigung bewahren, so blieb den Briten nur die Annahme dieser Vorschläge. Hierbei spielte Indien in den Erwägungen Hitlers eine besondere Rolle, weil er die Meinung vertrat, »das Empire steht und fällt mit Indien«[58]. Dieser Teil des britischen Weltreiches war aber in einem Konflikt in besonderem Maße der Gefahr einer japanischen Invasion ausgesetzt.

Vor dem hier skizzierten Hintergrund, den laufenden Verhandlungen mit Japan und der mit dem Vertragsabschluß verbundenen Verpflichtung des Deutschen Reiches, die Führungsrolle des Kaiserreiches in Asien anzuerkennen, und dem gleichzeitigen Angebot an den britischen Gesandten in Stockholm, England und den USA die Führungsrolle in diesem Teil der Erde zu überlassen, wird verständlich, weshalb Hitler mit der Übermittlung seines Angebotes an die Engländer keinen Diplomaten in offizieller Funktion, sondern einen SD-Angehörigen beauftragte. Er konnte, falls seine Vorschläge bekannt oder abgelehnt wurden, jederzeit behaupten, von ihnen nichts gewußt zu haben, da untergeordnete deutsche Dienststellen ohne sein Wissen diese Gespräche in Stockholm geführt hätten.

Der hier behandelte erste Teil des von Weißauer an die Engländer übermittelten Angebotes, die Welt in zwei Interessensphären aufzuteilen, ist neu. Die hierfür angegebene Begründung, die wirtschaftliche Notwendigkeit der Schaffung ökonomischer Großräume zwinge zu einer solchen »Neuordnung« der Welt, ebenfalls.

[57] From Stockholm to Foreign Office, Mr. Mallet Nr. 227, 16. April 1942/FO 371/8885/PRO. Diese Meldung steht in direktem Zusammenhang mit dem in Teil II dieser Arbeit beschriebenen offensichtlichen Kontaktauftrag des Barons v. Oppenheim vom April 1942. Sie macht deutlich, wie mißtrauisch und besorgt die Japaner jeden vermuteten deutschen Schritt hin zu einem Ausgleich mit den Engländern beobachteten. Japan scheint zu diesem Zeitpunkt sogar zur Korrektur seiner eigenen politischen Ziele bereit gewesen zu sein, wenn dadurch eine deutsch-britische Annäherung hätte verhindert werden können.

[58] Adolf Hitler, Monologe im Führerhauptquartier, Die Aufzeichnungen H. Heims, herausgegeben von Werner Jochmann, Bindlach 1988, S. 179.

Von besonderer Brisanz ist in diesem Zusammenhang, daß Hitler offensichtlich zu diesem Zeitpunkt und auch noch später bereit war, für einen Ausgleich mit England den japanischen Verbündeten aufzugeben[59].

Die hier ebenfalls vorgetragenen Regelungen weiterer, bislang strittiger europäischer Fragen, wie die Wiederherstellung der Unabhängigkeit Polens, der Tschechoslowakei und der von Deutschland besetzten Länder wäre bei der Annahme des ersten Teiles dieses deutschen Angebotes nahezu gelöst gewesen, weil England damit bestimmte Prämissen Hitlers, wie die Aufteilung der Welt in zwei Interessensphären, akzeptiert hätte.

Großbritannien hatte Polen in dem Vertrag vom 25. August 1939 zwar die staatliche Unabhängigkeit, nicht aber die Integrität der damaligen Grenzen garantiert. Hitlers Angebot, es solle einen polnischen Staat geben, kann nur so verstanden werden, daß er bereit war, ein polnisches, von Deutschland völlig abhängiges staatliches Gebilde mit einer gewissen kulturellen Autonomie zuzulassen. Einer solchen Regelung hätte wahrscheinlich auch England ohne großen Prestigeverlust zustimmen können[60].

Die Tschechoslowakei existierte als Staat seit März 1939 nicht mehr. Die Slowakei hatte ihre staatliche Unabhängigkeit ausgerufen. Böhmen und Mähren waren als Reichsprotektorat von Deutschland annektiert worden. Eine Wiederherstellung der Republik in ihren alten Grenzen lehnte Hitler ab.

Erkannte Großbritannien die Hegemonialstellung Deutschlands in Europa an, konnte Deutschland die formale staatliche Unabhängigkeit der von ihm besetzten Länder wieder zulassen. Dieses aber konnte wiederum nur bedeuten, daß die »germanischen« Teile dieser Staaten im Rahmen der Pläne Hitlers in der einen oder anderen Form dem »Germanischen Reich Deutscher Nation« angegliedert worden wären. Ihre staatlichen Reste hätten den Rang beschränkt souveräner Satellitenstaaten, deren Wirtschaftspotential von Deutschland ausgenutzt worden wäre, erhalten[61].

Die Erörterung der Probleme im Mittelmeerraum wäre allenfalls mit Rücksicht auf Italien nötig gewesen. Es hätten hier allerdings nur kleinere Korrekturen der bestehenden Machtverhältnisse vorgenommen werden können. Ägypten, die Suezkanalzone und der Nahe Osten gehörten bereits zum Interessengebiet Englands, über das kaum noch hätte verhandelt werden können.

59 Vgl. hierzu Teil II.

60 Vgl. S. 36.

61 Vgl. hierzu auch die Äußerungen Hitlers über die künftige Souveränität Norwegens nach einem deutschen Sieg v. 23.9.43, die wahrscheinlich als modellhaft anzusehen sind. »Dabei ist es der unabänderliche Wille des Führers, nach dem siegreichen Ende dieses Schicksalskampfes ein nationales und sozialistisches Norwegen in Freiheit und Selbständigkeit entstehen zu lassen, das nur jene Funktionen an die höhere europäische Gemeinschaft abgibt, die für die Sicherung Europas auf alle Zeiten unabdingbar sind, weil diese Gemeinschaft allein entscheidender Träger und Garant dieser Sicherheit sein kann und sein wird . . .«/ADAP, Serie E, Bd. 6, S. 595.

Die Machtposition Mussolinis wurde daher von Weißauer auch entsprechend charakterisiert: er tut, was der Führer anordnet. Ernsthafter Widerstand der Italiener gegen die Verwirklichung dieser deutschen Pläne wäre daher wahrscheinlich nicht zu erwarten gewesen. Die Erwähnung Südafrikas durch Weißauer kann hier nur im Zusammenhang mit deutschen Versuchen, die Unabhängigkeitsbestrebungen der Buren zu unterstützen, gesehen werden. Die Möglichkeit hierzu waren allerdings begrenzt[62].

Ähnliches galt für Indien. Es gab allenfalls auf deutscher Seite Überlegungen, nach der Niederwerfung Rußlands die indische Unabhängigkeitsbewegung zu unterstützen[63]. Ein militärischer Vorstoß Deutschlands nach Indien lag außerhalb der Möglichkeiten des Reiches.

Vor dem hier dargestellten Hintergrund verwundert es eigentlich kaum, daß die Briten die ihnen auf dem beschriebenen Weg zugegangenen Vorschläge mit einer offiziellen diplomatischen Note an Dr. Weißauer via Ekeberg und Kivimäki nach

62 Im Frühjahr 1941 schickte die Abwehr den Südafrikaner Robby Leibbrandt mit dem Auftrag in seine Heimat, dort einen Aufstand gegen die Regierung zu organisieren. Der Transport erfolgte mit dem 30 BRT Segelboot »Kyloe«. Leibbrandt wurde kurz nach seiner Ankunft verhaftet und von den südafrikanischen Behörden zu einer Freiheitsstrafe verurteilt. Die Abwehr schickte im Oktober 1942 drei weitere Agenten mit unbekanntem Auftrag nach Südafrika. Über ihren Verbleib ist nichts bekannt. Sie wurden mit dem Hochseesegler »Passim« nach dort gebracht. Beide Unternehmen wurden von Heinrich Garbert als Kapitän durchgeführt. Er wurde für seine Leistungen mit dem Ritterkreuz ausgezeichnet. Vgl. hierzu: Saint-Loup, Die Geisterschiffe der Abwehr, Bergisch-Gladbach 1978. Beide Unternehmen sind im KTB/Abwehr dokumentiert/ BA-MA-Freiburg.

63 Subhas Chandra Bose 1897–1945, indischer Nationalistenführer, floh 1941, nachdem er in diesem Jahr bereits zwölfmal von den Engländern verhaftet worden war, über Afghanistan und die UdSSR nach Deutschland. Bose wurde in Berlin nicht sehr freundlich empfangen, Hitler hatte bereits in »Mein Kampf« die indischen Freiheitskämpfer als »asiatische Gaukler« bezeichnet (S. 746).
Weil Hitler immer noch auf einen Ausgleich mit England hoffte, stand er einer Unterstützung Boses zunächst ablehnend gegenüber. Eine Unabhängigkeitserklärung für Indien sollte erst abgegeben werden, »wenn klar ersichtlich ist, daß England nach dem endgültigen Zusammenbruch Rußlands keinerlei Friedensbereitschaft an den Tag legt . . .« (Aufzeichnung des Reichsaußenministers v. 13.11.1941/ADAP D, Bd. XIII, 2 Dok.Nr. 468). Trotzdem erhielt Bose später durch das Sonderreferat Indien des Auswärtigen Amtes eine gewisse Unterstützung. Ihm wurde ein diplomatischer Status zuerkannt. Dem Inder wurde die Möglichkeit gegeben, seine Landsleute über den Deutschen Kurzwellensender und die Geheimsender »Azad Hind« und »National Congreß« propagandistisch und antienglisch zu beeinflussen. – Ferner entstand als militärischer Verband die »Indische Legion«, die nach der Niederwerfung der SU zur Befreiung Indiens eingesetzt werden sollte. Dieser Verband kam aber auf deutscher Seite, er war als IR 950 im September 1942 der Wehrmacht eingegliedert worden, nicht zum Einsatz. – Bose gelangte am 16.5.1943 mit dem japanischen U-Kreuzer I-29 nach Tokio. Er kam am 18.8.1945 bei einem Flugzeugabsturz mit nie geklärter Ursache ums Leben. Vgl. Voigt, H.J., Hitler und Indien, in: VJHZ 1971, S.40, 52; auch: Aufzeichnung des Staatssekretärs z.b.V. Keppler v. 27.9.1943/ Betr.: S.C. Boses Tätigkeit in Ostasien, ADAP, S.E., Bd. 6, S. 595 ff.

einer Kabinettsberatung (sic!) beantworteten. Die Form dieser Antwort scheint zu beweisen, wie ernst sie die hier gemachten Vorschläge nahmen, die sie offensichtlich nicht als Angebot einer nachgeordneten deutschen Dienststelle ansahen. Sie waren von der Hochrangigkeit des Verfassers dieser Vorschläge überzeugt. Aus diesem Grund gaben sie ihrer Antwort auch die entsprechende Form. Auch die von der britischen Regierung vorgenommene Unterrichtung der USA und der Regierungen der Dominien deuten darauf hin, daß die Londoner Regierung sehr wohl um die tatsächliche Herkunft dieses deutschen Angebotes wußte. Daher scheint Mallet neben den vorliegenden, offiziellen Instruktionen auch inoffizielle Weisungen erhalten zu haben, die, falls noch schriftlich vorhanden, leider nicht zugänglich sind. Hierdurch scheint der britische Diplomat angewiesen worden zu sein, die Verbindung Ekeberg/ Weißauer weiterhin aufrechtzuerhalten. Anders ist die neuerliche Friedensinitiative Ekebergs, die er zu Beginn des Jahres 1942 aufgrund eines Hinweises von Mallet unternahm, nicht zu verstehen[64]. Die britische Seite scheint also mindestens bis in diese Zeit hinein ein Interesse daran gehabt zu haben, daß dieser Verhandlungsweg offen blieb.

64 Vgl. S. 46/47.

## Ein finnischer Geschäftsmann erkundet in London die britische Friedensbereitschaft im Januar 1941 – die Fortsetzung der Versuche des schwedischen Vermittlers, einen Frieden zwischen England und Deutschland zu erreichen

Erst am 19. November 1940 traf Dr. Weißauer den finnischen Gesandten Kivimäki erneut in Berlin. Er erklärte dem Diplomaten folgendes: Deutschland erwarte die Hilfe Finnlands auf zweierlei Weise:

1. *Die Vermittlertätigkeit Ekebergs (um die Herbeiführung eines Friedens, d. Verf.) sollte über den engen Kreis der britischen Regierung hinaus auch anderen interessierten Gruppen in England bekannt gemacht werden.*
2. *Gleichzeitig sollte ein finnischer Staatsbürger in Erfahrung bringen, wie führende Wirtschafts- und Finanzkreise Großbritanniens die Aussichten auf einen Frieden beurteilten*[1].

Kivimäki benannte hierfür den Direktor der Finnischen-Dampfschiffahrts-AG, Dr. Henrik Ramsay, der ohnehin wegen Verhandlungen über britische Nickelkonzessionen in Petsamo[2] nach London reisen mußte. Dr. Weißauer beabsichtigte, Ramsay deshalb Mitte Dezember in Stockholm oder Helsinki zu treffen[3]. Kivimäki wandte sich nunmehr an Mannerheim und schlug diesem vor, Ramsay zu überreden, zum frühestmöglichen Zeitpunkt nach England zu reisen. Er begründete seinen Vorschlag damit, daß auch Finnlands Probleme erst endgültig durch einen Frieden geklärt werden könnten. Daher müßte auch Finnland sehr daran interessiert sein, herauszufinden, unter welchen Voraussetzungen England bereit sein könnte, Frieden zu schließen[4].

Ramsay traf am 7. Dezember zu kurzen Geschäftsbesprechungen in Berlin ein. Hier erfuhr er von der Absicht Weißauers, ihn in Stockholm oder Helsinki zu treffen. Aus nicht bekannten Gründen konnte der Berliner Anwalt, der jetzt als Wehrmachtsbeamter Dienst tat, mit ihm in Berlin nicht zusammenkommen[5]. Weißauers für Mitte Dezember geplante Skandinavienreise wurde offenbar aus unbekannten Gründen nicht durchgeführt[6].

Der deutsche Emissär traf Kivimäki erneut am 26. Dezember in Berlin und teilte

1 Vgl. Manninen, a.a.O., S. 10.

2 Vgl. Reichsaußenminister an Gesandtschaft in Helsinki Nr. 58 v. 27.1.1940 1940/ADAP/ Serie D, Bd.XI,2, S. 1004.

3 Das schwedische Visum Nr. 6797 war Weißauer für die Zeit v. 21.–23.12.1940 erteilt worden. Vgl. Karteikarte Weißauer, Ludwig Nr. 492284/Schwedisches Staatsarchiv/o.S.

4 Vgl. Manninen, a.a.O., S. 11. Manninen gibt hier keine Quelle an. Es kann vermutet werden, daß er seine Angaben den Aufzeichnungen Kivimäkis entnommen hat.

5 Vgl. Manninen, a.a.0.

6 Die o.a. Karteikarte enthält für den angegebenen Zeitraum weder einen Einreise- noch Ausreisevermerk.

dem Diplomaten mit, daß die einzige Möglichkeit für ihn, Ramsay zu treffen, der 3. und 4. Januar 1941 sei. Der finnische Geschäftsmann könnte sich auch durch Ekeberg mit den für ihn notwendigen Informationen versorgen lassen. Weißauer schlug weiter vor, daß Ramsay seine Reise von Berlin über Spanien und Portugal nach London fortsetzen sollte. Kivimäki telegraphierte am 26. Dezember die Wünsche des Deutschen an Mannerheim, der tags darauf antworten ließ, daß der finnische Geschäftsmann seine Reise antreten werde[7]. Der Unternehmer kam am 31. Dezember 1940 nach Stockholm und traf dort sicherlich am 1. Januar 1941 mit Ekeberg zusammen. Er reiste am 2. Januar nach Berlin und fuhr von dort über Portugal nach London[8]. Ein Treffen mit Weißauer in Berlin fand offensichtlich nicht statt[9]. Ramsay hielt sich zwischen dem 18. Januar und 26. Januar 1941 zu geschäftlichen Besprechungen in der britischen Hauptstadt auf. Er mußte hier auf seine vorsichtigen Fragen nach einer Friedensbereitschaft feststellen, daß es eine solche zu diesem Zeitpunkt nicht gab[10].

Am 28. Januar telegraphierte der deutsche Gesandte in Helsinki, Blücher, an das AA: »Ramsay sollte gestern in Lissabon eintreffen, will bis 31. Januar in Berlin bleiben. Anheimstelle, ihn über die Verhältnisse in England auszufragen[11].«

Selbst wenn die Englandreise Ramsays keinen Anhaltspunkt dafür bot, daß Großbritannien zu diesem Zeitpunkt, nämlich Anfang 1941, friedenswillig war, so bestand in Stockholm immer noch die von Ekeberg geschaffene Kontaktmöglichkeit. Hierauf hatte Mallet den schwedischen Juristen offensichtlich neuerlich Anfang 1942 nachdrücklich hingewiesen[12].

Der schwedische Vermittler scheint diesen Hinweis des englischen Diplomaten so verstanden zu haben, daß Mallet umgehend neue Friedensvorschläge erwartete. Ekeberg reagierte sofort, wie folgende Notiz, die mit hoher Wahrscheinlichkeit von Weißauer angefertigt worden ist, ausweist:

**»Erkundung englischer Friedensbedingungen** 21.1.42

*Wie in früheren Berichten mitgeteilt, hat sich der Präsident des schwedischen Hofgerichtes, Ekeberg, entschlossen, zu gegebener Zeit Friedensmöglichkeiten zwischen den kriegführenden Staaten zu erkunden.*
*Wie weiterhin bereits mitgeteilt, ist der englische Premier Churchill davon unterrichtet. Der englische Gesandte in Stockholm hat die Geheimhaltung garantiert. Durch den finnischen Gesandten Kivimäki ließ mir nun Präsident Ekeberg mitteilen, daß er sich aus eigener Initiative entschlossen habe, an den britischen Gesandten folgende Frage zu stellen:*

7 Vgl. Kivimäki an Mannerheim v. 27.12.1940/Mannerheim Archiv. Zitiert bei Manninen, a.a.O., S. 11.
8 Anmerkung Mannerheims, Mannerheim Archiv. Zitiert ebenda.
9 Vgl. ebenda, S. 12.
10 Ramsays Bericht an Witting v. 10.2.1941. Zitiert ebenda, S. 12.
11 Blücher an AA Nr. 56 v. 28.1.1941 ADAP, Serie D, Bd. XI, S. 1008.
12 Vgl. Ekeberg an Kivimäki v. 2.2.42 und Kivimäki an Ekeberg am 3.3. u. 16.4.1942; zitiert bei Manninen, a.a.O., S. 12.

> *Unter welchen Bedingungen wäre die englische Regierung bereit, mit der deutschen Regierung Friedensverhandlungen aufzunehmen, vorausgesetzt, daß Rußland durch Deutschland völlig geschlagen und niedergeworfen ist.*

*Ekeberg ließ weiter mitteilen, daß seiner Überzeugung und Erfahrung nach, die er aus Gesprächen gewonnen habe, England an einem Siege des Bolschewismus nicht interessiert sei. Die englische Antwort wird mir Präsident Ekeberg sofort nach Erhalt zukommen lassen*[13].«

Über die britische Antwort auf diese Anfrage liegen keine Unterlagen vor. Es ist daher auch nicht bekannt, wie lange sich Ekeberg weiterhin um die Vermittlung eines Friedens zwischen Deutschland und England bemüht hat.

Die Kontakte Weißauers zu Ekeberg brachen nicht ab. Der Schwede vermittelte dem deutschen Emissär noch im Mai/Juni 1942 Gesprächsverbindungen zu Norwegern, die nicht zu den Parteigängern Quislings gehörten.

Ob allerdings zwischen dem Schweden und dem Deutschen auch weitere persönliche Besprechungen über einen möglichen Frieden mit England stattfanden oder die Verbindung zwischen den beiden nur über Kivimäki aufrechterhalten wurde und man auf diesem Weg ausschließlich andere Themen behandelte, ist nicht bekannt. Es gibt allerdings einen Hinweis darauf, daß sich Weißauer im August 1944 wiederum in Schweden aufgehalten hat[14]. Über seine Gesprächspartner und die besprochenen Themen liegen keine Informationen vor. Das letzte offizielle Visum erteilten die zuständigen Behörden des Königreiches Dr. Weißauer im Dezember 1940[15].

[13] Erkundung englischer Friedensbedingungen v. 21.1.1942 R 58/441/BA. Die unveröffentlichten Memoiren des 1969 verstorbenen Sir Victor Mallet enthalten keine Hinweise auf diese Anfrage Ekebergs. Mitteilung seines Sohnes, Mr. P.L.V. Mallet vom 29.1.1994.

[14] Gespräch mit der ehemaligen Sekretärin Dr. Weißauers bei der H.Gr.Nord, der damaligen Stabshelferin Irmgard Hoffmann, verh. Rüttinger am 20.11.1993. Nach den noch vorliegenden Eintragungen in ihren Taschenkalendern übersandte ihr Weißauer am 26. August 1944 (Posteingang) ein Päckchen mit zwei Schmuckstücken (Brosche und Armband), die Frau Rüttinger noch besitzt. Weißauer teilte ihr durch ein kleines, dem Päckchen beigefügtem, Schreiben mit, daß er in Schweden gewesen sei und das Geschenk dort gekauft habe. Durch diese Mitteilung verstieß Weißauer unzweifelhaft gegen seine Geheimhaltungsverpflichtung. Dr. Weißauer hatte bereits nach den Aufzeichnungen von Frau Rüttinger die H.Gr.Nord am 13. Juli 1944 verlassen und war nach Berlin gefahren. Frau Rüttinger hielt sich zum Zeitpunkt des Empfanges der o.a. Postsendung in Königsberg auf.

[15] Vgl. Karteikarte Dr. Weißauer, a.a.O. – Es kann hierbei aber nicht ausgeschlossen werden, daß es auch Möglichkeiten gab, ohne offizielles Visum schwedisches Staatsgebiet zu betreten.

## Weißauers Gespräche mit dem finnischen Staatspräsidenten Ryti 1941–1943

Am 8. Mai 1941 besuchte Weißauer erneut Helsinki. Er führte anläßlich dieses Aufenthaltes Gespräche mit dem Staatspräsidenten Ryti. Da es Gerüchte über einen bevorstehenden Angriff Deutschlands auf die Sowjetunion gab, war der Auftrag des deutschen Emissärs, das finnische Staatsoberhaupt davon zu überzeugen, daß ein solcher Angriff nicht vor dem Frühjahr 1942 stattfinden würde[1].

Ryti gab diese Information – in gutem Glauben – an den schwedischen Außenminister Günther weiter, der ihn wenige Tage nach dem Besuch des Deutschen aufgesucht hatte[2]. Der schwedische Politiker fuhr in der Annahme, daß ein deutscher Angriff nicht unmittelbar bevorstand, in seine Hauptstadt zurück. Die nachfolgenden Ereignisse verliefen anders. Günther fühlte sich von Ryti getäuscht, was nicht ohne Folgen für das schwedisch-finnische Verhältnis blieb[3].

Weißauer suchte den finnischen Staatspräsidenten erneut im Dezember 1942 auf. Diese Zusammenkunft diente offenbar einer Diskussion über die Neuordnung Europas[4].

Ein weiteres und – wie es scheint – letztes Mal traf der deutsche Emissär den finnischen Politiker am 14. Juli 1943. Bei diesem Treffen erörterten die beiden Gesprächspartner insbesondere die Aussichten für einen Frieden[5].

1 Vgl. Ryti, Memoiren, a.a.O., S. 85, aber auch Jokipii, Mauno, Jatkosodan Synty, a.a.O., S. 168 ff.; ebenso Jägerskiöld, Stig, Mannerheim, Herford 1983, S. 218.

2 Vgl. ebenda, sowie Manninen, a.a.O., S. 13.

3 Vgl. Jägerskiöld, a.a.O., S. 218 sowie Jokipii, Mauni, Jatkosodan Synty, a.J. Helsinki, S. 168.

4 Vgl. Kivimäki an Ryti v. 20.4. und 28.11.1942, Kivimäkis Sammlung, zitiert bei Manninen, a.a.O., S. 13 sowie Ryti, Memoiren, a.a.O., S. 142.

5 Vgl. ebenda.

## Die Erkundung der politischen Stimmung in Norwegen durch Diskussionen mit Vertretern der Opposition in Oslo im Mai/Juni 1942

Der finnische Gesandte in Berlin, Kivimäki, war seit dem Herbst 1941 wegen der zunehmenden Härte der deutschen Besatzungspolitik in Norwegen sehr besorgt. Am 1. Februar 1942 war hier Quisling Chef einer Kollaborationsregierung geworden, die ebenso hart mit der Bevölkerung verfuhr wie die Besatzungsmacht.

Kivimäki besprach am 15. April 1942 die schwieriger gewordene innere Lage des Landes mit dem deutschen Emissär. Der Gesandte überzeugte Weißauer von der Notwendigkeit, sich durch Diskussionen mit einflußreichen Norwegern, die keine Anhänger Quislings waren, ein realistisches Bild über die Erfolgsmöglichkeiten der Kollaborationsregierung zu machen. Als Gesprächspartner in Norwegen wurden von Kivimäki der Justizrat Ferdinand Schelderup und der Richter Edwin Alten benannt. Bei diesen Personen führte der Finne den Deutschen mit Empfehlungsschreiben ein[1]. Einen entsprechenden Kontakt zu dem Fabrikdirektor Halfdan Mustad vermittelte Ekeberg[2]. Weißauer hielt sich im Mai/Juni 1942 in Oslo auf. Durch seine Gesprächspartner erhielt er ein ungeschminktes Bild von der inneren Situation dieses Landes. Hierbei wurde ihm deutlich gemacht, daß die Quisling-Regierung durch ihre Politik, insbesondere der brutalen Verfolgung politisch Andersdenkender, den deutschen Interessen insgesamt schweren Schaden zugefügt hatte[3].

Diese Verbitterung aber veranlaßte immer mehr Norweger, mit den Engländern zusammenzuarbeiten. Das wiederum konnte die deutsche Führung nicht gleichgültig lassen. Nicht nur, daß man in deutschen militärischen Kreisen eine alliierte Landung in Norwegen im Frühjahr 1942 nicht auszuschließen vermochte, so gefährdete die zunehmende Feindseligkeit der Bevölkerung auch die deutschen Erztransporte aus Narvik. Überdies hoffte man, durch geschickte Werbung zahlreiche Norweger zur freiwilligen Arbeitsleistung in Deutschland gewinnen zu können. Ein solcher Weg der Arbeitskräftebeschaffung war den zuständigen deutschen Behörden sympathischer als die von der Quisling-Regierung durchgeführte Zwangsverpflichtung von Arbeitern[4].

Kivimäki und Ekeberg hatten Weißauer gebeten, während seines Aufenthaltes in Oslo ausschließlich zu den ihm genannten norwegischen Persönlichkeiten in Kontakt zu treten, um später seinen Vorgesetzten – von Quisling-Anhängern unbeeinflußt –

1 Vgl. Ekeberg an Kivimäki v. 30.12.41, 2.2., 22.4. und 13.5.42, Kivimäki an Ekeberg v. 3.3., 16.4. und 11.5.42. Kivimäkis Empfehlungsschreiben an Schelderup und Alten v. 12.5.42, Kivimäkis Sammlung/zitiert bei Manninen, a.a.O., S. 14.

2 Vgl. ebenda.

3 Vgl. Hayes, Paul M., Quisling, The Carreer and Political Ideas V. Quisling 1887–1945, o.O. 1971, S. 281.

4 Vgl. Hayes, a.a.O., S. 282.

über die während seines Aufenthaltes in Norwegen gewonnenen Eindrücke berichten zu können[5].

Offenbar hat Weißauer Norwegen mindestens noch ein weiteres Mal aufgesucht[6]. Über die Art seiner Tätigkeit während des zweiten belegbaren Aufenthaltes ist außer dem Reisegrund: »Besprechung mit VM«[7] kein anderer Nachweis möglich.

Es erstaunt allerdings, daß Hitler wenige Wochen nach dem zweiten, nachweisbaren Besuch Weißauers in Norwegen (Juli 1943) am 26. September 1943 eine Absichtserklärung zur Souveränität dieses skandinavischen Landes nach einem deutschen Sieg abgegeben hat:

*»Dabei ist es der unabänderliche Wille des Führers, nach dem siegreichen Ende dieses Schicksalskampfes ein nationales und sozialistisches Norwegen in Freiheit und Selbständigkeit entstehen zu lassen, das nur jene Funktionen in die höhere Ebene einer europäischen Gemeinschaft abgibt, die für die Sicherung Europas auf alle Zeiten unabdingbar sind, weil diese Gemeinschaft allein entscheidender Träger und Garant dieser Sicherheit sein kann und sein wird[8].«*

Ähnliches über die Zukunft der staatlichen Existenz der anderen von Deutschland besetzten europäischen Länder wurde von Hitler nie geäußert.

Da diese Erklärung in bezug auf die künftige norwegische Souveränität für die Dauer des Krieges keine Folgen haben mußte, sollte sie offenbar nur einen psychologischen Effekt erzielen. Es darf vermutet werden, daß diese Absichtserklärung in einem möglichen Zusammenhang mit den zweimaligen Besuchen Weißauers in Norwegen stand. Die von ihm sicherlich über seine Aufenthalte angefertigten Berichte sind Hitler vielleicht zugeleitet worden. Es kann daher angenommen werden, daß dieser durch die hier gewonnenen Informationen mit zur Abgabe der Absichtserklärung veranlaßt worden ist. Ihr Sinn konnte allerdings nur darin bestehen, das Ansehen Deutschlands bei dem »nordischen Brudervolk« zu verbessern, um auf diese unverbindliche Weise den Willen zahlreicher Norweger zu steigern, am »Endsieg« des Deutschen Reiches mitzuwirken.

5 Vgl. hierzu Anm. 1, S. 57 d.A.
6 Vgl. Reichssicherheitshauptamt/VI A 5 v. 2.7.43/Inland IIg/R 100 806/Pol.Archiv d.AA.
7 Vgl. ebenda.
8 Aufzeichnung ohne Unterschrift v. 26.9.1940/ADAP, Serie E, Bd. 6, S. 595.

## Die Verleihung eines hohen finnischen Ordens

Am 30. März 1942 wurde Dr. Weißauer vom Präsidenten der finnischen Republik zum »Kommandeur des Ordens der Weißen Rose von Finnland« ernannt[1]. Er erhielt das »Komturkreuz des Ordens der Weißen Rose von Finnland«[2].

In der Verleihungsbegründung heißt es: »Herr Dr. Weißauer hat sich seit dem Frühjahr 1940 mit Engagement und Erfolg für die Vertiefung der politischen Beziehungen zwischen Finnland und Deutschland eingesetzt . . .[3].«

Dieser Orden ist die zweithöchste Auszeichnung, die Finnland an Ausländer vergeben kann[4]. Die Aushändigung des Ordens erfolgte am 4. Oktober 1942 durch die finnische Gesandtschaft in Berlin[5]. Die Tragegenehmigung wurde durch Hitler erteilt[6].

Die Verleihung dieser sehr hohen Auszeichnung läßt die Vermutung zu, daß führende finnische Politiker Weißauers politische Tätigkeit erheblich höher einschätzten als es heute aktenmäßig nachvollziehbar ist.

1 Vgl. Abschrift der Übersetzung der finnischen Verleihungsurkunde, Personalakte Dr. L. Weißauer/BA/ZNS–Aachen.

2 Vgl. L.P.5 (IV) Az.: 29 v. 27.5.1942/Personalakte Dr. Weißauer, a.a.O.

3 Mitteilung der zweiten Botschaftssekretärin Outi Holopainen/Finn. Botschaft Bonn v. 23.4.92. Gleichzeitig übersandte die Botschaft sämtliche in finnischer Sprache ausgefertigten Verleihungsunterlagen in Kopie.

4 Mitteilung von Frau Holopainen v. 25.4.1992.

5 Vgl. L.P.5 (IV) a.a.O.

6 Vgl. ebenda.

## Die dienstliche Tätigkeit Weißauers als Wehrmachtsbeamter bei der Luftwaffe und im Bereich des Reichsministeriums für die besetzten Ostgebiete

Am 10. November 1941 wurde Weißauer im Rahmen seiner Tätigkeit als Regierungsrat der Luftwaffe[1] vom Luftgaukommando Hamburg zum Luftgaukommando Rostow versetzt[2]. Bereits am 27. Dezember 1941, knapp vier Wochen nach seiner Versetzung, bemühte sich das Reichsministerium für die besetzten Ostgebiete um seine Abordnung in den Dienstbereich dieses Ministeriums.

Bevor aber das Reichsministerium am 27. Februar 1942 offiziell beim Chef des Generalstabes der Luftwaffe[3] deswegen mit der Begründung: »Dr. Weißauer ist mir auf Grund seiner vor u. während des Krieges gesammelten Erfahrungen als guter Kenner der besetzten Ostgebiete und vor allem der ehemaligen baltischen Staaten bekannt . . .«[4] vorstellig wurde, teilte der Regierungsrat diesen Sachverhalt bereits mündlich am 19. Februar 1942 dem Luftwaffenverwaltungsamt in Berlin mit[5].

Die Luftwaffe genehmigte die Abordnung aus ihrem Dienstbereich in den des Ostministeriums am 20. April für die Dauer von zwei Monaten. Das Reichsministerium teilte dem Luftwaffenamt am 14. Mai mit, daß Weißauer dort am 20. April seinen Dienst aufgenommen habe und sofort zur H.Gr.Nord »in Marsch gesetzt« worden sei[6].

Bereits Ende Mai bat das Ostministerium, die Abordnung des Regierungsrats »für die Dauer der Offensivaktion in Rußland« zu verlängern, weil »Regierungsrat Weißauer als Beauftragter des Reichsministeriums Ost bei der Heeresgruppe Nord eingesetzt und infolgedessen im Interesse der Wehrmacht tätig ist. Wegen der besonderen Sach- und Landeskenntnisse auf seinem Aufgabengebiet legt das Reichsministerium Ost Wert auf die weitere Mitarbeit von Dr. Weißauer . . .«[7]. Dieser hatte zu diesem Zeitpunkt offenbar auch die Aufgabe, die wirtschaftlichen Maßnahmen der Heeresgruppe Nord mit denen der Heeresgruppe Süd abzustimmen[8].

Weißauer berichtete über die Vorgänge seines Dienstbereiches direkt an Dr. Bräutigam Abt. Führungsstab Politik im Reichsministerium für die besetzten Ostgebiete[9].

1 Weißauer wurde am 1.10.1940 zum Regierungsrat a.Kr. (Kriegsdauer) ernannt. Er führte diese Dienstbezeichnung bis zum 1.4.1944, dem Tag seiner Ernennung zum Oberfeldintendanten. Vgl. hierzu: Personalakte Dr.Weißauer, a.a.O.

2 Vgl. ebenda.

3 Vgl. der Reichsminister f.d.besetzten Ostgebiete/II Pers.a/v. 27.2.1942 a.d.Chefd.GenSt. d.Lw./PA, a.a.O.

4 Ebenda.

5 Vgl. Lw.-Verwaltungsamt/Az.Weißauer (Ag.IV 11 III A v. 19.2.1942/PA, a.a.O.

6 Vgl. Der Reichsminister f.d.bes.Ostgebiete a.d.Chef d.GenSt.d.Lw. II Pers.a/v. 14.5.1942/PA, a.a.O.

7 Der Reichsminister f.d.bes.Ostgebiete Nr.I/O./201 v. 29.5.42/PA, a.a.O.

8 Vgl. Vf. v. 3.11.1942/PA, a.a.O.

9 Leider liegen nur Berichte aus dem Jahr 1944 vor.

Diesen Mitteilungen des Regierungsrates kann entnommen werden, daß er über die innenpolitischen Bewegungen in den baltischen Staaten regelmäßig durch den SD unterrichtet wurde.

Die Informationen versetzten ihn in die Lage, sein Ministerium ausführlich über die Stimmung der Bevölkerung dort ins Bild zu setzen:

*»Verleihung des Ritterkreuzes an den SS-Untersturmführer Nogiseks als zweitem estnischen Soldaten fand in Estland starke Beachtung . . .*[10]*.«*
*»In der städtischen Einwohnerschaft vor allem in Riga, besteht Furcht vor kommenden sowjetischen Luftangriffen . . . es wird vor allem Kritik geübt an mangelnden Luftschutzmaßnahmen . . . die Furcht vor dem Bolschewismus . . . lassen die Zusammenarbeit mit den Deutschen als das kleinere Übel erscheinen . . .*[11]*.«*
*»Polen in Litauen: . . . von einer Anfreundung an das Deutschtum kann keine Rede sein . . .*[12]*.«*

Dr. Weißauer berichtete aber auch über Wirtschaftsprobleme:

*»Die Durchführung der bäuerlichen Frühjahrsbestellung ist durch Beanspruchung von Arbeitskräften und Gespannen bei den Armeen durch deren vordringliche Bauvorhaben stark gefährdet . . .*[13]*.«*
*»In Lettland blüht . . . der Waffenhandel in jeder Form . . . oft verkaufen lettische, aber auch deutsche Soldaten ihre Waffen . . . auch gegen Lebensmittel besonders gegen Schnaps werden Waffen eingetauscht . . . der Alkohol stammt aus Schnapsbrennereien . . . während im Reich Alkohol eine Seltenheit ist, wird in Lettland heute mehr getrunken als in Friedenszeiten . . . eine Drosselung der Schnapsproduktion dürfte in Erwägung zu ziehen sein . . .*[14]*.«*

Dr. Weißauer gab aber auch eigene Beurteilungen über hohe Offiziere an sein Ministerium weiter:

*». . . Generaloberst Lindemann erfreut sich einer außerordentlichen Achtung bei den Offizieren wie bei den Mannschaften. Eisener Wille und Entschlußkraft zeichnen ihn aus . . .*[15]*.«*

Regelmäßig informierte er das Ostministerium über wesentliche politische Probleme, die sich aus der militärischen Lage ergaben. Hierbei halfen ihm, wie folgender Bericht ausweist, seine guten politischen Verbindungen zu den Finnen:

*»Von führender finnischer Seite wird mir folgendes mitgeteilt: Die Zurücknahme des Nordteiles der Ostfront wird in Finnland mit größter Besorgnis betrachtet. Sie erfolgt, nach finnischer Behauptung, entgegen allen Zusagen, die von höchsten*

[10] Br.B.Nr. 67/44 v. 5.6.44/BA/R58/840.
[11] Br.B.Nr. 68/44 v. 6.5.44/BA/R58/840.
[12] Br.B.Nr. 44/44 v. 1.5.44/BA/R58/840.
[13] Br.B.Nr. 79/44 v. 16.5.44/BA/R58/840.
[14] BR.B.Nr. 85/44 v. 24.5.44/BA/R58/840.
[15] Br.B.Nr. 88/44 v. 26.5.44/BA/R58/840.

*deutschen Stellen gegeben worden sind. So hat noch im Januar dieses Jahres der Reichsaußenminister den Finnen gegenüber die Erklärung abgegeben, daß eine Zurücknahme der Nordfront und die tatsächliche Entsetzung Leningrads, die damit gegeben wäre, mit allen Mitteln verhindert werden würden. Finnland befürchtet jetzt in absehbarer Zeit eine sowjetische Offensive, der es nicht gewachsen sein kann . . . Sollte Deutschland nun auch noch die Narwa-Front nicht halten können und den Sowjets ein Vorstoß bis Riga gelingen, so wäre die Lage Finnlands völlig hoffnungslos. Deutschland selbst würde in einem solchen Falle außerdem mit Sicherheit seine schwedischen Erzlieferungen verlieren . . .*[16]*.«*

Bereits ein Jahr nach seiner Abordnung zum Reichsminister für die besetzten Ostgebiete bemühte sich dieses Ministerium am 21. April 1943 um eine Beförderung Weißauers bei Generalfeldmarschall Milch[17] mit der Begründung:

*». . . Sein Aufgabengebiet geht, wie der Personalabteilung des Reichsluftfahrtministeriums bekannt ist, weit über seinen augenblicklichen militärischen Dienstrang*[18] *hinaus. Die Durchführung seiner Aufgaben würde daher erleichtert, wenn er einen höheren militärischen Rang bekleiden würde. Ich würde es dankbar begrüßen, wenn es möglich wäre, daß Sie die Ernennung des Regierungsrates Dr. Weißauer zum Oberregierungsrat der Luftwaffe ungeachtet seines Dienstalters verfügen würden . . .*[19]*.«*

Trotz der handschriftlichen, auf dem Schreiben vermerkten Bedenken: »Militärischer Dienstrang spielt für dieses Aufgabengebiet nur eine untergeordnete Rolle« und »Bisher nur zwei Beförderungen zu Oberregierungsräten d. B. (des Beurlaubtenstandes/d. Verf.) teilte Milch dem Ostministerium mit:

*»Regierungsrat d. B. Dr. Weißauer . . . steht zur Beförderung noch nicht heran. Im Hinblick auf seinen besonderen Einsatz beabsichtige ich jedoch, seine bevorzugte Beförderung zum Oberregierungsrat d. B. ungeachtet seines Dienstalters durchzuführen, sobald sie unter Berücksichtigung der Gesamtpersonallage vertretbar ist . . .*[20]*.«*

Die Ernennung zum Oberfeldintendanten (Oberregierungsrat) erfolgte am 1. April 1944[21].

16 Der Vertreter d.Reichsministeriums f.d.bes.Ostgebiete beim Okdo. der H.Gr.Nord Dr. L. Weißauer v. 4.3.1944/BA/58/840. Es fällt auf, daß dieser Bericht im Gegensatz zu allen anderen, keine Briefbuchnummer enthält.

17 Generalfeldmarschall Milch war Staatssekretär im Reichsluftfahrtministerium und Generalinspekteur der Luftwaffe.

18 Die Dienstbezeichnung Regierungsrat war kein militärischer Dienstrang. Der dem Regierungsrat entsprechende Militärbeamtendienstrang war Stabsintendant. Insofern ist der hier zitierte Brief fehlerhaft.

19 Der Reichsminister f.d. usw.Nr. I/2 v. 21.4.43 an Milch/PA, a.a.O.

20 Milch an Reichsminister f.d. usw. v. 6.5.1943/PA, a.a.O.

21 Vgl. Fernschreiben Nr. BRL 6629 v. 15.5.1944 an Okdo Nord/PA, a.a.O.

Welches Aufgabengebiet, das »weit über seinen augenblicklichen militärischen Dienstrang«[22] hinausging, meinte der Verfasser des Briefes vom 21. April? Waren hiermit die in dem Schreiben vom 3. November 1942[23] genannten wirtschaftlichen Koordinierungsaufgaben zwischen der H.Gr.Nord und der H.Gr.Süd gemeint, die eigentlich nur, soweit heute beurteilbar, von einem ranghöheren Beamten hätten wahrgenommen werden können? Oder hatte Weißauer auch hier geheime Kontakte neben seiner offiziellen Tätigkeit wahrzunehmen, auf die sich die zitierte Andeutung bezog? Ein Hinweis hierauf könnte die nicht im Briefbuch verzeichnete Mitteilung an das Ostministerium vom 4. März 1944 sein. Welcher Informant verbarg sich hinter der hier verwendeten Formulierung »führende finnische Seite«? Weißauer kannte Mannerheim und Ryti aus einer Reihe von persönlichen Gesprächen. Hatte hier ein nirgendwo vermerktes Treffen zwischen dem Deutschen und einem hochgestellten finnischen Amtsträger stattgefunden? Wollten die Finnen so auf die Widersprüchlichkeit zwischen den Aussagen Ribbentrops und dem sich abzeichnenden deutschen militärischen Handeln hinweisen, weil sich letzteres für sie zu einer tödlichen Bedrohung entwickeln konnte? Wählten sie für ihre Warnung den Weg über ihren langjährigen Konfidenten, um ganz sicher zu sein, daß diese auch dem entsprechend hochgestellten deutschen Entscheidungsträger mitgeteilt wurde? Oder waren hiermit die geheimen diplomatischen Aufgaben gemeint, die Weißauer neben seiner Tätigkeit bei der H.Gr.Nord weiterhin wahrzunehmen hatte?

Der hier dargestellte Sachverhalt rechtfertigt nicht die Dringlichkeit, mit der die Forderung nach einer Vorzugsbeförderung vorgetragen wurde. Oder sollte vielleicht daher diese lediglich eine Auszeichnung für die »VM«-Verdienste sein? Zumal die Vorgänge um die sehr schnelle Abordnung zum Ostministerium ein entsprechendes Interesse, möglicherweise sogar die Mitwirkung des Reichssicherheitshauptamtes, vermuten lassen.

Mit Schreiben vom 13. September 1944 beabsichtigte das Luftwaffenpersonalamt, die Abordnung Weißauers zum Ostministerium zum 20. September aufzuheben[24]. Das Oberkommando der H.Gr.Nord erteilte hierzu am 23. September seine Zustimmung[25].

Durch Schreiben vom 22. Dezember 1944 wurde der Oberfeldintendant vom Personalamt der Luftwaffe wegen seiner großen im Osten erworbenen Verdienste dem »Inspizienten für ausländisches Personal Ost« zur Dienstleistung angeboten[26]. Die vorgesehene Versetzung in diesen neuen Amtsbereich erfolgte aber offensichtlich nicht. Das Ostministerium bat die Luftwaffe am 18. Oktober 1944, Weißauer dem Ministerium noch weiterhin einige Wochen zur Verfügung zu stellen: ». . . um ihm

22 Vgl. Der Reichsminister f.d. usw.Nr.I/2 v. 21.4.43 an Milch/PA, a.a.O.

23 Vgl. Verf. v. 3.11.1942/PA, a.a.O.

24 Vgl. O.K.L./LPA/Pers.Weißauer(b) 1 I A v. 13.9.1944/PA.

25 Vgl. Okdo.H.Gr.Nord/Abt.II a v. 23.9.1944/PA.

26 Vgl. O.K.L./LPA/Az.Weißauer-LP (B) 1 II a v. 22.12.1944/PA.

die Möglichkeit zu geben, seine von der H.Gr.Nord inzwischen eingetroffenen Geheimakten abzuwickeln[27].«

Der Oberfeldintendant wurde aber nach Ablauf auch dieser Frist nicht, wie geplant, zu seiner neuen Luftwaffendienststelle versetzt.

Ein Vermerk des Luftwaffenpersonalamtes vom 16. November 1944 weist aus: »Aus heutiger Besprechung mit Oberfeldintendant Dr. Weißauer: W. wird bis zum 15. Januar 1945 dem Reichssicherheitshauptamt weiter zur Dienstleistung zur Verfügung gestellt. Alsdann wird über seinen weiteren Einsatz entschieden[28].« Hiernach wurde Weißauer im Anschluß an seine Tätigkeit für das Ostministerium zum Reichssicherheitshauptamt abgeordnet.

Das Reichssicherheitshauptamt hatte offensichtlich, wie folgender Brief ausweist, zahlreiche weitere Auslandseinsätze für Weißauer vorgesehen:

*»Unter Bezugnahme auf das Schreiben v. 2. Oktober 1944 wird ergänzend mitgeteilt, daß eine Auslandsreise für das Amt VI des Reichssicherheitshauptamtes für Oberfeldintendant Dr. Weißauer insgesamt einen Zeitraum von ca. 3 Wochen in Anspruch nimmt, wobei ca. 8–10 Tage für die Vorbereitung der Reise, ca. 8 Tage für den Auslandsaufenthalt und weitere ca. 5 Tage für die Ausarbeitung des Materials und der Berichterstattung erforderlich sind. Wie bereits telephonisch mitgeteilt, soll Oberfeldintendant Dr. Weißauer für das Amt etwa alle zwei Monate eine Auslandsreise unternehmen.*
*Infolge der augenblicklichen außenpolitischen Lage wird gebeten, Oberfeldintendant Dr. Weißauer für die nächste Reise nicht erst in zwei Monaten, sondern bereits für Mitte November zur Verfügung zu stellen . . .[29].«*

Die vermehrte Auslandsreisetätigkeit Weißauers stand offensichtlich in unmittelbarem Zusammenhang mit der zunehmend hoffnungsloser werdenden militärischen und außenpolitischen Situation des Reiches.
Der Oberfeldintendant wurde nach den vorliegenden Akten erst am 15. Januar 1945 unter Aufhebung seiner Abordnung zum Reichssicherheitshauptamt zum »Inspizienten für ausländisches Personal Ost« versetzt. Gleichzeitig teilte das Luftwaffenpersonalamt dem RSHA aber mit: »Oberfeldintendant Dr. Weißauer steht Ihnen weiterhin für Auslandsreisen zur Verfügung[30].«

Der in der Personalakte Weißauers befindliche Schriftwechsel zwischen den verschiedenen Dienststellen kann den Eindruck vermitteln, daß der Oberfeldintendant

27 Vgl. Der Reichsminister f.d.bes.Ostgebiete a.d.Okdo.d.Lw./Nr. P 1/294 a v. 18.10.44.

28 LP (B) v. 16.11.1944/PA.

29 Reichssicherheitshauptamt/VI D an das Luftwaffenpersonalamt(b)/IA v. 17.10.1944/PA. Das hier zitierte Schreiben des RSHA v. 2.10.1944 hat folgenden Wortlaut: »Es wird gebeten, den Oberfeldintendanten der Luftwaffe Dr. Weißauer uns auch weiterhin, wie bisher, für Auslandsreisen zur Verfügung zu stellen. In der Annahme, daß wir Ihr Einverständnis besitzen, haben wir Dr. W. bereits einen neuen Auftrag erteilt./Der Chef der Sicherheitspolizei u.d.SD v. 2.10. 1944/PA.

30 Vgl. Ob.dL./LPA (Az.Weißauer/LP (B) 1 II A v. 30.1.1945/PA.

bis zum September 1944 bei der Heeresgruppe Nord Dienst getan hat. Tatsächlich hat er aber bereits am 13. Juli die Heeresgruppe, deren Hauptquartier sich in Wenden/ Lettland befand, verlassen[31]. Er begab sich nach Berlin. Von dort aus schickte er am 15. Juli seiner Sekretärin, der Stabshelferin Irmgard Hoffmann, ein Telegramm mit der Weisung, sein Büro bei der Heeresgruppe aufzulösen. Nach Erledigung dieser Aufgabe verließ auch die Stabshelferin das Hauptquartier der Heeresgruppe. Sie fuhr nach Königsberg, um dort ihren Urlaub zu verbringen. Am 28. Juli führte Fräulein Hoffmann mit Weißauer, der sich zu diesem Zeitpunkt in Berlin befand, ein Telefongespräch.

Die Stabshelferin erhielt am 26. August in Königsberg ein Päckchen von Weißauer mit der gleichzeitigen Mitteilung, daß er zwischenzeitlich in Schweden gewesen sei. Nach Beendigung ihres Urlaubs wurde die Stabshelferin zum Oberkommando des Heeres nach Zossen bei Berlin versetzt. Während ihrer Tätigkeit dort telefonierte sie häufiger mit Weißauer, oder sie traf sich mit ihm in Berlin[32].

Da sich die Stabshelferin aber noch am 25. und 28. Januar 1945 mit Weißauer in Berlin traf, muß der Oberfeldintendant seinen Dienstgeschäften dort noch nachgegangen sein. Es ist zweifelhaft, daß Weißauer zu diesem Zeitpunkt bereits seinen Dienst bei seiner neuen Dienststelle, die sich sicherlich schon außerhalb der Stadt befand, aufgenommen hatte.

31 Die nachfolgend genannten Daten sind den Aufzeichnungen von Frau Rüttinger entnommen.

32 Die Treffen mit Weißauer in Berlin fanden am 18.9., 25.9., 4.10.44 sowie am 22.1. und 28.1.45 statt. Während dieser Zeit befand sich der Oberfeldintendant offensichtlich nicht im Ausland.

## Die Beurlaubung vom Militärdienst für die geheimen Aufträge des Reichssicherheitshauptamtes

Nach dem Dienstantritt Weißauers bei der Luftwaffe mußte das RSHA für jeden der an ihn erteilten Auslandsaufträge eine Beurlaubung unter Angabe der entsprechenden Gründe beantragen. In diesem Zusammenhang ergibt sich die Frage, weshalb das Reichssicherheitshauptamt den Rechtsanwalt nicht mindestens für die Dauer des Krieges als hauptamtlichen Mitarbeiter übernommen hat. Dieses hätte sich deshalb angeboten, weil durch die Beurlaubungsanträge anderen Dienststellen außerhalb des Amtsbereiches des RSHA mitgeteilt werden mußte, daß Weißauer im Auftrag dieser SS-Behörde tätig war und für sie offensichtlich höchst geheime Aufträge durchführte. Eine Gefährdung der Geheimhaltung war hierdurch nicht auszuschließen.

Dagegen stand sicherlich die Überlegung, daß eine Tätigkeit Weißauers außerhalb des Dienstbereiches des RSHA bei der Luftwaffe von Vorteil war. Fragten ihn seine ausländischen Gesprächspartner nach seiner Beschäftigungsstelle, konnte er ihnen, was formal auch richtig war, antworten, er leiste, wie jeder andere wehrfähige Deutsche, seinen Kriegsdienst bei der Wehrmacht, eine Angabe, die auch jeder möglichen Überprüfung durch einen ausländischen Nachrichtendienst standhielt. Seine Tätigkeit für das Amt VI/RSHA blieb auf diese Weise weitgehend verborgen.

Daher kann unterstellt werden, daß sich das Reichsicherheitshauptamt von diesen Überlegungen leiten ließ, als sich Weißauer, wahrscheinlich sogar durch dieses Amt veranlaßt, aus Tarnungsgründen um eine Beamtenstelle bei der Luftwaffe bewarb. Eine nachrichtendienstlich sicherlich sehr gute Lösung, da niemand bei einem Luftwaffenoffizier(-beamten) eine gleichzeitige Mitgliedschaft im SD vermutete.

Es gelang auf diese Weise, für den wichtigen Mitarbeiter des Amtes VI eine fast perfekte Tarnung aufzubauen. Diese war so gut, daß es Weißauer nach dem Krieg mühelos gelang, wie noch dargestellt werden wird, ohne daß seine Tätigkeit für das RSHA bekannt wurde, sich eine von dieser Vergangenheit unbelastete Karriere aufzubauen.

Um den Kreis der Mitwisser der heimlichen Tätigkeit des Luftwaffenbeamten möglichst klein zu halten, wurde der erste noch erhaltene Beurlaubungsantrag vom April 1941 an den Chef des Generalstabes der Luftwaffe, General d. Flieger Jeschonnek, gerichtet, einer innerhalb der Luftwaffenhierarchie hochrangigen Institution. Hier wurde, was erstaunt, der Beurlaubungsgrund recht ausführlich mitgeteilt:

*»Der Regierungsrat Dr. Ludwig Weißauer . . . war vor seiner Einberufung mit der Abwicklung eines außerordentlich wichtigen außenpolitischen Auftrages in Schweden betraut. Die außenpolitische Lage macht es erforderlich, daß diese Angelegenheit möglichst schnell zum Abschluß gelangt. Da Dr. Weißauer die zur Durchführung dieses Auftrages erforderlichen persönlichen Beziehungen besitzt, ist es leider nicht möglich, ihn durch eine andere Person zu ersetzen*[1]*.«*

[1] Der Chef der Sicherheitspolizei u.d.SD/VI G/Mey/R Az.1938/41, o.D./PA.

Es verwundert, daß dieses Schreiben von einem SS-Offizier nur im Majorsrang (SS-Sturmbannführer) ausgefertigt wurde. Üblich wäre es gewesen, dieses Schreiben durch den Amtschef VI abzeichnen zu lassen. Sollte hierdurch eine Geringschätzung gegenüber dem Luftwaffengeneral ausgedrückt werden? Auch der zweite noch vorliegende Beurlaubungsantrag vom 20. Februar 1942 wird wiederum durch den gleichen SS-Offizier an den Generalstabschef der Luftwaffe gerichtet. Als Grund wird dieses Mal sehr viel zurückhaltender, aber nicht »Geheim«, lediglich »die Durchführung einer dringenden Angelegenheit in Berlin . . .«[2] angegeben.

Der dritte noch bei den Personalakten Weißauers befindliche Beurlaubungsantrag vom 2. Oktober 1944 wurde nicht mehr an den Chef des Generalstabes der Luftwaffe, sondern an das für den Oberfeldintendanten zuständige Referat des Luftwaffenpersonalamtes gerichtet. Das erstaunt wiederum. Bemühte zunächst, wie dargestellt, das RSHA wahrscheinlich aus Geheimhaltungsgründen den Chef des Generalstabes der Luftwaffe persönlich um eine Beurlaubung seines Beamten, so geht das entsprechende Schreiben nunmehr lediglich an einen Referatsleiter. Dieser wird in dem Brief gebeten, Dr. Weißauer weiterhin dem Amt VI zur Verfügung zu stellen. Der zuständige Personalsachbearbeiter versah den Beurlaubungsantrag am 16. Oktober mit dem handschriftlichen Vermerk: »Oberfeldintendant Dr. Weißauer wird bis auf weiteres in Ihren Dienstbereich abgeordnet, so daß Sie über seinen Einsatz bestimmen[3].« Um so verwunderlicher ist, daß das Amt VI am 17. Oktober 1944[4] ein weiteres Schreiben an das Luftwaffenpersonalamt richtet und hier den genauen zeitlichen Ablauf eines Einsatzes von Weißauer beschreibt. Der jetzt für die Organisation der Einsätze des Oberfeldintendanten zuständige Offizier, SS-Obersturmbannführer Dr. Päffgen, wußte ganz offensichtlich noch nicht, daß seine beiden Schreiben vom 2. und 17. Oktober 1944 deshalb überflüssig waren, weil Weißauer bereits auf Antrag des RSHA durch eine Abordnungsverfügung des Luftwaffenpersonalamtes vom 16. Oktober 1944 zur Dienstleistung zum Reichssicherheitshauptamt versetzt worden war.

Das wiederum läßt die Vermutung zu, daß der Gruppenleiter D des Amtes VI/RSHA lediglich für die technische Vorbereitung der Einsätze Dr. Weißauers zuständig war, da ihn seine Vorgesetzten über die zwischenzeitlich erfolgte Abordnung des Oberfeldintendanten noch nicht einmal unterrichtet hatten. Hierdurch dürfte die Annahme gerechtfertigt sein, daß über die Inhalte der Auslandseinsätze an anderer, wahrscheinlich höherer und einflußreicherer Stelle entschieden wurde.

Der Gruppenleiter G oder D des Amtes VI/RSHA nahm daher bei den Beurlaubungsanträgen lediglich eine organisatorische Aufgabe wahr, die der Dienstbehörde Weißauers, der Luftwaffe, keinerlei Rückschlüsse auf den tatsächlichen Auftraggeber gestattete.

2 Der Chef der Sicherheitspolizei u.d.SD/VI D1 B.Nr.65540/v. 20.2.42/PA.

3 Handschriftl. Vermerk auf dem Schreiben des Chefs d. Sicherheitspolizei u.d.SD/VI D v. 2.10.1944/PA.

4 Vgl. RSHA/VI D v. 17.10.1944/PA.

Mit Wirkung vom 15. Januar 1945 wurde die Abordnung Weißauers zum RSHA aufgehoben. Er wurde zum »Inspizienten für ausländisches Personal Ost« nach Potsdam-Eiche abkommandiert.

Mit Schreiben vom 30. Januar 1945 wurde dem Chef der Sicherheitspolizei und des SD mitgeteilt, daß der Oberfeldintendant »Ihnen auch weiterhin für Auslandsreisen zur Verfügung steht. Die Anforderungen sind an den Inspizienten für ausländisches Personal Ost zu richten. Um gleichzeitige Benachrichtigung des Luftwaffenpersonalamtes wird gebeten . . .«[5].

5 Okdo.d.Lw./Lw.-Personalamt/Az. Weißauer LP (B) 1 II A v. 30.1.1945/PA.

Ludwig Weißauer
im Kriegsjahr 1944 beim
Okdo. Heeresgruppe Nord.

## Die Nachkriegskarriere

Am 15. April 1945 befand sich Weißauer mit seiner Dienststelle, dem »Inspizienten für das ausländische Personal Ost« der Luftwaffe wahrscheinlich in Marienbad und geriet an diesem Tag in amerikanische Gefangenschaft[1].

Nach seiner Entlassung nahm er seinen Wohnsitz in München[2]. Da er, wie dargestellt, im Mai 1931 aus der NSDAP ausgeschlossen worden war und offenbar später nicht wieder in die Partei aufgenommen wurde, fand auch kein Entnazifizierungsverfahren statt[3].

Das mag angesichts der beschriebenen Tätigkeit als wichtiger V-Mann des Amtes VI/RSHA verwundern, war aber nicht ungewöhnlich:

*». . . Daß man solch wertvolle VM möglichst nicht durch eine Zugehörigkeit zur Partei dekuvrieren wollte, war durchaus möglich . . .[4].«*

Weißauer war nur Mitglied im NS-Rechtswahrerbund[5] und in der NSV[6] gewesen[7]. Ab 1950 ist eine Tätigkeit für die Gewerkschaften nachweisbar[8]. Hier war er als Syndikus der Genossenschaft Deutscher Bühnenangehöriger in Bayern im DGB und Mitglied des Landesbezirksvorstandes tätig[9].

Auf Vorschlag des DGB-Landesbezirks wurde Weißauer am l. August 1957 zum Mitglied des Bayerischen Senats gewählt. Die Gewerkschaften haben hier das Recht zur Besetzung einer bestimmten Anzahl von Senatsitzen. Er gehörte diesem Gremium bis zum 31. Dezember 1961 an[10].

In dem von Weißauer für das Handbuch des Bayerischen Senats angefertigten Lebenslauf heißt es nur: ». . . von 1940–1945 Kriegsdienst in der Luftwaffe . . .«

Von Gewerkschaftsfunktionären, die damals mit ihm zusammenarbeiteten, wird er wie folgt charakterisiert[11]:

Senatsvizepräsident a. D. Walter Roth: »W. war ein sehr angenehmer Kollege im

[1] Vgl. An den Inspekteur des ostvölkischen Personals der Luftwaffe/Marienbad/Az.Weißauer – (B 1 II a) v. 4.3.1945/PA. – Das Datum der Gefangennahme Weißauers ist den Aufzeichnungen seiner ehemaligen Sekretärin entnommen.

[2] Mitteilung der Rechtsanwaltskammer München v. 5.11.92.

[3] Mitteilung des Amtsgerichts München/Nachlaßsachen/Registratur S. v. 18.2.93. Hierzu auch die Mitteilung des Document Center v. 13.4.93. Auch hier liegen keine Unterlagen über einen späteren Wiedereintritt Weißauers (nach 1930/31) in die NSDAP vor.

[4] Mitteilung Dr. Höttl, ehemaliger SS-Sturmbannführer im Amt VI/RSHA v. 18.2.93.

[5] NS-Rechtswahrerbund/Standesorganisation der Juristen.

[6] NSV/Wohlfahrtsorganisation.

[7] Vgl. Personalakte, a.a.O.

[8] Mitteilung der Rechtsanwaltskammer München, a.a.O.

[9] Mitteilung S. Goldbach (ehem. Funktionär des Landesbezirks Bayern des DGB) v. 4.3.93.

[10] Mitteilung des Bayerischen Senatsamtes v. 19.1.1993.

[11] Die im nachfolgenden zitierten Äußerungen ehemaliger DGB-Funktionäre wurden von S. Goldbach gesammelt und am 3.4.93 mitgeteilt. Akten aus dieser Zeit sind leider beim DGB Landesbezirk Bayern nicht mehr vorhanden.

Senat, er besaß hohes Ansehen, war sehr gebildet, wirkte elegant, war sehr zurückhaltend, ein sehr leiser Kollege.«

Karl Hauptmannl, Senator a. D.: »W. war sehr beliebt, leutselig, machte den Eindruck eines bedeutenden Menschen, in politischen Problembereichen äußerst zurückhaltend und keinesfalls provozierend.«

Hans Limmer, ehemaliger enger Mitarbeiter des bereits verstorbenen damaligen DGB-Landesbezirksvorsitzenden Ludwig Linsert: »Im gewerkschaftspolitischen Bereich nach außen eine glatte Fehlbesetzung.«

Nach Goldbach betonten ». . . alle eine enge persönliche Freundschaft (Weißauers) mit dem seinerzeit im KZ–Dachau inhaftierten Ludwig Linsert . . .«

Die Beziehung zu Linsert wird allerdings von dem damaligen Leiter der Abteilung Bildungswesen des DGB-Landesbezirks Bayern, Alexander Tiplt, als eine »typisch gewerkschaftliche Senatsfreundschaft auf dem kostenlosen Tennisplatz« relativiert[12].

Daß Weißauer nach 1945 nicht nur seiner Anwaltstätigkeit nachging, sondern die Nähe derjenigen suchte, die vom NS-Regime erbittert bekämpft und verfolgt wurden, verwundert sehr. Mußte er nicht befürchten, daß die Gewerkschaften insbesondere vor seiner Nominierung für den Bayerischen Senat, trotz fehlender Belastung durch ein Entnazifizierungsverfahren, genaue Nachforschungen über seine Tätigkeit während der NS-Zeit vornahmen? Konnte Weißauer so sicher sein, daß alle ihn belastenden Dokumente über seine Tätigkeit für den SD am Ende des Krieges vernichtet worden waren? Das galt vielleicht für die Unterlagen des RSHA, nicht aber für seine Luftwaffenpersonalakte. Diese konnte jederzeit im Bundesarchiv (ab 1954) in Kornelimünster eingesehen werden. Eine Rückfrage dort ergab, daß niemand, auch Weißauer nicht, jemals eine Akteneinsicht verlangt hatte.

Weitere Fragen ergeben sich aus den Angaben der früheren Sekretärin Weißauers, Frau Rüttinger. Sie hatte durch zahlreiche persönliche Begegnungen nach dem Krieg ausreichende Gelegenheiten, die persönlichen Verhältnisse des Rechtsanwaltes zu beobachten. Frau Rüttinger gibt u. a. an, daß Weißauer im gleichen Haus, wenngleich auch in einer anderen Wohnung, mit Melitta Wiedemann lebte. Diese frühere Sekretärin bei der NS-Zeitung »Der Angriff« und spätere Hauptschriftleiterin der Antikomintern-Zeitschrift »Aktion« war ihm seit seiner Tätigkeit als Verlagsleiter beim »Angriff« gut bekannt. Frau Rüttinger beschreibt das persönliche Verhältnis der beiden als sehr gespannt. Frau Wiedemann ging keiner beruflichen Tätigkeit nach und bestritt ihren Lebensunterhalt ausschließlich durch Zuwendungen Weißauers. Dieser, von Frau Rüttinger auf diesen Sachverhalt angesprochen, meinte, er müsse für Frau Wiedemann sorgen, weil sie zuviel aus seiner Vergangenheit wisse. »Sie erpreßt mich[13].«

12 Mitteilung v. A.Tipelt v. 1.5.1993.

13 Gespräch mit Frau Rüttinger am 20.11.93. Sie gibt an, daß Weißauer ihr zweimal gesagt habe, er werde von Frau Wiedemann erpreßt. Die Gründe hierfür nannte er nicht. Weißauer hat offensichtlich mindestens während des Krieges mit Frau Wiedemann zusammen in Berlin in einer Wohnung gelebt. Die gemeinsame Anschrift lautete: Württembergallee 8, Tel. 995971. Vgl.

Wenn dies der Fall war, konnte es sich nur um Kenntnisse aus der gemeinsamen Vergangenheit während der NS-Zeit handeln. Auch Frau Wiedemann war offensichtlich neben ihrer journalistischen Tätigkeit für den SD tätig gewesen[14].

Waren Weißauers diplomatische Tätigkeiten so spektakulär gewesen, daß sie auch noch längere Zeit nach Beendigung des Zweiten Weltkrieges, wären sie bekannt geworden, von ihm unerwünschtes Aufsehen erregt hätten? War er auch noch in Aktivitäten verstrickt, über die die vorliegenden Akten keinen Aufschluß geben? Trotz der »Freundschaft« zu Ludwig Linsert hatte, so Frau Rüttinger, Weißauer nach dem Krieg keine Freunde. »Er war ein sehr einsamer Mensch und lebte zurückgezogen.«

Viele offene Fragen, insbesondere über weitere nicht aufzuklärende diplomatische Missionen – er hielt sich unter anderem im Juni 1944 in Spanien auf[15] – können nicht beantwortet werden. Es bleibt daher nur festzustellen, daß Weißauer wahrscheinlich ein wichtiger, geheimer, diplomatischer Emissär des NS-Regimes war. Er führte wesentliche Aufträge durch, die leider nur, wie in dieser Arbeit, an bedeutsamen Einzelfällen nachweisbar sind.

hierzu: Die Personalakte Weißauers und Schreiben von Frau Wiedemann an den Reichsführer SS H.Himmler v. 26.5.1943/BA-Potsdam o. Sign.

14 Vgl. Der Chef der Sicherheitspolizei und des SD/VI A 5 v. 5.7.53/Pol.Archiv d.AA.

15 Aufzeichnung von Frau Rüttinger. Weißauer brachte ihr von dieser Reise Manschettenknöpfe mit, die sich noch in ihrem Besitz befinden. Im Archiv des spanischen Außenministeriums sind keine Unterlagen über diesen Aufenthalt Weißenauers in Spanien vorhanden. Mitteilung v. 22.3.93.

# Anlagen zu Teil I

1. Schreiben Dr. L.Weißauers an den Regierungsrat im Reichsluftfahrtministerium Graf Baudissin v. 16.7.1940 . . . 65
2. Schwedische Karteikarte über die Ein- u. Ausreisen Weißauers nach Schweden . . . 66
3. Memorandum des Präsidenten des Schwedischen Hofgerichtes Dr. B. Ekeberg über seine Gespräche mit Dr. Weißauer . . . 67
4. Schreiben des Staatsrates Söderblom an den schwedischen Gesandten in Berlin A. Richert v. 5.8.1940 . . . 75
5. Schreiben der schwedischen Gesandtschaft in Berlin an den Staatsrat Söderblom v. 8.11.1940 . . . 76
6. Bericht des Amtschefs VI/Reichssicherheitshauptamt, Jost, an den Gesandten im Auswärtigen Amt, Luther v. 12.8.1940 . . . 77
7. Schreiben Churchills an den britischen Außenminister Halifax v. 25.6.1940 . . . 85
8. Telegramm des britischen Gesandten in Stockholm, Mallet, an das Foreign Office v. 5.9.1940 . . . 86
9. Stellungnahme des Foreign Office zu dem Telegramm Mallets v. 5.9.1940 . . . 87
10. Stellungnahme Robert Vansittards zu den von Weißauer überbrachten Friedensvorschlägen v. 6.9.1940 . . . 88
11. Telegramm des Foreign Office an Mallet v. 6.9.1940 . . . 89
12. Brief Mallets an Cadogan v. 7.9.1940 . . . 90
13. Telegramm des Foreign Office an Mallet v. 19.9.1940 . . . 96
14. Mitteilung der britischen Regierung an die Regierungen der Dominien v. 12.9.1940 98
15. Telegramm Mallets an das Foreign Office v. 12.9.1940 . . . 99
16. Telegramm des britischen Botschafters in Washington, Lord Lothian, an das Foreign Office v. 19.9.1940 . . . 100
17. Telegramm Mallets an das Foreign Office v. 23.9.1940 . . . 101
18. Bericht des Amtschefs VI/Reichssicherheitshauptamt, Jost, an den Gesandten Luther im Auswärtigen Amt . . . 102
19. Schreiben des Staatsrates Söderblom an den schwedischen Gesandten in Berlin v. 14.12.1940 . . . 107
20. Schreiben des SS-Sturmbannführers Daufeldt an den Chef des Gen. St. der Luftwaffe, Gen.d.Fl. Jeschonnek o.D. . . . 108
21. Schreiben des SS-Sturmbannführers Daufeldt, Amt VI/Reichssicherheitshauptamt, an den Chef des GenSt.d.Luftwaffe, Gen.d.Fl. Jeschonnek, v. 20.2.1942 . . . 109
22. Telegramm an das Luftgaukommando XI v. 21.4.1941 . . . 110
23. Schreiben des SS-Obersturmbannführers Dr. Paeffgen/Amt VI/Reichssicherheitshauptamt an das Oberkommando der Luftwaffe/Personalamt v. 17.10.1944 . . . 111
24. Vermerk: Erkundung englischer Friedensbedingungen v. 21.1.1942 . . . 112
25. Schreiben des Amtes VI/Reichssicherheitshauptamt an das Auswärtige Amt v. 2.7.1943 113
26. Abschrift der Verleihungsurkunde des finnischen Ordens der »Weißen Rose« an Dr. L. Weißauer v. 30.3.1942 . . . 114
27. Lagebeurteilung für das Reichsministerium für die besetzten Ostgebiete über die Folgen der Zurücknahme der deutschen Nordfront für Finnland v. 4.3.1944 . . . 115
28. Schreiben des Amtes VI/Reichssicherheitshauptamt an das Auswärtige Amt v. 5.7.1943 116

1. Schreiben Dr. L. Weißauers an den Regierungsrat im Reichsluftfahrtministerium Graf Baudissin v. 16.7.1940

[illegible]

Dr. oec. Ludwig Weißauer
Rechtsanwalt

Mitglied des N. S. R. B.

Berlin - Westend
Württembergallee 8
Telefon: 99 59 71

16.7.1940

17/7

Herrn
Regierungsrat Graf Baudissin,
Reichs-Luftfahrt-Ministerium,
B e r l i n W 8
=================

Sehr verehrter Herr Regierungsrat !

In Ergänzung zu unserem Gespräch über meinen Einsatz im Bereich der Luftwaffe gestatte ich mir, wie vereinbart, mitzuteilen, dass ich in den kommenden Wochen telegraphisch folgendermassen zu erreichen bin:

16.- 18.Juli    Stockholm, Grand-Hotel

19.-27.Juli    Helsinki, Hotel Kämp

28.- 30.Juli    Stockholm, Grand-Hotel.

Mit den besten Empfehlungen,

Heil Hitler !

Ihr sehr ergebener

L. Weißauer

2. Schwedische Karteikarte über die Ein- u. Ausreisen Weißauers nach Schweden

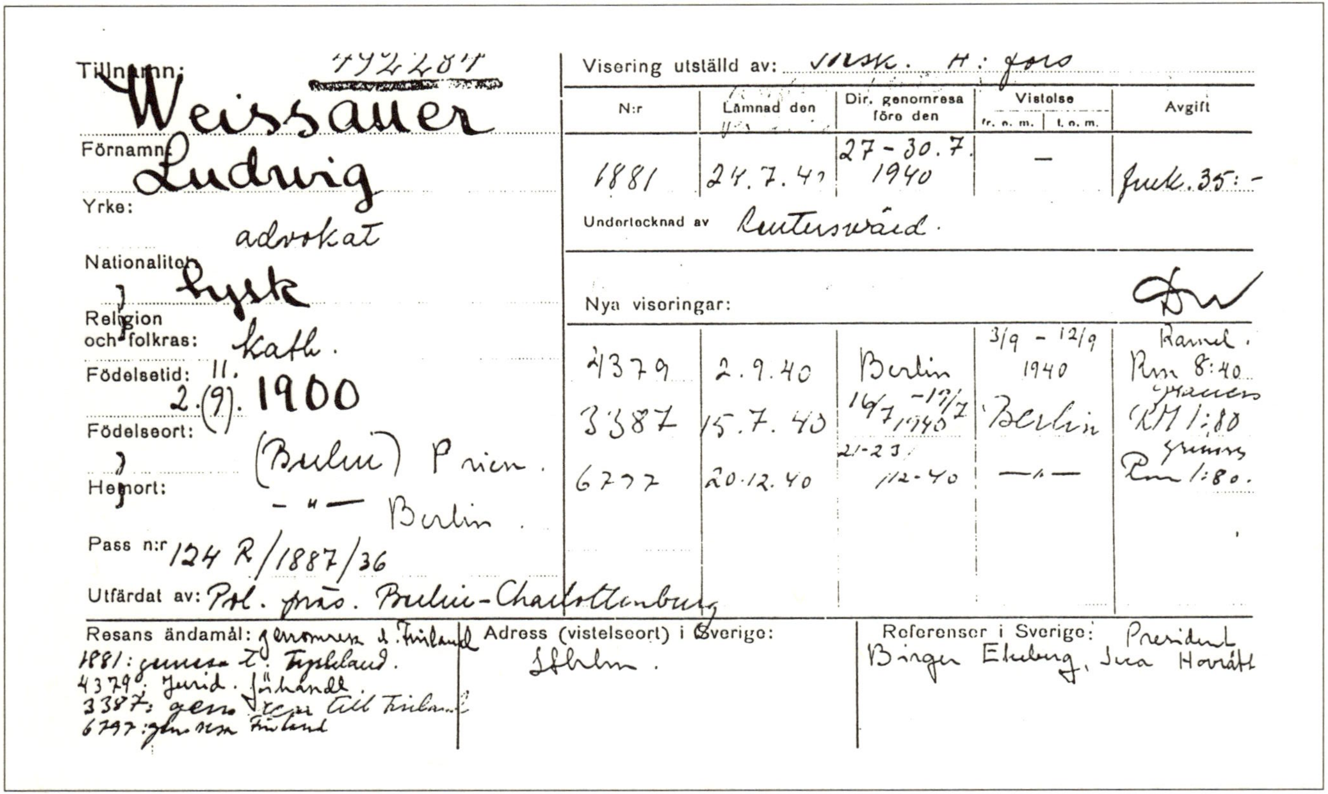
Tillnamn: 492284
Weissauer
Förnamn: Ludwig
Yrke: advokat
Nationalitet: tysk
Religion och folkras: kath.
Födelsetid: 2. (9). 1900
Födelseort: (Berlin) Prien.
Hemort: – " – Berlin.
Pass n:r 124 R/1887/36
Utfärdat av: Pol. präs. Berlin-Charlottenburg

Visering utställd av:

| N:r | Lämnad den | Dir. genomresa före den | Vistelse fr. o. m. | t. o. m. | Avgift |
|---|---|---|---|---|---|
| 1881 | 24.7.40 | 27–30.7. 1940 | – | | |

Underlecknad av

Nya viseringar:

| | | | | | |
|---|---|---|---|---|---|
| 4379 | 2.9.40 | Berlin | 3/9 – 12/9 1940 | | Rm 8:40 |
| 3387 | 15.7.40 | 16/7–19/7 1940 | Berlin | | RM 1:80 |
| 6777 | 20.12.40 | 21-23/12-40 | – " – | | Rm 1:80. |

Resans ändamål:
1881:
4379:
3387:
6797:

Adress (vistelseort) i Sverige: Sthlm.

Referenser i Sverige: President Birger Ekeberg, Svea Hovrätt

3. Memorandum des Präsidenten des Schwedischen Hofgerichtes Dr. B. Ekeberg über seine Gespräche mit Dr. Weißauer (2 x Faksimile + deutsche Übersetzung)

Memorandum des Präsidenten des schwedischen Hofgerichtes
Dr. Ekeberg

P.M.

(av presidenten Ekeberg)

Från Finlands minister i Berlin Kivimäki, med vilken jag dels under rysk-finska kriget, dels i samband med fredsslutet upprepade gånger haft förtroliga samtal i utrikespolitiska ämnen, mottog jag den 16 juli genom finska legationen ett brev, vari K. förberedde mig på ett nära förestående besök av en tysk, som skulle företaga en resa till Finland i ett mycket viktigt, ehuru ej officiellt uppdrag. Denne – i det följande kallad X – anlände redan följande dag till Stockholm, men på grund av en olycklig tillfällighet träffades vi först en kort stund före hans avresa. På min fråga angående hans ärende fick jag det svaret, att han önskade höra min uppfattning angående Sveriges ekonomiska och utrikespolitiska läge. Vi funno emellertid båda snart nog, att med diskussionen av dessa allmänna frågor lämpligen kunde anstå, till dess han under sin hemresa ånyo besökte Stockholm, och att vi nu borde begränsa oss till sådana brådskande spörsmål, som hade särskild aktualitet med hänsyn till hans förestående besök i Finland. Han uttalade nu starka farhågor för att Ryssland vilken stund som helst skulle kasta sig över Finland för att utnyttja [illegible] framstött gynnsamma läge, som situationen i väster medförde, och frågade, huru Sverige skulle ställa sig, om ett sådant överfall komme till stånd. Beträffande Tysklands planer i väster uttalade han sig vid detta tillfälle tämligen kategoriskt i den riktningen, att Englands nedkämpande vore en fråga om veckor. Det gällde blott att hålla Ryssland stången under denna kortare tid. Och ingen annan än Sverige kunde hjälpa. Finland hade väl mycket stora sympatier i Tyskland och X antydde, att den tyska diplomatien ingalunda varit overksam. Men den tyska ledningen hölle hårt på Bismarcks maxim att ett tvåfrontkrig till varje pris bör undvikas, och ett ryskt ingripande i Finland kunde ske i det ögonblick, då Tyskland hade händerna fulla på annat håll. Jag fick det in-

Under hänvisning till att jag ej tillhör riksdagen ell eljest är aktivt engagerad i politiken förklarade jag mig ej kunna ställa något horoskop beträffande frågan om de skilda riksdagspartiernas inställning, så mycket mindre som jag ej vore tillräckligt informerad om Finlands militära, ekonomiska och moraliska beredskap. Men jag uttalade såsom min övertygelse, att Sveriges regering allenast under en förutsättning kunde tänkas upptaga tanken på ett militärt ingripande till allvarligt övervägande: klarhet måste vinnas, att vi hade ryggen fri mot väster och söder och att handeln med Tyskland och de skandinaviska länderna hölles öppen i oförändrad utsträckning; särskilt måste vi vara förvissade om tillförsel av vapen och ammunition i tillräcklig utsträckning. Jag sade mig förstå, att klart besked härutinnan ej kunde ges på officiell väg, men bad X föreslå eller överväga något sätt att skaffa oss visshet i annan ordning. Vi finge återkomma till saken vid vårt nästa sammanträffande. Jag tillade, att ett ryskt anfall på Sverige naturligtvis skulle möta det mest energiska motstånd, liksom varje anfall från vilket håll det än komme. Ett i förbigående fällt yttrande att ryssarna äro dåliga sjömän och att den ryska marinens skjutskicklighet är svag syntes väcka herr X:s tillfredsställelse liksom också ett optimistiskt uttalande om vår försvarsberedskap.

Vad som i övrigt förekom vid detta tillfälle torde sakna större intresse vid sidan av X:s uttalanden efter besöket i Finland. Det kan dock förtjäna nämnas, att han mot slutet av samtalet lät undfalla sig ett yttrande, att den ryska faran kanske dock ej vore så överhängande.

Den 22 juli avlade jag ett sedan ett par veckor planerat besök hos minister Wasastjerna i helt annat ärende, men knappast hade jag hunnit framföra detta, innan ministern kastade sig in på frågan om ett ryskt överfall och erinrade om de tecken, som kunde synas förebåda ett sådant. Ingen fråga vore för närvarande mera brännande för Finland. Det vore därför av yttersta vikt att snarast möjligt vinna klarhet angående Tysklands inställning. Minis-

Memorandum des Präsidenten des Schwedischen Hofgerichtes Dr. Ekeberg über seine Gespräche mit Dr. Weißauer, der hier als »X« bezeichnet wird.

**Memorandum** v. 2.8.1940. Übersetzt von Volker Krack

(Verfasser: Präsident Ekeberg)

Von dem finnischen Gesandten in Berlin, Kivimäki, mit dem ich wiederholt vertrauliche Gespräche bezüglich außenpolitischer Angelegenheiten hatte, teils während des russisch-finnischen Krieges, teils in Zusammenarbeit mit den Friedensbemühungen, empfing ich am 16. Juli durch die finnische Legation einen Brief, worin K. mich über den bevorstehenden Besuch eines Deutschen unterrichtete, der eine Reise nach Finnland in zwar sehr wichtigem, aber inoffiziellem Auftrag unternehmen würde. Dieser – nachfolgend »X« genannt – kam bereits am folgenden Tag in Stockholm an. Aber durch einen unglücklichen Zufall bedingt, trafen wir uns erst kurz vor seiner Abreise. Auf meine Frage bezüglich seiner Tätigkeit bekam ich zur Antwort, daß ihm an meiner Auffassung bezüglich der schwedischen ökonomischen und außenpolitischen Lage gelegen sei. Wir fanden beide bald heraus, daß mit solchen allgemeinen Fragen bis zu seiner Heimreise und Rückfahrt Stockholms gewartet werden könnte, und daß wir uns auf besonders aktuelle Themen, die mit seiner Fahrt nach Finnland zu tun hatten, beschränken sollten. Er äußerte starke Bedenken, daß Rußland die gegenwärtige westliche Situation ausnutzen und jeden Augenblick über Finnland herfallen könnte. Er fragte, wie sich Schweden im Falle eines solchen Überfalles verhalten würde. Bezüglich Deutschlands Plänen im Westen äußerte er sich kategorisch in der Richtung, daß die Unterwerfung Englands nur eine Frage von Wochen sei. Es gelte jetzt nur, Rußland während dieses kurzen Zeitraumes »bei der Stange zu halten« und niemand außer Schweden könnte hierbei helfen. Finnland hatte wohl sehr große Sympathien in Deutschland gefunden. X deutete an, *daß die deutsche Diplomatie keineswegs untätig sei.* Aber die deutsche Führung setze strikt auf Bismarcks Maxime, daß ein Zweifrontenkrieg auf jeden Fall zu vermeiden sei, jedoch die russischen Truppen Finnland überfallen könnten, während Deutschland in anderer Richtung alle Hände voll hätte. Ich bekam den Eindruck, daß das letztere sehr bald geschehen könnte.

Ich unterrichtete ihn, daß ich nicht dem schwedischen Reichstag angehöre und auch nicht aktiv in der Politik engagiert sei und somit keine Prognose über die Einstellung der einzelnen Reichstagsparteien abgeben könne und noch weniger über die militärische, wirtschaftliche und moralische Bereitschaft Finnlands informiert sei. Ich drückte allerdings meine Überzeugung aus, daß Schwedens Regierung unter einer Voraussetzung möglicherweise den Gedanken an ein militärisches Eingreifen ernsthaft aufgreifen könne, nämlich indem Klarheit gewonnen würde, daß wir den Rücken nach Westen und Süden frei hätten und daß der Handel mit Deutschland und den skandinavischen Ländern in unverändertem Ausmaß fortgesetzt würde. Insbesondere müßten wir Garantien erhalten, daß uns ausreichende Waffen- und Munitionslieferungen zugesichert würden. Ich gab mich verstehend, daß dies nicht auf offiziellem Weg geschehen könnte, bat aber X uns auf andere Art Gewißheit vorzuschlagen oder zu beschaffen. Wir verblieben so, daß wir dieses bei unserem nächsten Treffen wieder aufgreifen würden. Ich erklärte, daß ein russischer Angriff auf Schweden natürlich größten Widerstand finden würde, wie auch jeder andere Übergriff, aus welcher Richtung er auch kommen möge. Eine nebenbei gemachte Äußerung, daß die Russen schlechte Seeleute wären und deren Kriegsmarine schwache Schießergebnisse vorzuzeigen hätte, war für Herrn X. zufriedenstellend, ebenso wie die optimistische Aussage bezüglich unserer Verteidigungsbereitschaft.

Was ansonsten besprochen wurde, war für X. nach seinem Besuch in Finnland nicht von besonderer Bedeutung. Es ist jedoch zu bemerken, daß er gegen Ende der Unterredung sich dahingehend äußerte, daß die durch Rußland ausgehende Gefahr vielleicht doch nicht so bedrohend sei.

Am 22. Juli stattete ich einen seit Wochen geplanten Besuch bei Minister Wasastjerna in einer völlig anderen Angelegenheit ab, aber kaum, daß ich diese angesprochen hatte, wechselte der Minister das Thema und kam auf einen möglichen Überfall Rußlands und Zeichen, die hierauf hindeuten könnten, zu sprechen. Für Finnland gab es keine brennendere Frage. Es wäre daher äußerst wichtig, Klarheit zu gewinnen, wie Deutschlands Einstellung aussieht.

Der Minister teilte mit, daß sich der Gesandte Kivimäki in Helsinki zu einem mehrere Tage dauernden Besuch aufhielte und ein Treffen zwischen mir und K. auf dessen Heimreise durch Stockholm nach Berlin herbeiführen solle. Ich bekam den bestimmten Eindruck, daß man in Finnland dem Besuch von X. größtes Interesse entgegenbrächte und daß man der Überzeugung sei, X habe intensive Verbindungen zur deutschen Leitung für Auswärtiges und reise in deren Auftrag. Es scheint jedoch, als ob K. Herrn W. in der Angelegenheit nicht näher eingeweiht hätte und die Angelegenheit als seine und die der Regierung Finnlands betrachte.

Am 23. Juli hatte ich eine Unterredung mit seiner Majestät, dem Kronprinzen, und am 24. Juli mit dem Außenminister. Daher konnte ich den Gesandten Kivimäki nicht treffen, als dieser auf seiner Rückreise nach Berlin Stockholm passierte. Minister Wasastjerna teilte mit, daß der Aufenthalt Ks. so kurz gewesen wäre, daß die Zeit kein Zusammentreffen erlaubte. K. würde die Frage erneut ansprechen, nach Unterredung mit X. in Berlin.

Am Sonntag, dem 28. Juli traf ich erneut mit X. zusammen. Wir aßen zusammen zu Mittag und verbrachten mehrere Stunden zusammen. Es war auffallend, daß er sich dieses Mal weniger für die Frage eines finnisch-russischen Konfliktes interessierte, sondern vielmehr für die Beziehungen Schwedens zu Deutschland.

In Helsinki hatte X. unter anderem Feldmarschall Mannerheim und Staatsminister Ryti getroffen. Er war von beiden besonders beeindruckt. Der erste der beiden hatte offenbar X. für sich eingenommen, indem er sofort und ohne Vorbehalte erklärte, daß er sich hinter Hitlers Meinung gegen einen Zweifrontenkrieg stelle. In Bezug auf R. erklärte X., daß er selten einen Staatsmann getroffen habe, der alles so schnell und klar begreifen würde und sich zu den Themen sofort und bestimmt geäußert hätte.

Mannerheim hatte offensichtlich großen Wert auf die Frage der Waffenlieferungen durch Deutschland gelegt. Laut Ansicht des Herrn X. könnte diese Frage so gelöst werden, daß Schweden Finnland Waffen liefern könnte, nachdem es sich vergewissert hätte, daß Deutschland diese, durch Absprache garantiert, völlig ersetzen würde. Mit dieser Absprache könnte ein Verbot der Weiterveräußerung der Waffen an Finnland verbunden werden, so abgefaßt, daß Schweden Sicherheit für die Einhaltung der Absprache gewährt würde, auch im Fall eines Krieges zwischen Finnland und Rußland. Es gebe keine völlige Klarheit, nach der Finnland auf deutsche Waffenlieferungen zählen könne, solange Frieden mit Rußland bestünde.

Auf mein wiederholtes Ansprechen auf die Frage nach Deutschlands Einstellung auf ein militärisches Eingreifen Schwedens zur Unterstützung Finnlands fand ich nur ausweichende Antworten. X. erklärte, er sei bestimmt davon überzeugt, daß man vor deutschen Kriegshandlungen keine Befürchtungen zu haben brauche. Er wollte sich aber nicht auf die Frage nach (Unterhand??)-Garantien jedweder Form noch auf das Thema kontinuierlicher Warenlieferungen einlassen. Um klaren Bescheid zu erzwingen, stellte ich folgendes Beispiel auf: Wenn Schweden bereit wäre, Finnland Waffenhilfe zu leisten, sollte dies Rußland zu einem solch frühen Stadium bekannt gemacht werden, daß einem Krieg möglicherweise vorgebaut werden könne.

Verschiedene Anzeichen deuten darauf, daß Rußland sich nicht auf weitere militärische Geschäfte einlassen wird, ohne zumindest nach leicht erbeutbaren Objekten zu streben. Besonders zur See könnte Schweden Rußland bedeutende Schwierigkeiten bereiten, daher wäre es nicht unwahrscheinlich, daß eine Bedrohung durch Schweden Finnland vor einem Krieg retten könne. Ein solches Geschehen wäre auch in deutschem Interesse, wodurch sich die Frage ergibt, wie Deutschland Schweden die erforderlichen Sicherheitsgarantien geben könnte, denn diese wären schließlich unabdinglich für ein solches Auftreten. X. fand diese Fragestellung interessant und teilte die Auffassung, daß eine von Schweden ausgehende kriegerische Bedrohung auf Rußland abhaltende Wirkung haben könnte. Er fand es jedoch als zweifelhaft, daß die deutsche Führung selbst »Unter-der-Hand«-Sicherungen geben würde. Er hielt es für wahrscheinlich, daß Hitler befinden würde, daß ein solches Geschehen in gleichem Maße das gute Verhältnis zu Rußland beeinträchtigen könnte, wie »deutsche Kanonen sprechen zu lassen«. Da das letztere der geradere und auch effektivere Weg sei, würde Hitler wohl diesen wählen, wenn er sich überhaupt auf die Angelegenheit einließe.

Beim Auseinandergehen bat ich X., über die Wichtigkeit eines Bescheides Deutschlands in der einen oder anderen Form nachzudenken.

Vermutlich würde er die finnländische Frage in weiteren Diskussionen mit dem Gesandten Kivimäki wieder aufgreifen. Da er bald von der Luftwaffe an die Front kommandiert würde, werde er wahrscheinlich in naher Zukunft nicht hierher zurückkommen oder von sich hören lassen können, wenn dies nicht durch Vermittlung Ks. geschähe.

Der Grund für sein während unseres letzten Gespräches gezeigten geringes Interesse bezüglich eines bewaffneten Eingreifen Schwedens liegt möglicherweise darin, daß Mannerheim sich zweifelnd äußerte, daß Schweden mit in den Krieg ziehen würde. Es ist wahrscheinlicher, daß zwischenzeitlich der Gedanke an eine unmittelbare Offensive gegen England in den Hintergrund trat und somit auch die Gefahr eines russischen Überfalles auf Finnland. Unter diesen Gegebenheiten fand er es vielleicht unnötig, zum jetzigen Zeitpunkt Deutschlands Einstellung zu einem schwedischen Eingreifen zu präzisieren. Hitlers Ansprache, die zwischen den beiden Gesprächen stattfand, dürfte seine Meinung nicht beeinflußt haben. *Er gab sich ohne Verständnis für eine derartige Auslegung der Hitlerischen Rede, daß Hitler gewählt haben soll, Finnland außerhalb des deutschen Lebensraumes zu legen.* Positiver Beweis dafür, daß er Finnland in deutschem Interesse sieht, geht aus dem folgenden hervor:

Zuvor habe ich in einem Zusammenhang wiedergegeben, welche Aussagen bezüglich der von Rußland ausgehenden Gefahr gemacht wurden. Unser letztes Gespräch bewegte sich zwischenzeitlich größtenteils um die Einstellung Schwedens zu dem neuen Europa, das, laut X., aus den Umwälzungen der letzten Monate hervorgegangen war und aus dem, was die nähere Zukunft ergibt, entstehen wird. X *erklärte wiederholt – und ich glaube, daß dies seine aufrichtige Meinung darstellt – daß keine Nation so große allgemeine Symphatie wie Schweden in Deutschland genießt.* In Finnland sei gesagt worden, daß allein Schweden mit Samthandschuhen behandelt würde. Schweden hätte jetzt nur noch die Zeit für einen Besuch. Schweden könnte sich nicht aus der jetzt entstehenden europäischen Wirtschaftsgemeinschaft heraushalten. Die Frage wäre bloß, ob man in Schweden genug Voraussicht und Handlungsfähigkeit zur eigenen Initiative hätte oder ob man mit verschränkten Armen abwarten würde, bis sich die deutsche Leitung schließlich gezwungen sähe, Schweden zu Gesprächen nach Berlin zu rufen, wie schon kürzlich mit Rumänien und Bulgarien geschehen.

Er fragte mich, ob ich jemand benennen könnte, der diese Frage in Schweden bereits zur Diskussion gestellt hätte. Als ich antwortete, daß sich die Entwicklung der Gegebenheiten zu schnell fortbewegen würde, und man dadurch keine Basis für eine solche Diskussion hätte und ich, der keine Verbindungen mit wirtschaftlichen Kreisen habe, noch von niemand diese Frage aufwerfen gehört hätte, gab er seiner Verärgerung Ausdruck und äußerte harte Worte hinsichtlich der Großfinanz. Laut seiner Auffassung tragen die Finanzkreise in England und vielleicht sogar noch mehr die Finanzkreise in Amerika in erster Linie die Verantwortung für die gegenwärtige Lage, und meine Äußerungen ließen ihn vermuten, daß solcher maßgeblicher Einfluß sogar in Schweden bestehe. Ich äußerte hiergegen entschiedenen Protest und benannte den geringen Einfluß, den die Hochfinanz Schwedens auf die schwedische Politik habe. Dagegen, so erklärte ich, ist man in führenden politischen Kreisen interessiert, unsere sozialen Wohlfahrtseinrichtungen und unsere Volksfürsorge auf dem jetzigen hohen Niveau und unser Wirtschaftsleben in Gang zu halten, um all dies zu ermöglichen. Um die schwedische Politik zu verstehen, muß man sich vor Augen halten, daß man es hier mit der Neutralität äußerst ernst nimmt. So haben wir es 1914–1918 gehalten und so tun wir es auch jetzt. Unsere Neutralitätspolitik basiert nicht auf Opportunismus. In diesem Zusammenhang brach ich auch für Norwegen eine Lanze und erwähnte die Äußerung eines Mitgliedes der norwegischen Regierung (. . . yggve Lie), die während einer Unterredung Anfang April fiel. Bezüglich der schwedischen Politik zeigte sich X. außerordentlich gut orientiert, auch der Politik Sandlers und Z. Höglund, gegen den ersteren zeigte er großes Mißtrauen, was in seinen Augen nicht für die schwedische Regierung spricht. Zu der Klugheit, Objektivität und Weitsichtigkeit des Königs hatte er jedoch größtes Vertrauen.

Um X. zu bewegen, seinen Standpunkt zu präzisieren, fragte ich ihn, ob er eine schwedische Initiative, die in einen Rahmen der Traktatsverhandlungen passen würde, wünsche. Er gab zur Antwort, daß er einer prinzipiellen Initiative den Vorzug gebe. Ich erforschte weiter, ob er auf eine nach einen deutschen Sieg herrschende Ordnung abziele, die auf dem Grundsatz der Freiheit der Meere basiere oder eine andere Ordnung, die der gegenwärtigen Lage angepaßt wäre. Er antwortete, daß er beides sehen könnte. Aus der Äußerung, die sowohl in diesem Zusammenhang als auch bei dem Gespräch über die russische Gefahr gemacht wurde, ging hervor, daß X. jetzt, im Gegensatz zu unserem ersten Treffen, ernstlich damit rechnete, daß sich England mindestens bis nach dem Winter halten würde. Zum Schluß erklärte ich, daß ich Schwierigkeiten hätte, zu erkennen, worin die genauen Inhalte einer gewünschten schwedischen Initiative lägen und bat ihn, sich konkreter bezüglich gewisser Ziele, die wir zur Diskussion stellen sollten, auszudrücken. Die Antwort bekam immer mehr schwebenden Charakter und mündete in einem Hinweis auf Reichsminister Funks Rede »über die Grundsätze der kommenden Neuordnung«. Ich bekam den Eindruck, daß man von deutscher Seite größten Wert auf eine schwedische Initiative bezüglich Überlegungen zum wirtschaftlichen Bereich lege, auch wenn diese Initiative gänzlich unbestimmten und wenig verpflichtenden Inhalt habe. Scheinbar will man mit Rücksicht auf die allgemeine deutsche Meinung äußerst ungern mit grober Hand vorgehen, man will vielleicht darstellen, welches Ansehen ein Land genießt, das versteht, und es sogar wagt, sich verstehend zu zeigen, über das was laut deutscher Auffassung die Zeit mit sich bringt. X. betonte wiederholt, daß er nicht Verhandlungen mit direkt politischem Inhalt wünscht. Gleichzeitig redete er jedoch von Verhandlungen mit dem Ziel, daß Schweden seine Vormachtsstellung im Norden beibehielte, besonders im wirtschaftlichen Bereich. Er sprach die für einen Deutschen natürliche Auffassung aus, daß ein Norden unter schwedischer Leitung grundsätzlich ein schwedischer Wunsch sein müsse.

*Es ging deutlich hervor, daß X. auch Finnland dem Norden zurechnete.* Als ich fragte, wie er den Norden denn als wirtschaftliche Einheit sähe, also nicht nur Finnland, sondern auch Norwegen und Dänemärk, äußerte er sich mit Bezug auf Dänemark zweifelnd, da deren Wirtschaft eine andere Lage als die der übrigen nordischen Länder habe. In einem anderen Zusammenhang berichtete er, daß es ihm, als er Schweden und Finnland aus einem Flugzeug heraus sah, deutlich wurde, wie gleichartig die beiden Länder aus wirtschaftlicher Sicht seien, und welche natürliche Einheit sie bilden. Es scheint fast, als würde er mich glauben machen wollen, daß es während jener Fahrt durch die Lüfte war, als ihm die Idee mit der natürlichen wirtschaftlichen Einheit des Nordens kam. In Realität kann man stattdessen wohl annehmen, daß sein Geistesblitz den deutschen Plänen einer Aufteilung und Spezialisierung des Wirtschaftslebens entsprang, wobei die Holzindustrie und alle ihre Zweige eine nordische Spezialität bleiben sollte, während wir in großem Ausmaß bestimmte andere Industriezweige an Deutschland abtreten sollten. Wie man sich auch verhält, es ist sicher, daß unsere Unterredung den bestimmten Eindruck hinterließ, daß X. nicht den geringsten Zweifel daran ließ, daß Finnland zum Norden gehört und nicht zum deutschen Lebensraum.

Was Norwegen angeht, äußerte sich X. spontan, daß Deutschland gerne, sobald wie möglich seine Truppen in Norwegen verringern würde, und auch seinen dortigen administrativen Apparat. In diesem Zusammenhang äußerte er das deutsche Mißtrauen gegen König Hakon und seinen Staatsrat, welche einer Neuordnung Norwegens im Wege stünden. Als ich ihn in anderem Zusammenhang fragte, ob er glaubte, daß eine schwedische Initiative auf wirtschaftlichem Gebiet möglicherweise zu einer Erleichterung des Druckes auf Norwegen beitragen könne, verhärtete er sich für einen Moment und antwortete, daß er sich als Deutscher hierzu nicht äußern könnte.

Ich erkundigte mich vorsichtig, wen X. als Vertreter unserer Wirtschaft oder als hochrangigen Politiker zu treffen wünsche, woraufhin er ausweichend äußerte, daß er mich, nach Anweisung durch Kivimäki, aufgesucht hätte, um mir ausführlich seine Ansichten darzulegen.

Unter allen Äußerungen, die mehr am Rande abgegeben wurden, will ich abschließend erwähnen, daß X. eine Äußerung Feldmarschalls Mannerheims zitierte, laut derer er nunmehr völlig die Haltung der schwedischen Regierung während des finnisch-russischen Krieges versteht.

4. Schreiben des Staatsrates Söderblom an den schwedischen Gesandten in Berlin A. Richert v. 5.8.1940

KUNGL. UTRIKES DEPARTEMENTET
Cronebo.-6

Normal N:o 2

Stockholm den 5 augusti 1940.
STOCKHOLM 19
Strängt förtroligt. 1 bil.

N:o 593 BIL.

INK. D. N:o

AVD. UP | GR. 1 | MÅL. Af

samtal mellan presidenten
Ekeberg och en tysk

Richert, Berlin

Sahlin, Helsingfors 594

U. n.

This stamp means that the letter has been [illegible] to Utrikesnämnden, the parliamentary (Riksdagen) committee on foreign affairs

Broder,

Härjämte ber jag för strängt förtrolig kännedom få överlämna en av presidenten Ekeberg gjord uppteckning rörande vissa samtal mellan honom och en tysk, som nyligen besökt Sverige och Finland.

/1.

Söderblom

Hiermit bitte ich um strenge Vertraulichkeit beim Überlassen einer von Präsident Ekeberg angefertigten Aufzeichnung, die gewisse Gespräche zwischen ihm und einem Deutschen betrifft, der kürzlich Schweden und Finnland besucht hat.

## 5. Schreiben der schwedischen Gesandtschaft in Berlin an den Staatsrat Söderblom v. 8.11.1940

KGL.
SKICKNINGEN

Berlin den 8 november 1940.
<u>Strängt förtroligt.</u>

684

Original

Broder,

Åberopande Ditt handbrev den 5 sistlidne augusti, varmed översändes en av presidenten Ekeberg gjord uppteckning rörande vissa samtal mellan honom och en tysk, dr. Weissauer, ber jag få meddela, att enligt vad von Post inhämtat av finska legationsrådet Lundström, som helt obetydligt känner herr Weissauer, denne är en person, som står i direkt kontakt med såväl rikskanslern som med Ribbentrop. Den senare torde utnyttja honom för vissa speciella uppdrag, utan att vare sig Auswärtiges Amt eller Ribbentrops privata utrikesministerium Dienststelle Ribbentrop, hava någon kännedom om dem. Lundström framhöll, att det vore karakteristiskt för Ribbentrop att för viktiga specialuppdrag anlita privatpersoner utan någon officiell ställning.

Schwedische Gesandtschaft/Berlin an Staatsrat Söderblom/Schwedisches Außenministerium
Unter Bezugnahme auf Dein Handschreiben v.5. August mit einer von Präsident Ekeberg angefertigten Aufzeichnung, die ein gewisses Gespräch zwischen ihm und Dr. Weißauer betrifft, darf ich mitteilen, was ich vom finnischen Legationsrat Lundström erfahren habe, der Herrn Weißauer flüchtig kennt. Hiernach ist dieser eine Person, die direkten Kontakt sowohl zum Reichskanzler, wie aber auch zu Ribbentrop hat. Letzterer dürfte ihn für gewisse, spezielle Aufträge einsetzen, ohne, daß das AA oder Ribbentrops privates Außenministerium, die "Dienststelle Ribbentrop" irgendeine Kenntnis davon haben. Lundström betonte, daß es für Ribbentrop charakteristisch wäre, für wichtige Spezialaufträge Privatpersonen ohne jegliche offizielle Stellung in Anspruch zu nehmen.

ikesrådet S. S ö d e r b l o m,
k h o lm.

b.w.

## 6. Bericht des Amtschefs VI/Reichssicherheitshauptamt, Jost, an den Gesandten im Auswärtigen Amt, Luther v. 12.8.1940

Der Chef der Sicherheitspolizei und des SD

VI G Da/Ki

Bitte in der Antwort vorstehendes Geschäftszeichen u. Datum anzugeben

Berlin SW 68, den 12. Aug. 1940

Wilhelmstraße 102

007

Auswärtiges Amt D II 702 g

Eing. 30. AUG. 1940

Anl. ( fach) Doppel d. Eing.

**Geheim!**

An den

Reichsminister des Auswärtigen ~~Amtes~~

- Auswärtiges Amt -

z.Hd. v.Herrn Gesandten L u t h e r

- o. V. i. A. -

B e r l i n W. 35

Rauchstr. 11

Betr.: Führende Männer Finnlands und augenblickliche Lage.

Anlg.: -1-

Anliegend wird ein Bericht über die führenden Männer Finnlands sowie über die augenblickliche Lage mit der Bitte um Kenntnisnahme überreicht.

i. V.

SS-Brigadeführer

360369

Finnland

Finnland

I. Ryti.

Der Ministerpräsident spricht kein Deutsch, ist ganz englisch erzogen und hat bis zuletzt eine stark englisch orientierte Politik betrieben. Umso beachtlicher ist seine völlige, rückhaltlose Umstellung in den letzten Wochen, ~~die so plötzlich~~ und so radikal erfolgte, dass eine Beratung, die am 23. bezw. 24.7.1940 zwischen ihm, verschiedenen Wirtschaftsführern und Persönlichkeiten des öffentlichen Lebens erfolgte, alle ~~Anwesenden aufs Äusserste überraschte~~. Ryti erklärte ~~in dieser~~ völlig internen und vertraulichen Beratung, dass am Siege Deutschlands auch bei längerer Kriegsdauer nicht zu zweifeln sei und dass sowohl die Rettung Finnlands im Augenblick wie auch seine ganze zukünftige wirtschaftliche und politische Entwicklung ausschliesslich in völliger und freiwilliger Einfügung in die deutschen Pläne erfolgen könne. Alle finnischen Stellen hätten sich nach dieser Tatsache auszurichten.

II. Witting. Der Aussenminister ist nicht entfernt dieselbe starke Persönlichkeit und grosse Intelligenz wie Ryti. Er ist von der deutschen Orientierung der Rytischen Politik ausserordentlich begeistert, da er von jeher diese Linie vertrat. Er rühmt sich offen seiner deutschen Abstammung, was in Finnland einiges bedeuten will, da die Finnen bekanntlich ihre völkische Eigenständigkeit stark betonen. Jedenfalls spielt Witting bei aller Tüchtigkeit zweifellos die zweite Geige, unterstreicht aber auf Grund seiner persönlichen Überzeugung mit besonderem Nachdruck die neue politische Linie Rytis.

III. Mannerheim. Der Feldmarschall ist für sein Alter ausserordentlich jung, lebenskräftig und beweglich, sodass man noch für mehrere Jahre mit seinem entscheidenden Einfluss in der Politik und bei einem etwaigen Krieg rechnen muss. Während der kriegerischen Auseinandersetzung 1939/1940 war er von Anfang an für eine

360370

009

- 2 -

Vermeidung des Kampfes, so sehr er dann auch, nachdem die Würfel gefallen waren, sein Bestes tat. Er wie alle informierten Militärs sind der Auffassung, daß sich Finnland bei einem neuen Russeneinfall allein und ohne Hilfe bei günstigen Bedingungen drei Monate halten werde, wenn auch eine überraschende Überrumpelung seitens der Russen trotz aller Wachsamkeit nicht ganz ausgeschlossen sei. Mit Hilfe von außen (Schweden?) oder auch nur mit guten Waffen hofft man jedoch, sich trotz der ungünstigen strategischen Verhältnisse der neuen Grenzlinie ein halbes Jahr und länger erfolgreich verteidigen zu können. Sollte es – was der Wunschtraum aller Finnen ist – doch einmal in Zukunft zu einer Auseinandersetzung zwischen Deutschland und Rußland kommen, so würden die Finnen sofort auch offensiv vorgehen können. ~~Von allen Seiten, sowohl von führenden Persönlichkeiten wie~~ von einfachen Leuten auf der Straße wird erklärt, daß in einem solchen Falle die Schwierigkeit darin bestehen würde, Greise und Greisinnen mit Knüppeln und Dreschflegeln von der Front fernzuhalten.

Obwohl führende Militärs ohne weiteres erklärten, daß die Russen nicht ganz so schlecht gewesen seien, wie es die Propaganda hingestellt habe, behaupteten doch wirklich sachverständige höchste Stabsoffiziere, daß nach ihrer sicheren Überzeugung Deutschland im Höchstfalle zwei Armeekorps und sechs Wochen brauchen werde, um Moskau zu erreichen und das Gebiet zu halten.

Diese Offiziere betonten, daß dieses Urteil auch für die Gegenwart zutreffe, obwohl die Russen aus den deutschen Erfolgen krampfhaft zu lernen versuchten.

Das Gesamturteil über die russische Armee läßt sich etwa folgendermaßen zusammenfassen: Moral der Truppen nicht schlecht, Offiziere unzulänglich, technische Waffen und Luftwaffe nicht schlecht, jedoch der praktische Einsatz dieser Waffen infolge mangelhafter Ausbildung der Mannschaften und des Offizierskorps durchweg, bis auf wenige kleine Elite-Formationen, mangelhaft.

360371

VII

- 3 -

IV. Allgemeine Stimmung.

Die Stimmung ist trotz der ständig drohenden und auch allgemein empfundenen Gefahr eines neuen Russeneinfalls erstaunlich gut, ~~es wird scharf gearbeitet.~~

Politisch ist in der allgemeinen Volksauffassung die Überzeugung von der deutschen "Schuld" am ersten Russeneinfall abgeklungen. Man hört allgemein, dass die Deutschen vor Entscheidung des Krieges im Westen unter allen Umständen sich den Rücken freihalten mussten, vor allen Dingen deshalb, weil damals noch die Gefahr einer Ausweitung des Weltmächte-Krieges auf den Norden bestanden habe. ~~Allerdings gehört zu dieser vernünftigen Haltung meist die~~ weitere russische Aggression nicht mehr zu dulden.

Bemerkenswert ist, dass – trotz aller immer wieder betonten Dankbarkeit der Finnen den Schweden gegenüber – ganz allgemein auch eine gewisse Verbitterung zum Ausdruck gebracht wird und zwar in folgendem Zusammenhang:

Die Verteidigung Finnlands gegen Russland sei zwar völlig unabhängig von der englischen Propaganda und den alliierten Kriegsausweitungswünschen erfolgt, die gesamte übrige finnische Politik während des Krieges selbst mit ihrer Hoffnung auf die Hilfe des Westens sei tatsächlich keine finnische Politik, sondern eine schwedische Politik gewesen. Keine Massnahme und kein Schritt sei in Finnland unternommen worden, ohne die Meinung Schwedens, ~~der man sklavisch folgte,~~ nachgesucht zu haben. Nunmehr würden Finnland von Deutschland wegen dieser Politik Vorwürfe gemacht, ~~während man in Berlin die Schweden, die in Wahrheit dafür Verantwortlichen, mit Samthandschuhen anfasse.~~

Über dieses real-politische Verständnis für die deutsche Haltung hinaus ist in Finnland auch eindeutig eine starke pro-deutsche Stimmung im Gefolge einer ständig stärker werdenden Abneigung gegen die Demokratie bemerkbar. Sowohl führende Persönlichkeiten aller politischen Schattierungen wie auch das breite Publikum erklären, dass die grossmäuligen Versprechungen und die wahrhaft kümmerliche praktische Hilfe Amerikas den Glauben Finnlands an die Demokratie

360372

011

- 4 -

völlig erschüttert hätten, obwohl man in der Öffentlichkeit vorsichtshalber darüber schweigt. Der Wunsch aller Finnen nach einem autoritären Kurs ist ganz allgemein. Man unternimmt jedoch nichts gegen das Parlament und vermeidet alle innerpolitischen Umgruppierungen, um Russland nicht erneuten Anlass zu einem Eingreifen zu geben.

Eine der führendsten Persönlichkeiten Finnlands erklärte sogar ~~mir gegenüber~~ wörtlich: "Fragen Sie heute das ganze finnische Volk - wir wollen lieber eine deutsche Provinz sein, als noch länger unter dem Druck der russischen Gefahr leben zu müssen."

Schluss!

V. Die Wirtschaftslage.

Der Aufbau geht sehr rasch vor sich. Die Hauptschwierigkeit sind die karelischen Umsiedler, insgesamt über 400 000 Personen. Die Flucht vor den Russen erfolgte - das ist sicher - völlig spontan und freiwillig, da bei der Sachlage und angesichts der damaligen Witterungsverhältnisse eine angeordnete Evakuierung praktisch überhaupt nicht durchführbar gewesen wäre. Der rasche Abzug dieser gewaltigen Bevölkerungsmasse vor Eintreffen der Russen konnte nur deshalb erfolgen, weil jeder Einzelne alles daran setzte, rechtzeitig zu entkommen.

Bei weitem der grösste Teil der Evakuierten sind Kleinbauern, nur 22 000 Industriearbeiter, die - wenigstens vorläufig, solange noch nicht demobilisiert ist, - sofort Arbeit bekommen haben. Überhaupt bildet die Industriearbeiterschaft in Finnland weder ein soziales noch ein politisches Problem, da der Lebensstandard sehr hoch ist. Die neu erbauten (in den letzten 10 Jahren) riesigen Arbeitersiedlungen bei Helsinki sind, nach schwedischem Muster, im Vergleich zu Deutschland beinahe Luxuswillensiedlungen.

Das soziale Problem Finnlands sind die Kleinbauern, die durch Teilung des Besitzes bei hoher Kinderzahl immer landärmer werden. Der karelische Zuwachs ist über diese allgemeine Lage hinaus deswegen ein so schwierig zu lösendes Problem, weil für über 400 000 Bauern möglichst bis zum Eintritt der kalten Jahreszeit wenigstens Wohngelegenheit,

360373

012

- 5 -

wenn möglich auch Gerät beschafft werden muss.

Die provisorische Unterbringung der Flüchtlinge ist jedoch voll gelungen, da die finnische Bevölkerung grosse Hilfsbereitschaft und Opferfreudigkeit an den Tag legt. U.a. hat der Präsident Kallio von seinen drei, für seine drei Söhne bestimmten Bauerngütern eines den Flüchtlingen geschenkt. Weiterhin haben zehn Industrielle in 14 Tagen 200 Millionen Finnmark aufgebracht, um in Amerika Maschinen und Gerät für Meliorationsarbeiten von 200 000 Hektar Sumpfboden in Nordkarelien zu beschaffen. Die Maschinen, die in Amerika bestellt wurden, da Deutschland nicht liefern konnte, schwimmen bereits.

Ich sprach mit einer grossen Zahl finnischer Wirtschaftsführer und den Führern der Gewerkschaften. Alle sind optimistisch und der Meinung, dass Finnland ganz allein mit den wirtschaftlichen Folgen des Krieges und dem Aufbau fertigwerden würde, falls nicht ein neuer Russeneinfall erfolgen sollte.

Importiert werden muss für die Ernährung des Volkes im kommenden Winter und Frühling nur etwas Getreide. Die Kartoffelernte ist ausreichend, ebenso tierische Fette. Eine Rationierung ist deshalb nach reiflichen Erwägungen als überflüssig erkannt worden. Hinzu kommt trotz des sehr hohen Lebensstandards in den Städten die Fähigkeit des Finnen, notfalls völlig bedürfnislos zu sein.

Alle finnischen Wirtschaftsführer sind von dem deutsch-finnischen Handelsvertrag ausserordentlich befriedigt, wenn dadurch auch nur 40% der Holzproduktion abgenommen werden kann, während Finnland am liebsten die ganze Export-Produktion an Deutschland liefern würde. Besonderer Mangel herrscht an Roh- und Halbfertigfabrikaten auf dem Metallmarkt. Vor allem fehlt Weissblech, das jetzt mit grossen Kosten aus Amerika bezogen werden muss, da Deutschland nicht liefern kann. Besonders erfreut waren die Finnen von der Tatsache, dass im Zuge des Handelsabkommens auch grössere Investitionen der deutschen Wirtschaft in Finnland in Aussicht genommen

360374

- 6 - 013

bozw. erfolgt seien. Man glaubt darin ein gutes Omen im Hinblick auf das Verhalten Russlands erblicken zu können.

Im übrigen sagte mir ein in der ganzen Welt bekannter Mann des finnischen Geisteslebens, dass die Deutschfreundlichkeit des finnischen Volkes in der Presse und allgemein in der Öffentlichkeit viel stärker sichtbar sein würde, wenn nicht die deutsche diplomatische Vertretung wiederholt zum Ausdruck gebracht hätte, dass Deutschland die Dokumentierung der deutschfreundlichen Haltung der finnischen Öffentlichkeit unangenehm sei.

VI. Die Russen, Petsamo und die finnischen Linkskreise.

Über die Meinung und die Äusserungen der Russen in den neuen Grenzgebieten hört man wenig, da die Finnen sich bei Begegnungen den Russen gegenüber sehr abweisend verhalten. Bei Gesprächen mit Offizieren der Grenzkommissionen (vor allem erst neuerdings in Hangö) machen die russischen Offiziere - nach Angabe der Finnen - keinen Hehl daraus, dass der Feind der Sowjetunion nach wie vor Deutschland sei. Alle Gedanken der russischen Militärs kreisen ausschliesslich um die deutschen Erfolge. Sie verteidigen das Verhalten Russlands Finnland gegenüber ganz offen mit der Notwendigkeit der strategischen Sicherung gegenüber Deutschland und bezeichnen ebenso so offen jede deutschfreundliche Tendenz in Finnland als eine Bedrohung Russlands.

Das hinter diesen Behauptungen der Finnen über russische Äusserungen, bei aller Vorsicht, mit der man sie werten muss, ein Korn von Wahrheit steckt bezw. stecken muss, geht vor allem aus der Flüsterpropaganda und den Parolen der russischen Agenten und der von ihnen beeinflussten finnischen Linkskreise (Gesellschaft der Freunde der Sowjetunion) hervor. Ich muss vorausschicken, dass im allgemeinen diese Propaganda keinen Erfolg hat. Die Träger und Vertreter der pro-russischen Richtungen wären längst gelyncht, wenn man sie nicht aus aussenpolitischen Gründen durch Polizei beschützen

360375

- 7 -

014

würde. Soweit aber die Linkspropaganda in gewissen intellektuellen Kreisen (nicht in der Arbeiterschaft und kaum bei den Bauern) Fuss fasst, arbeitet sie mit einer sehr originellen psychologischen Parole, deren Wirksamkeit man nur erfassen kann, wenn man die alte finnische Mentalität kennt. Finnland ist so stark über Schweden durch den europäischen und speziell nordischen Geist in beinahe 700 Jahren geprägt worden, dass es seine völkische Eigenständigkeit und seine nationale Existenz nur als europäisches nordisches Volk und im Gegensatz und in der Abwehr gegenüber dem als inferior empfundenen Slaventum begreift. Auf diesem tief eingewurzelten Gefühl der Liebe zu Europa spielt die Sowjetpropaganda, indem sie eine Art völkischen Liebeshasses hervorzurufen versucht. Von allen heute nach Russland tendierenden finnischen Intellektuellen hat man immer die gleiche Formulierung gehört: Wir sind Europa nachgelaufen und Europa hat uns verlassen. Unser Stolz müsste uns heute dazu zwingen, Arm in Arm mit Russland an Europa Rache zu nehmen. Wir gehören an die Seite des bolschewistischen slavischen Russlands gegen den tückischen Westen.

Zum Schluss sei noch kurz auf die Bedeutung von Petsamo verwiesen, vor allem für den Fall, dass der Krieg im Westen wider Erwarten nicht vor dem Winter abgeschlossen sein sollte.

Bei der augenblicklichen Stimmung der Finnen für Deutschland halte ich ein Arrangement mit der finnischen Regierung nicht für ausgeschlossen, wonach sowohl der Hafen von Petsamo wie die finnische Handelsflotte gegebenenfalls bei einer Überraschungsaktion gegen England eingesetzt, oder auf längere Sicht in der gleichen Richtung verwendet werden könnte. Man glaubt heute, vor allem angesichts der Zurückhaltung der Finnen, und angesichts der bekannten Englandfreundlichkeit Rytis weder in England noch in Amerika auch nur entfernt an die wahre Stimmung in Finnland. Man könnte wohl also auf längere Zeit mit finnischer Hilfe von Petsamo aus bestimmte Aktionen vornehmen, ohne vorzeitig das Misstrauen der Gegner wachzurufen.

360376

7. Schreiben Churchills an den britischen Außenminister Halifax v. 25.6.1940

25.6.40.

My dear Edward, (Lord Halifax)

It is quite clear to me from these telegrams and others that Butler held odd language to the Swedish Minister and certainly the Swede derived a strong impression of defeatism. In these circumstances would it not be well for you to find out from Butler actually what he did say. I was strongly impressed in the House of Commons in the Secret Session to give assurances that the present Government and all its Members were resolved to fight on to the death, and I did so, taking personal responsibility for the resolve of all. I saw a silly rumour in a telegram from Belgrade or Bucharest and how promptly you stamped upon it, but any suspicion of lukewarmness in Butler will certainly subject us all to further annoyance of this kind.

W.S.C.

## 8. Telegramm des britischen Gesandten in Stockholm, Mallet, an das Foreign Office v. 5.9.1940

C 9598/375/G

202

– 6 SEP 1940

SPECIAL DISTRIBUTION AND WAR CABINET.

From: SWEDEN.

Decypher. Mr. Mallet, (Stockholm).
5th September, 1940.
D. 8.05 p.m. 5th September, 1940.
R. 12.20 a.m. 6th September, 1940.

No. 1011.

0000000

MOST IMMEDIATE.

Most Secret.

President of High Court of Appeal of Sweden came to see me to-day. He said he was not a politician and hesitated to make following proposal.

Dr. Ludvig Weissauer, a Berlin barrister about 40 years old introduced to him on a previous visit to Stockholm last month by the Finnish Minister at Berlin as a man with very important connexions, had just been to ask him to arrange for me to meet him very secretly in order to have a purely unofficial and non-committal talk on the subject of peace. Weissauer is understood to be a direct secret emissary of Hitler and as such visited Finland last month and saw the Prime Minister and Field Marshal. He is believed also to have been employed in the past on missions to China and the United States. He told the Judge that he wished conversations, if they took place, to be known to nobody but His Majesty's Government and Hitler to whom he intimated that he would report direct. Talks could begin at once and proceed for so long as seemed useful or could cease after the first meeting. Judge might be present in order to avoid any suggestion of trickery. Weissauer realised that peace might not yet be attainable but nevertheless felt that conversation would be useful. He felt that the attempt at mediation by Kings and Pope were too conspicuous a form of approach to offer hope of result.

The Judge tells me [group undec:] personally in Finland and his sentiments on the subject of Scandinavia had made a favourable impression in the Ministry of Foreign Affairs here. The Swedish Government do not however know about his present approach to me.

I told the Judge that I could see no useful purpose in the suggested meeting in view of the express views of His Majesty's Government on continuing the war. He begged me not to refuse at least to hear what Weissauer had to say and pointed out that my refusal to meet him would certainly be reported to Hitler. Finally I asked for time to reflect before deciding. He asked me to decide at the latest by Saturday morning.

Please telegraph most immediately whether I may meet Weissauer. I should of course say nothing to encourage him but it might be of interest to listen.

## 9. Stellungnahme des Foreign Office zu dem Telegramm Mallets v. 5.9.1940

1940 | Germany. | C9598 / 370 / 197 — 6 SEP 1940

C 9598/89/18

Telegram from

Mr. Mallet,
Stockholm.

No: 1011.

5th September, 1940.

Peace Moves: Dr. Ludvig Weissauer

President of High Court of Appeal of Sweden has been approached by Dr. Ludvig Weissauer, a direct secret emissary of Hitler, who requested that a meeting should be arranged with H.M. Minister to discuss the subject of peace. Conversations, if they took place, would be kept secret, and the Judge would be allowed to be present.

Last Paper.

References.

(Print.)

(How disposed of.)
Tel. to Stockholm
No. 226 – 6.9.40
No. 237 – 11.9.40
Rep. to W'ton No. 2233
Tel. to W'ton
No. 2234 – 11.9.40
Mr. Mackintosh, D.O.
From: Mr. Strang – 11.9.40
Sir A. Hardinge
From: Mr. Mallet – 1.10.40

(Action completed.) (Index.)

Next Paper.

C10088/89/18.

(Minutes.)

The sentence I have marked does not suggest that the Finnish peace move in [Flag C] C7578/G was quite so spontaneous as it was claimed to be. We also know now that King Gustav's move was not kept as secret as the Swedes professed. It looks certain that all these so-called "independent" moves, including that of Mr. Plesman, have been carefully coordinated in Berlin. I recollect a reference in an earlier paper, which I cannot now trace, to the activities of a prominent Berlin lawyer, who is no doubt one & the same person as Dr. Weissauer.

I see no reason to depart from the uncompromising attitude laid down in our reply to King Gustav (Flag K in C8974/G) and submit that we should refer Mr. Mallet to this and instruct him not to see Dr. W. Such a meeting could add little to our …

10. Stellungnahme Robert Vansittards zu den von Weißauer überbrachten Friedensvorschlägen v. 6.9.1940

URGENT.

372

Secretary of State.

I hope that you will instruct Mr. Mallet that he is on no account to meet Dr. Weissauer. The future of civilisation is at stake. It is a question of we or they now, and either the German Reich or this country has got to go under, and not only under, but right under. I believe it will be the German Reich. This is a very different thing from saying that Germany has got to go under; but the German Reich and the Reich idea have been the curse of the world for 75 years, and if we do not stop it this time, we never shall, and they will stop us. The enemy is the German Reich and not merely Nazism, and those who have not yet learned this lesson have learned nothing whatever, and would let us in for a sixth war even if we survive the fifth. I would far sooner take my chance of surviving the fifth. All possibility of compromise has now gone by, and it has got to be a fight to a finish, and to a real finish.

I trust that Mr. Mallet will get the most categorical instructions. We have had much more than enough of Dahlerus, Goerdeler, Weissauer and company.

V

6th September, 1940.

## 11. Telegramm des Foreign Office an Mallet v. 6.9.1940

203

~~376~~

(C.9598/G)

SPECIAL DISTRIBUTION AND WAR CABINET.
To SWEDEN.

Cypher telegram to Mr. Mallet, (Stockholm).
Foreign Office, 6th September, 1940, 7.00 p.m.
No. 726.

0:0:0:0:0:0

MOST IMMEDIATE.
MOST SECRET.

Your telegram No. 1011.

You should not yourself meet Weissauer, in view of obvious danger of misconstruction.

Moreover it would be quite useless for you to do so, as you could not enter into discussion and could only receive message from him, which it is always open to him to pass to you through President of High Court or any other channel. Attitude of His Majesty's Government has been made quite plain in reply to King of Sweden - see my telegram No. 660 - in which we emphasised necessity of words being effectively guaranteed by deeds.

## 12. Brief Mallets an Cadogan v. 7.9.1940

C 9598/G 213

BRITISH LEGATION, 386
STOCKHOLM.

SECRET AND PERSONAL.

September 7th 1940.

My Dear Cadogan,

I feel I owe you a word of explanation about the subject of my telegram No.1011 of Sept 5th to which I was grateful to get so xxxx prompt an answer in your tel No.726 of Sept 6th.

The suggestion that I should meet Dr Ludvig Weissauer arose as follows . Günther told me that the President of the Court of Appeal ,Dr Ekeberg ,who did not know me ,had asked him whether he might call upon me to speak about "some rather mysterious matter" regarding which he ,Günther was ignorant .Günther asked me to see him because he was a man outside politics ,although he had once been Minister of Justice 10 years ago, and was highly regarded as a person of the highest integrity . So I naturally said I would be glad to meet him . He came along the same day and told me the story given in my telegram . I at once felt that I could not possibly meet Weissauer without authority from the Secretary of State ,and I fully expected that my instructions would be not to see Weissauer .At the same time I felt that he might have some--thing of interest to impart ,and I did not want to prevent Dr Ekeberg from possibly finding out more for me later .So I asked him to give me time for reflection ,and did not of course say anything about consulting you first .

Today

Today ,therefore,I saw Dr Ekeberg again and told him that on reflection I had come to the conclusion that I could not see Weissauer ,nor could I see what use an interview could have been ,as the attitude of His Majesty's Government had been clearly set out on numerous occasions .Words were useless unless guaranteed by deeds ,and I could see no signs of Hitler being ready to liberate the countries which he had enslaved and which we were pledged to rescue. I added that of course if his friend wished to tell Ekeberg more about his mission and his ideas I should be quite interested to hear from the Judge what he had had to say .

Later this afternoon Ekeberg returned to see me in a state of considerable excitement saying that what Weissauer had told him convinced him that the matter was of the first importance and should not be dismissed lightly .He produced copious notes of what Weissauer had said,which was to the following effect.

Only Ekeberg ,myself and two people in Germany knew of his mission . It was private ,but undertaken at the wish of Hitler. Weissauer gave Ekeberg the impression that he was referring probably to Hitler and Ribbentrop and that the language he subsequently used was in some places their own.

Hitler,

214

BRITISH LEGATION, 387

STOCKHOLM.

Hitler, according to his emissary, feels responsible for the future of the white race. He wishes for sincere friendship with England. He wishes for the restoration of peace, but the ground must be prepared: only after such careful preparation can official discussions begin. Up till then it must be a condition that conversations be quite unofficial and secret, but a moment might arrive when the two parties might be able to begin official talks.

The Führer's Basic Ideas.

Economic problems are quite different from those of the past. The situation may now be compared with that of the Napoleonic era. In order to achieve economic evolution one must calculate on a basis of wide territories and consider Europe as an economic unit. Napoleon had attempted this, but in his day it was not possible because France was not in the centre of Europe and communications were too difficult. Now Germany is in the centre and has the means of providing communications and transport services.

For the white race there must be two great economic units - Germany, the continental unit, and the British Empire and America as the centre of world economy. England and America now have and will naturally continue to have the biggest navies

and

and they need the oceans for their maintenance .Germany has the continent .As for Russia Weissauer gave the impression th she should be considered as a potential enemy. The two great groups could resist the encroachments of the Yellow Race.

Weissauer went on to outline his ideas of peace terms .

(I).The Empire remains with all the colonies and mandates .

(2) The continental supremacy of Germany will not be called i: Question.

(3) All questions concerning the Mediterranean and the French B elgian and Dutch colonies are open to discussion .

(4) Poland . There must be "a Polish State".

(5) Czechoslovakia must belong to Germany.

Weissauer did not go into details ,but Ekeberg understoo by implication that the other European States occupied now by Germany would have their sovereignty restored .It was only ow: to the present military situation that Germany now has to con -tinue to occupy them until the peace.

Weissauer appears then to have indulged in the usual sort of talk that this was the last chance .If the opportunity was not seized now terrible things would happen .The Führer wants to avoid continuing the air war over England ,although some o his generals want to go on hammering at us until we cave in . If the war goes on Germany will have to help Italy to carry tl war to Egypt ,the Suez Canal and India ,and to liberate South Africa

215

BRITISH LEGATION, ~~388~~

STOCKHOLM.

Africa for the Boers . But he spoke without much enthusiasm for Italy and said that Mussolini would follow what the Führer ordained .

Weissauer apparently said that he quite understood that I might not wish to meet him at present ,but that he was quite content to pass messages through a neutral personage such as Ekeberg ,and he would be equally ready to have a talk with an unofficial Englishman ,but he betrayed a real anxiety to have somehting to show for his journey .He proposes to stay in Stockholm until Wednesday the IIth in any case ,and long--er ,if necessary .

I gave Dr Ekeberg no encouragement to believe that I should have a message for him .I said that most of what he had told me appeared to be a xxxxxx rehash of what Hitler had said on various occasions ,but I could see in it no sign of any guarantee for the future .Dr Ekeberg seems to be to be a man with absolutely no axe to grind and he seemed naively sur--prised that he should find himslef conveying such messages to me.He is ,however ,undoubtedly a careful lawyer and very trustworthy.He is convinced that Weissauer is very close to Hitler.He thinks he may have been one of the men sent sec--retly to Moscow last year to prepare underground for the German-Soviet pact.Weissauer assured him that the German Legation

Legation here had no idea of what he was up to.

I have never heard of Weissauer ,but I imagine that his name must be known in the Foreign Office. It would be interesting to learn something of his antecedents .

I am naturally rather uncomfortable at having become even to this small extent involved in this mysterious proceeding ,but I can assure you that anything that I have said to Ekeberg is well understood to have been only my own persoanl thoughts and I have been careful to rub in that I have absolutely no authority from you to discuss such high matters of State . If you want any more questions asked I can easily get them put by Ekeberg ,again without committing anyone and as though com- -ing from me alone . In that case you will no doubt telegraph before Wednesday .

Please forgive my bad typing ,but I think it best to show this to nobody .

Yours ever

Victor Mallet

## 13. Telegramm des Foreign Office an Mallet v. 19.9.1940

Registry No. C 9598/G

To go this evening (A)

378 F.O. 205

Immediate

September 1940

Personal & Secret

*Draft.*

*Despatched* M.

Mr. Mallet,
STOCKHOLM.

*Telegram.*

No. 737

Seen EAK

Repeat to Washington 2233

No copies return to Mr. Makins

Copy sent to Sir E. Bridges D.O.

Your telegram No. 1,016 [of 9th Sept: Herr Weissauer]

You should return a reply to the intermediary as follows:-

His Majesty's Government did not enter this war for selfish aims, but for large and general purposes affecting the freedom and independence of many States in Europe. Their position was defined at length towards German peace offers in the maturely-considered statement made by Mr. Chamberlain, then Prime Minister, in the House of Commons on October 12, 1939. Nothing that has happened since then has led His Majesty's Government to recede in any way from the principles and resolves which were then so clearly set forth. On the contrary, the intention of all the peoples of the British Empire to prosecute the war has been strengthened by the many horrible crimes committed by the rulers of Nazi Germany against the smaller States on her borders, and by the indiscriminate bombing of London without the slightest relation to military objectives. His Majesty's Government do not wish to prolong the war for a day longer than is necessary. It therefore lies with the German Government to make proposals by which the wrongs that Germany has inflicted upon other nations may be redressed. Moreover, it would be necessary before any such proposals could be considered, that effective guarantees by deeds not words

should/

should be forthcoming from Germany which
would ensure in a general peace the restoration
of freedom to France, and to the other
countries which have been deprived of it,
as well as the security of Great Britain and
the British Empire.

AE.
Sept. 11/40.

[Approved by Cabinet]

## 14. Mitteilung der britischen Regierung an die Regierungen der Dominien v. 12.9.1940

Most secret

With the Compliments of the
Under-Secretary of State for Dominion
Affairs.

12 SEP 1940

380 - 207

C 9598/G

CYPHER TELEGRAM
CIRCULAR.

To the Governments of Canada, Commonwealth of Australia, New Zealand and United Kingdom High Commissioner in the Union of South Africa.
Sent 23.00 hrs., 11th September, 1940.

Circular M. No. 61.

MOST SECRET AND PERSONAL.

Following for Prime Minister begins. His Majesty's Minister at Stockholm has been approached by President of High Court of Appeal of Sweden on behalf of Dr. Ludwig Weissauer and Berlin barrister who desired a meeting with His Majesty's Minister in order to have a purely unofficial and non-committal talk on the subject of peace of a strictly secret character. Weissauer is understood to be a direct secret emissary of Hitler, and President of High Court is convinced that he is acting at Hitler's personal instigation. It is said that only two men in Germany know of his mission. Main points of proposal which he would put forward are stated to be as follows:-

1. World to be divided into two economic spheres, one continental, organised by Germany, the other maritime and colonial organized by the British Empire and

2. Political independence of European countries now occupied by Germany to be restored including "a Polish State" but excluding Czecho-Slovakia. Economic division of Europe must however be brought to an end.

3. British Empire to retain all colonies and such mandates as are needed for its political and military interests. Germany possible to receive compensation elsewhere.

4. Questions concerning the Mediterranean, Egypt and French, Belgian and Dutch colonies to be open to discussion.

President of the High Court said that this was the last chance and that the alternative to peace was the continuance of the war on an intensified scale. He specially mentioned loss to Great Britain of Egypt, the Middle East and ultimately India.

His Majesty's Minister has been instructed not to meet Weissauer himself but to give following reply to President of the High Court. Begins. His Majesty's Government did not enter this war for selfish aims, but for large and general purposes affecting the freedom and independence of many States in Europe. Their position was defined at length towards German peace offers in the maturely-considered statement made by Mr. Chamberlain, then Prime Minister, in the House of Commons on October 12th, 1939. Nothing that has happened since then has led His Majesty's Government to recede in any way from the principles and resolves which were then so clearly set forth. On the contrary, the intention of all the peoples of the British Empire to prosecute the war has been strengthened by the many horrible crimes committed by the rulers of Nazi Germany against the smaller States on her borders, and by the indiscriminate bombing of London without the slightest relation to military objectives. His Majesty's Government do not wish to prolong the war for a day longer than is necessary. It therefore lies with the German Government to make proposals by which the wrongs that Germany has inflicted upon other nations may be redressed. Moreover, it would be necessary before any such proposals could be considered, that effective guarantees by deeds not words should be forthcoming from Germany which would ensure in a general peace the restoration of freedom to France, and to the other countries which have been deprived of it, as well as the security of Great Britain and the British Empire. Ends.

15. Telegramm Mallets an das Foreign Office v. 12.9.1940

211

C9598/G

Decypher. Mr. Mallet (Stockholm).
12th September, 1940. ~~384~~

D. 4.40 p.m. 12th September, 1940.

R. 4.00 p.m. 15th September, 1940.

No. 1019.

XXXXXXXX

<u>IMPORTANT</u>.

Your telegram 737.

I gave reply to intermediary this morning. Weissauer had just left for Berlin by air but intermediary will telephone him and thinks he will now probably return here. Intermediary expects he may enquire what form "effective guarantees" should take.

Copy to Sir E. Monson [?] D.O., ref. Mr Strang's letter of Sept 11

F. K. Roberts 16/9

It looks as if there was more behind W. than some of his predecessors, but we shall find out presently exactly how much.

R. M. Makins 16/9.

W. Strang 16/9

16. Telegramm des britischen Botschafters in Washington, Lord Lothian, an das Foreign Office v. 19.9.1940

5.

C9598/G

Registrar

212

385

DEPARTMENTAL (SECRET).

Decypher. The Marquess of Lothian (Washington),
18th September, 1940.

D. 3.6 a.m. 19th September, 1940.

R. 1.5 a.m. 19th September, 1940.

No.2042.

ssssssss

Your telegram No.2234. [Kng B]

I mentioned Stockholm overtures to the Secretary of State who said that he had recently refused to see some American who professed to have had interviews with Goering, on the ground that it would serve no useful purpose, and might even give rise to erroneous impression that United States of America were interested in an early peace on Hitler's terms.

17. Telegramm Mallets an das Foreign Office v. 23.9.1940

C9598/G

220

~~393~~

PERMUN.

Decypher. Mr. Mallet, (Stockholm).
23rd September, 1940.

D. 10.10 p.m. 23rd September, 1940.
R. 1.05 p.m. 24th September, 1940.

No. 1038.

ooooo

Secret.

Your telegram No. 737.

Intermediary has had reply from W. in Berlin saying he considers message conveyed in your telegram as temporary refusal. W. said he was rather surprised at solemn language employed and had hoped that more attention might be paid to future rather than the past. In the circumstances, he did not propose to communicate message to higher German authorities. He wished still to keep open channel of communication and hoped that one day I might be authorised by His Majesty's Government to enter into purely unofficial and non-committal contact with him for which he could return here at any time.

see also 5.

? Copy 5 and 8 to the P.M.

F.K. Roberts 27/9

Seen for No. 5.

18. Bericht des Amtschefs VI/Reichssicherheitshauptamt, Jost, an den Gesandten Luther im Auswärtigen Amt

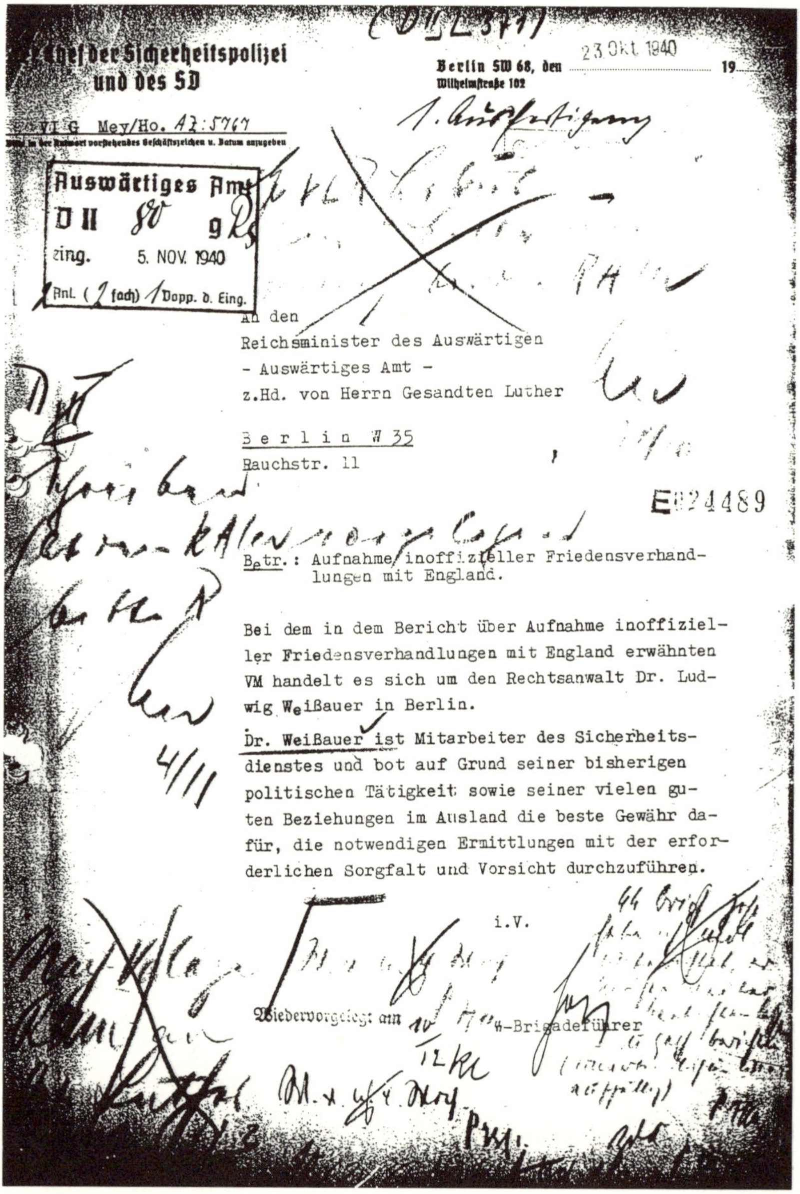

Der Chef der Sicherheitspolizei und des SD

Berlin SW 68, den 23. Okt. 1940 19..
Wilhelmstraße 102

VI G Mey/Ho. AZ: 5767

Bitte in der Antwort vorstehendes Geschäftszeichen u. Datum anzugeben

Auswärtiges Amt
D II 80 gRs
Eing. 5. NOV. 1940
Anl. (2 fach) 1 Dopp. d. Eing.

1. Ausfertigung

E024489

An den
Reichsminister des Auswärtigen
- Auswärtiges Amt -
z.Hd. von Herrn Gesandten Luther

Berlin W 35
Rauchstr. 11

Betr.: Aufnahme inoffizieller Friedensverhandlungen mit England.

Bei dem in dem Bericht über Aufnahme inoffizieller Friedensverhandlungen mit England erwähnten VM handelt es sich um den Rechtsanwalt Dr. Ludwig Weißauer in Berlin.

Dr. Weißauer ist Mitarbeiter des Sicherheitsdienstes und bot auf Grund seiner bisherigen politischen Tätigkeit sowie seiner vielen guten Beziehungen im Ausland die beste Gewähr dafür, die notwendigen Ermittlungen mit der erforderlichen Sorgfalt und Vorsicht durchzuführen.

i.V.

SS-Brigadeführer

Wiedervorgelegt am

Der Chef der Sicherheitspolizei
und des SD

VI G Az: 5766

Bitte in der Antwort vorstehendes Geschäftszeichen u. Datum anzugeben

Berlin SW 68, den 25.Okt 1940 19....
Wilhelmstraße 102

Geheime Reichssache

An den
Reichsminister des Auswärtigen
- Auswärtiges Amt -
z.Hd. von Herrn Gesandten Luther

Berlin W 35
Rauchstr. 11

Betr.: Aufnahme inoffizieller Friedensverhandlungen mit England.

Anlg.: -1-

Anliegend wird ein Bericht über die Aufnahme inoffizieller Friedensverhandlungen mit England mit der Bitte um Kenntnisnahme überreicht.

i.V.

SS-Brigadeführer

E024490

Betr.: Aufnahme inoffizieller Friedensverhandlungen mit England.

Über unsere schwedischen Verbindungen wurde bekannt, daß der englische Gesandte in Stockholm sich in engstem Kreise in nicht mißzuverstehender Weise geäußert hatte, daß seine Regierung evtl. bereit wäre, in inoffizieller Form Feststellungen zu treffen, ob Deutschland zu Friedensverhandlungen bereit sei.

In dieser Besprechung wurde erklärt, daß die bisherigen Bemühungen aller Teile immer daran gescheitert wären, daß die Vermittlung durch diplomatische Persönlichkeiten neutraler Länder jedesmal ein vorzeitiges Bekanntwerden mit sich brachte, und daß in allen Fällen Sonderinteressen der betreffenden Länder eine ganze Reihe von Störungen hervorriefen und deshalb jede Fühlungnahme vorzeitig scheitern ließ.

Der Sicherheitsdienst entsandte zur Überprüfung dieser Meldung und zur Feststellung ihrer Richtigkeit einen VM nach Schweden.

Dieser VM stellte zunächst fest, daß die oben angeführte Äußerung dem finnischen Gesandten in London sowie dem Präsidenten des schwedischen Hofgerichts - höchster Richter des Landes und politischer Vertrauensmann des Königs - Dr. Ekeberg bekannt war.

Da Dr. Ekeberg persönlicher Bekannter unseres VM ist, ließ sich dieser noch einmal die gemachten Angaben bestätigen, und brachte Dr. Ekeberg gegen-

E024491

- 2 -

über zum Ausdruck, daß er als Privatmann ein Interesse daran hätte, Feststellungen in dieser Angelegenheit zu treffen und Genaueres in diesem Zusammenhang zu erfahren.

Dr. Ekeberg besprach sich daraufhin mit dem englischen Gesandten in Stockholm.

Das Ergebnis dieser Besprechung war die Feststellung, daß die Haltung der englischen Regierung in diesem Punkte geteilt ist. Die ursprünglich vom finnischen Gesandten in London mitgeteilte Äußerung würde tatsächlich von einer Reihe der englischen Kabinetssmitglieder vertreten. Churchill sei allerdings bestrebt, den Krieg mit allen Mitteln bis zum nächsten Frühjahr durchzusetzen.

In den dann folgenden Gesprächen zwischen dem englischen Gesandten in Stockholm und Dr.Ekeberg ließ der englische Gesandte durchblicken, daß er seine Regierung befragt habe und von dieser die Erlaubnis bekommen hätte, sich mit dem Privatmann Dr. Ekeberg in inoffizieller Form über solche Fragen zu unterhalten unter der Voraussetzung, daß von beiden Seiten strengstes Stillschweigen gewahrt würde.

Die Anfrage des englischen Gesandten in Stockholm soll in einer geheimen Kabinettssitzung in London behandelt worden sein.

Churchill, der von einigen Kabinettsmitgliedern stark bedrängt wurde, hat sich dahingehend geäußert, daß eine Brücke der Verständigung und eine Deckung eines evtl. Rückzuges womöglich dadurch

-3-

E 024492

- 3 -

gefunden werden könne, daß Deutschland von einer totalen Vernichtung des englischen Prestige absehe, indem es gewisse Formalitäten Polen gegenüber, das ja außerhalb der Kriegszone stehe, in Aussicht stelle.

Nach dieser Darstellung würde sich England schon mit einer kulturellen Autonomie für Polen zufrieden geben.

Einen ähnlichen Rückzug versucht sich England den übrigen europäischen Staaten gegenüber - denen es die Wiederherstellung der Autonomie versprach - dadurch zu verschaffen, daß es auch hier Zugeständnisse Deutschlands in kultureller Hinsicht als Lösung akzeptieren dürfte.

Vor allem die Frage, wie Deutschland die künftige Lage der besetzten Staaten beurteilt, ist - wie Dr. Ekeberg mitteilt - für die englische Regierung als Ausgangspunkt einer Fühlungnahme von Interesse.

In der Kolonialfrage sei England zu den größten Zugeständnissen bereit.

Das gelte sowohl für die französischen wie für die belgischen und holländischen Kolonien.

Allem Anschein nach wünsche Churchill zu einem Frieden zu kommen unter möglichster Wahrung des Gesichtes des englischen Imperiums.

Der Sicherheitsdienst macht darauf aufmerksam, daß es sich bei der bisherigen Arbeit um reine nachrichtenmäßige Feststellungen handelt, die allerdings durch eine genau festzulegende Aufgabenstellung für den VM in bestimmte Bahnen gelenkt und aktiviert werden könnten.

E 0244[illegible]

## 19. Schreiben des Staatsrates Söderblom an den schwedischen Gesandten in Berlin v. 14.12.1940

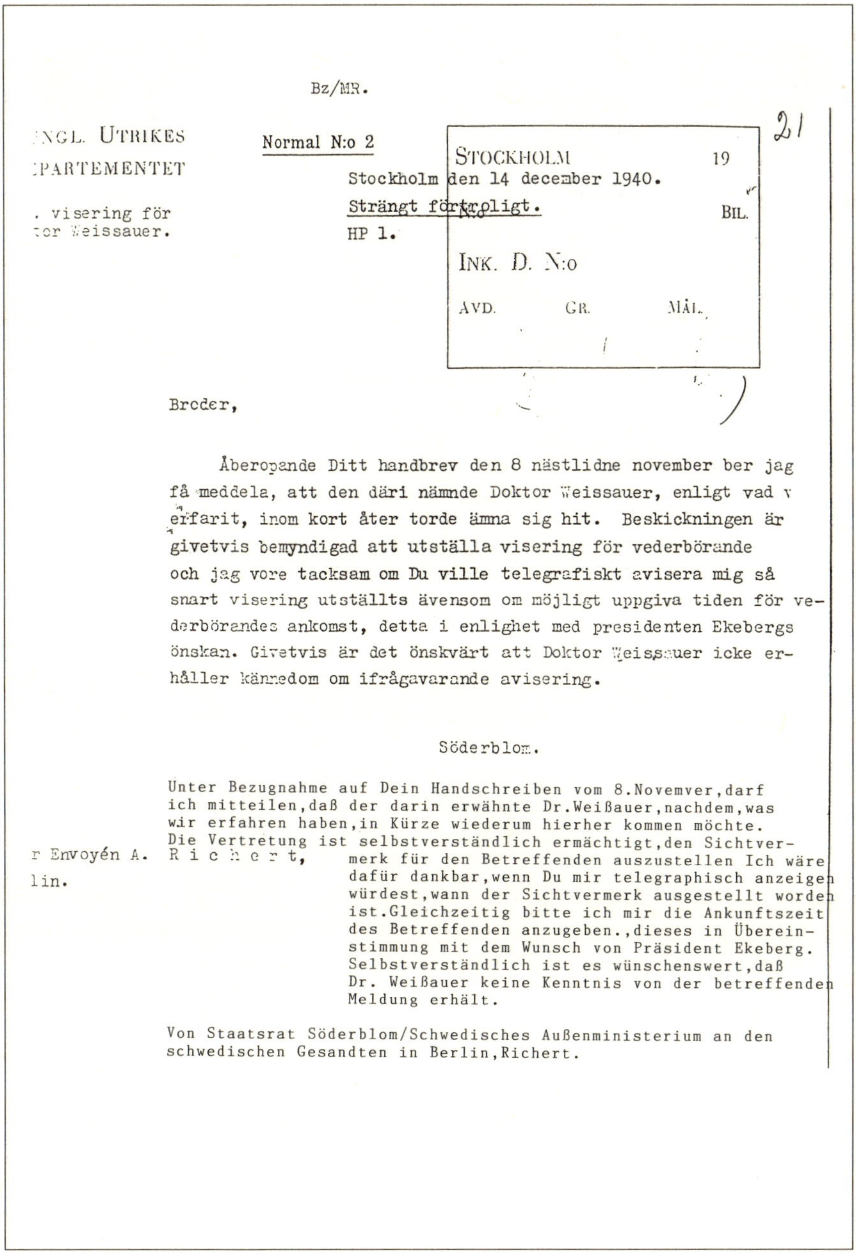

Bz/MR.

KUNGL. UTRIKES
DEPARTEMENTET

Normal N:o 2

STOCKHOLM 19
Stockholm den 14 december 1940.
Strängt förtroligt.
HP 1.

N:o
BIL.
INK. D. N:o
AVD. GR. MÅL.

21

. visering för
Doktor Weissauer.

Broder,

Åberopande Ditt handbrev den 8 nästlidne november ber jag få meddela, att den däri nämnde Doktor Weissauer, enligt vad v erfarit, inom kort åter torde ämna sig hit. Beskickningen är givetvis bemyndigad att utställa visering för vederbörande och jag vore tacksam om Du ville telegrafiskt avisera mig så snart visering utställts ävensom om möjligt uppgiva tiden för vederbörandes ankomst, detta i enlighet med presidenten Ekebergs önskan. Givetvis är det önskvärt att Doktor Weissauer icke erhåller kännedom om ifrågavarande avisering.

Söderblom.

Unter Bezugnahme auf Dein Handschreiben vom 8.Novemver,darf ich mitteilen,daß der darin erwähnte Dr.Weißauer,nachdem,was wir erfahren haben,in Kürze wiederum hierher kommen möchte. Die Vertretung ist selbstverständlich ermächtigt,den Sichtvermerk für den Betreffenden auszustellen Ich wäre dafür dankbar,wenn Du mir telegraphisch anzeigen würdest,wann der Sichtvermerk ausgestellt worden ist.Gleichzeitig bitte ich mir die Ankunftszeit des Betreffenden anzugeben.,dieses in Übereinstimmung mit dem Wunsch von Präsident Ekeberg. Selbstverständlich ist es wünschenswert,daß Dr. Weißauer keine Kenntnis von der betreffenden Meldung erhält.

r Envoyén A. R i c h e r t,
lin.

Von Staatsrat Söderblom/Schwedisches Außenministerium an den schwedischen Gesandten in Berlin,Richert.

## 20. Schreiben des SS-Sturmbannführers Daufeldt an den Chef des Gen. St. der Luftwaffe, Gen.d.Fl. Jeschonnek o.D.

Der Chef der Sicherheitspolizei und des SD

Berlin SW 68, den 11 . 2 . 1942
Prinz Albrechtstrasse 8.

VI G Mey/R. AZ.: 1938/41

Bitte in der Antwort vorstehendes Geschäftszeichen u. Datum anzugeben

120040
87 883
89 8061

**Geheim!**

An den

Chef des Generalstabes,
General der Flieger Hans Jeschonnek,
Luftfahrtministerium,

B e r l i n W 8.
Leipziger Strasse 3.

Der Regierungsrat Dr. Ludwig W e i ß a u e r , z.Zt. beim Luftgaukommando XI, Verw. Intendant, war vor seiner Einberufung mit der Abwicklung eines ausserordentlich wichtigen politischen Auftrages in Schweden betraut. Die aussenpolitische Lage macht es erforderlich, dass diese Angelegenheit möglichst schnell zum Abschluss gelangt.

Da Dr. Weißauer die zur Durchführung dieses Auftrages erforderlichen persönlichen Beziehungen besitzt, ist es leider nicht möglich, ihn durch eine andere Person zu ersetzen. Es wird daher gebeten, Dr. Weißauer möglichst umgehend für 14 Tage zu beurlauben.

i.A.
Daufeldt
SS-Sturmbannführer.

wenden

21. Schreiben des SS-Sturmbannführers Daufeldt, Amt VI/Reichssicherheitshauptamt, an den Chef des GenSt.d.Luftwaffe, Gen.d.Fl. Jeschonnek, v. 20.2.1942

**Der Chef der Sicherheitspolizei und des SD**

VI D 1 B.Nr. 65540 / 42

Bitte in der Antwort vorstehendes Geschäftszeichen u. Datum anzugeben

Berlin SW ~~68~~ 11, den 20.2.42. 19

~~Wilhelmstraße 102~~

Prinz Albrecht-Str. 8

Einschreiben!

An den

Generalstabschef der Luftwaffe
General der Flieger Jeschonek

Luftfahrtministerium

B e r l i n W 8

Leipziger Str. 3.

Betrifft: Den Regierungsrat d.B. Major der Luftwaffe, Dr. Ludwig Weissauer, z.Zt.Luftgaukommando Rostow.

Der Regierungsrat d.B. Major d. Luftwaffe, Dr. Ludwig Weissauer wird zur Durchführung einer dringenden Angelegenheit für ganz kurze Zeit in Berlin benötigt.

Es wird hiermit gebeten, Herrn Dr. Weißauer für ein paar Tage nach Berlin zu beurlauben.

i.A.

Daufeldt

SS-Sturmbannführer

[illegible]

25/2

VI III B

23.2.

## 22. Telegramm an das Luftgaukommando XI v. 21.4.1941

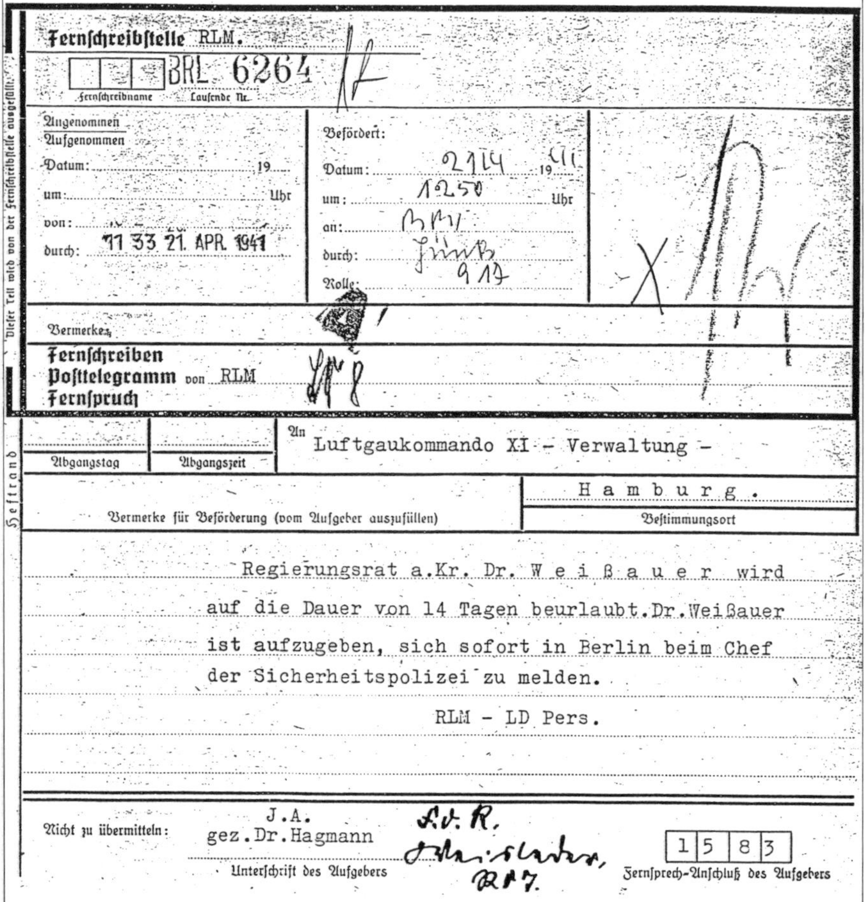

Fernschreibstelle RLM.

BRL 6264

Fernschreibname Laufende Nr.

Dieser Teil wird von der Fernschreibstelle ausgefüllt.

Angenommen / Aufgenommen

Datum: ... 19...

um: ... Uhr

von: ...

durch: 11 33 21. APR. 1941

Befördert:

Datum: 21/4 19 41

um: 12 50 Uhr

an: ...

durch: ... 917

Rolle: ...

Vermerke:

Fernschreiben
Posttelegramm von RLM
Fernspruch

Heftrand

Abgangstag | Abgangszeit

An Luftgaukommando XI - Verwaltung -

Vermerke für Beförderung (vom Aufgeber auszufüllen)

H a m b u r g .

Bestimmungsort

Regierungsrat a.Kr. Dr. W e i ß a u e r wird auf die Dauer von 14 Tagen beurlaubt. Dr. Weißauer ist aufzugeben, sich sofort in Berlin beim Chef der Sicherheitspolizei zu melden.

RLM - LD Pers.

Nicht zu übermitteln:

J.A.
gez. Dr. Hagmann

Unterschrift des Aufgebers

1583

Fernsprech-Anschluß des Aufgebers

23. Schreiben des SS-Obersturmbannführers Dr. Paeffgen/Amt VI/Reichssicherheitshauptamt an das Oberkommando der Luftwaffe/Personalamt v. 17.10.1944

Reichssicherheitshauptamt

VI D

Bitte in der Antwort vorstehendes Geschäftszeichen und Datum anzugeben

Schmargendorf
Berlin ~~SW 68~~, den 17.10. 1944
~~Wilhelmstraße 102~~
Postfach 5

1 I A
W. 20/10.

An das
Oberkommando der Luftwaffe
Luftwaffen-Personalamt (B) 1 I A

K o c h s t e d t bei Dessau
Flackkaserne

Betr.: Oberfeldintendant der Luftwaffe d.B. Dr. Weißauer.

Unter Bezugnahme auf das Schreiben vom 2.10.1944 wird ergänzend mitgeteilt, daß eine Auslandsreise für das Amt VI des Reichssicherheitshauptamtes für Oberfeldintendant Dr. W e i ß a u e r insgesamt einen Zeitraum von ca. 3 Wochen in Anspruch nimmt, wobei ca. 8 - 10 Tage für die Vorbereitungen der Reise, ca. 8 Tage für den Auslandsaufenthalt und weitere ca. 5 Tage für Ausarbeitung des Materials und Berichterstattung erforderlich sind.

Wie bereits telefonisch mitgeteilt, soll Oberfeldintendant Dr. W e i ß a u e r für das Amt etwa alle zwei Monate eine Auslandsreise unternehmen.

Infolge der augenblicklichen außenpolitischen Lage wird gebeten, Oberfeldintendant Dr. W e i ß a u e r für die nächste Reise nicht erst in zwei Monaten, sondern bereits für Mitte November zur Verfügung zu stellen.

Im Auftrage:
Paeffgen
SS-Obersturmbannführer.

## 24. Vermerk: Erkundung englischer Friedensbedingungen v. 21.1.1942

21.1.42

Erkundung englischer Friedensbedingungen.

Wie in früheren Berichten mitgeteilt, hat sich der Präsident des schwedischen Hofgerichtes, Ekeberg, entschlossen, zu gegebener Zeit Friedensmöglichkeiten zwischen den kriegführenden Staaten zu erkunden.

Wie weiterhin bereits mitgeteilt, ist der englische Premier Churchill davon unterrichtet. Der englische Gesandte in Stockholm hat die Geheimhaltung garantiert.

Durch den finnischen Gesandten Kivimäki liess mir der Präsident Ekeberg mitteilen, daß er sich aus eigener Initiative entschlossen habe, an den britischen Gesandten folgende Frage zu stellen:

> Unter welchen Bedingungen wäre die englische Regierung bereit, mit der deutschen Regierung Friedensverhandlungen aufzunehmen, vorausgesetzt, daß Russland durch Deutschland völlig geschlagen und niedergeworfen ist.

Ekeberg liess weiter mitteilen, daß seiner Überzeugung und Erfahrung nach, die er aus Gesprächen gewonnen habe, England an einem Siege des Bolschewismus nicht interessiert sei.

Die englische Antwort wird mir Präsident Ekeberg sofort nach Erhalt zukommen lassen.

- - -

Sicherheitsdienst des RFSS
SD-Hauptamt
1. Mai 1943

## 25. Schreiben des Amtes VI/Reichssicherheitshauptamt an das Auswärtige Amt v. 2.7.1943

Reichssicherheitshauptamt
VI A 5

Berlin SW 11, den 2.7. 1943
Prinz-Albrecht-Str. 8
Tel.: 89 76 11 App.244

Geheim

An das
Auswärtige Amt - Abteilung D II -
z.Hd.v. Herrn Konsul G e i g e r .

B e r l i n W 35
Rauchstr. 11

Es wird in dienstlichem Interesse gebeten, Herrn Dr. Ludwig W e i ß a u e r bei der Erlangung

des Durchlaßscheines "Nord" sowie
des dänischen Einreisevisums

behilflich zu sein.

Reiseantritt: 7.7.43
Reisedauer: 4 Wochen
Grund der Reise: Besprechungen mit VM.

Im Auftrage:
[signature]
SS-Obersturmführer

D 097132

26. Abschrift der Verleihungsurkunde des finnischen Ordens der »Weißen Rose« an Dr. L. Weißauer v. 30.3.1942

Abschrift der Uebersetzung aus dem Finnischen der

Verleihungsurkunde des Ordens der Weissen Rose

von Finnland.

Präsidend der Rupublik

Grossmeister des Ordens der Weissen Rose von Finnland

hat am 30. April 1942 geruht Regierungsrat

Ludwig Weissauer

zum Kommandeur des Ordens der Weissen Rose von Finnland

zu ernennen.

Helsinki, den 30. März 1942

gez. Oskari Mantere

Kanzler des Ordens

(Siegel)

P.K.Tarjanne

Sekretär des Ordens.

27. Lagebeurteilung für das Reichsministerium für die besetzten Ostgebiete über die Folgen der Zurücknahme der deutschen Nordfront für Finnland v. 4.3.1944

72

Der Vertreter des
Reichsministeriums
für die besetzten Ostgebiete
beim Oberkommando der
Heeresgruppe Nord
Dr. Ludwig Weißauer

Führungsstab Politik
Tgb. Nr. P. 60a/44
Eingeg. 6.3.44
./. Anl.

[...]en, 4. März 1944

Die Zurücknahme der Nordfront und die finnische Lage

Von führender finnischer Seite wird mir folgendes mitgeteilt:

Die Zurücknahme des Nordteiles der Ostfront wird in Finnland mit größter Besorgnis betrachtet. Sie erfolgt, nach finnischer Behauptung, entgegen allen Zusagen, die von höchsten deutschen Stellen gegeben worden sind. So hat noch im Januar dieses Jahres der Reichsaußenminister den Finnen gegenüber die Erklärung abgegeben, daß eine Zurücknahme der Nordfront und die tatsächliche Entsetzung Leningrads, die damit gegeben wäre, mit allen Mitteln verhindert werden würden. Finnland befürchtet jetzt in absehbarer Zeit eine sowjetische Offensive, der es nicht gewachsen sein kann. Wenn schon Deutschland mit seinen ausgezeichneten Panzern und seiner starken Luftwaffe nicht in der Lage sei, den Nordteil der Ostfront zu halten, so könne das Finnland, das nicht über diese Waffen verfüge, ebensowenig.

Sollte Deutschland auch noch die Narwa-Front nicht halten können und den Sowjets ein Vorstoß bis Riga gelingen, so wäre die Lage Finnlands völlig hoffnungslos. Deutschland selbst würde in einem solchen Falle außerdem mit Sicherheit seine schwedischen Erzlieferungen verlieren.

Finnland habe völliges Verständnis für die deutsche Taktik, mit möglichst vielen Divisionen die italienische Front wie die eventuelle Westfront in Europa zu verteidigen, selbst auf Kosten des Ostraumes. Aber das Ostland habe eine politische und militärische Bedeutung, die weit über diejenige des übrigen Ostraumes hinausgehe. Das Ostland sei der neuralgische Punkt der Ostfront überhaupt. Nach finnischer Meinung dürfe Deutschland das Risiko des Verlustes des Ostlandes niemals eingehen. Deshalb müßten hier ausnahmsweise auf alle Fälle ausreichende militärische Reserven eingesetzt werden.

P[...]

L. Weißauer

[handschriftlicher Vermerk, unleserlich] 11/3.44.

28. Schreiben des Amtes VI/Reichssicherheitshauptamt an das Auswärtige Amt v. 5.7.1943

Der Chef der Sicherheitspolizei
und des SD

VI A 5

Bitte in der Antwort vorstehendes Geschäftszeichen u. Datum angeben

Berlin SW 11, den 5.7. 1943

Prinz-Albrecht-Str. 8

Tel.: 89 76 11 App.244

Geheim

An das
Auswärtige Amt – Abteilung D II –
z.Hd.v. Herrn Konsul G e i g e r .

B e r l i n W 35
Rauchstr. 11

6. JULI 1943

Unter Bezugnahme auf die am 19. Juni 1942 (Ziffer 2) getroffenen Vereinbarungen wird gebeten, Frau Melitta W i e d e m a n n bei der Erlangung

des dänischen Einreisevisums sowie
des Durchlaßscheines "Nord"

behilflich zu sein.

Reiseantritt: 9.7.43
Reisedauer: bis 1.10.43
Grund der Reise: Besprechungen mit VM.

Im Auftrage:

SS-Obersturmführer.

D697135

# II. Die Fortsetzung der deutschen Bemühungen im April 1942 einen Frieden mit England zu erreichen – Überbrachte der Abwehragent »A 2048« den Briten 1942 deutsche Friedensvorschläge?

Am 12. Juni 1942 setzte die japanische Botschaft in Stockholm den folgenden Funkspruch an den Botschafter des Kaiserreiches in Berlin ab:

*»Oppenheim ist im Flugzeug eingetroffen und im Grandhotel abgestiegen. Er hat mit Wallenberg die Besprechungen aufgenommen. Durch die Vermittlung eines Deutschland freundlich gesinnten Landes ist mit der hiesigen englischen Gesandtschaft die Fühlungnahme aufgenommen worden. England will die deutsche Vorherrschaft in Europa an die Russen abtreten . . .*[1]*.«*

Wer war der hier genannte Oppenheim? Es handelte sich um Waldemar Freiherr v. Oppenheim, Bankier in Köln und Teilhaber des Bankhauses Pferdmenges & Co.

Er war am 17. Juli 1894 geboren worden, erwarb im Dezember 1913 das Leutnantspatent und diente im Husarenregiment 3 in Rathenow[2]. Er kämpfte im Ersten Weltkrieg in Frankreich und war bei der Erstürmung des Forts Douaumont verschüttet worden. Als Auszeichnungen für seinen Einsatz an der Westfront wurde ihm das Eiserne Kreuz I. und II. Klasse verliehen[3]. Auf Wunsch seines Vaters nahm W. v. Oppenheim im Januar 1919 als Leutnant seinen Abschied, um Bankier zu werden.

1 Chi-VN Nr. 2353 v. 26.6.1942/Von Stockholm an Berlin/v. 12.6.1942/Eingegangen am 13.6.42. An japanischen Botschafter Nr. 409/III/4/11/BA-MA/RW 5 v. 389. – Die Chiffrierstelle beim Oberkommando der Wehrmacht überwachte weltweit den Funkverkehr, dechiffrierte ggfls. interessierende Funksprüche und legte sie deutschen Führungsstellen vor. Der zitierte Funkspruch konnte nur unvollständig aufgefangen werden. Nach Mitteilung der japanischen Botschaft in Bonn v. 27.2.92 war der vollständige Text des Funkspruches im Archiv des japanischen Außenministeriums nicht zu ermitteln.

2 Abwehrpersonalakte v. Oppenheim/Abwehrnebenstelle Bremen/W.v.Oppenheim/BA-MA/ RW5 v. 389.

3 Vgl. ebenda. Es verwundert, daß v. Oppenheim in der Zeit zwischen 1913 und 1919 offensichtlich nicht befördert worden ist, obgleich er als Frontoffizier mit dem EK I und II ausgezeichnet wurde.

Nach einem Zusammenstoß mit französischen Besatzungssoldaten mußte er fliehen. Er ging nach Stockholm und absolvierte dort in der Bank Jacob Wallenbergs ein Volontariat[4]. Anfang 1922 trat er in die Leitung des Bankhauses »Sal. Oppenheim & Cie« ein.

Dadurch, daß er nach den NS-Rassengesetzen als Vierteljude, seine Frau als Halbjüdin galten, geriet v. Oppenheim nach 1933 in zunehmende Schwierigkeiten: Der Bankenvereinigung wurde bereits 1933 auf Weisung der Partei verboten, die Oppenheims weiterhin zu ihren Veranstaltungen einzuladen. Der Bankier Kurt v. Schröder, nach 1933 Leiter der Fachgruppe Privatbanken in der Deutschen Bankenvereinigung, schrieb 1938 im »Deutschen Volkswirt« unter anderem, daß die Privatbankiers zwar noch gebraucht würden, das Privatbankiersgewerbe habe allerdings nur aufgrund seiner »Persönlichkeitswerte« noch eine Existenzberechtigung im NS-Staat. Es verstehe sich daher von selbst, daß in der gesamten Wirtschaft und auch innerhalb des Bankiergewerbes, das Rassenproblem noch zu lösen sei[5]. Nach weiteren persönlichen Angriffen und Schikanen durch die NS-Machthaber sah sich die Familie v. Oppenheim 1938 somit gezwungen, den Namen der Bank zu ändern. Sie hieß fortan »Bankhaus Pferdmenges & Co.«[6].

Vor diesem Hintergrund zunehmender Schwierigkeiten versuchte dem Bankier ein Bekannter, Wilhelm Mertens, im Zivilberuf Syndikus einer Kölner Firma, jetzt als Sonderführer beim Militärbefehlshaber in Frankreich tätig, zu helfen. Mertens war seit Juni 1941 auch als Agent für die Abwehr tätig[7]. Er empfahl seinem Führungsoffizier, Hauptmann Driessen, den Bankier wegen dessen weitreichenden internationalen Verbindungen besonders in die USA, Schweden und die Schweiz als neuen Mitarbeiter für die Abwehr. Insbesondere, so Mertens an Driessen, verfügte v. Oppenheim nicht nur über sehr gute geschäftliche Verbindungen zur »Stockholm Enskilda Banken«, sondern darüber hinaus über freundschaftliche Beziehungen zu deren Eigentümern, den Brüdern Wallenberg[8]. Aus diesen Gründen schien der Bankier für die Aufgabe, Wirtschaftsnachrichten zu beschaffen, besonders geeignet[9]. Nachdem Hauptmann Driessen v. Oppenheim am 25. Juni getroffen, der Bankier seine grundsätzliche Bereitschaft zur Mitarbeit erklärt und eine Verschwiegenheitserklärung unterschrieben hatte, gab es einige Tage später Probleme[10]. Oppenheim versuchte, die Aufnahme der Abwehr-Tätigkeit von seiner Reaktivierung als Offizier abhängig zu machen. Von einer solchen Wiederverwendung versprach sich der Bankier wahrscheinlich einen gewissen Schutz vor Verfolgungen wegen seiner jüdischen Herkunft, eine sicherlich nicht völlig grundlose Annahme.

4 Vgl. ebenda.
5 Vgl. Stürmer, Teichmann, Treue, Wagen und Wägen, München 1989, S. 370/371.
6 Vgl. ebenda.
7 Vgl. Abwehrnebenstelle Bremen/Ehemalige V-Leute: Wilhelm Mertens, BA/MA/RW 49/252 Bl. 148.
8 Vgl. Abwehrnebenstelle Bremen/Aktennotiz/Betr.: Treff mit Sonderführer Mertens, Paris 2., 3., 4., 5.6.1941/BA-MA RW 49/434 Bl. 190f.
9 Vgl. Abwehrpersonalakte W. v. Oppenheim, a.a.O.
10 Vgl. Driessen an Mertens v. 8.7.1941/BA-MA/49/436 Bl. 215.

Nach einem Befehl Hitlers vom 8. April 1940[11] wäre es der Abwehrführung durchaus unter Vorlage einer entsprechenden Begründung möglich gewesen, eine Führerentscheidung über die Reaktivierung v. Oppenheims herbeizuführen[12].

*»50%ige jüdische Mischlinge oder Männer, die mit 50%igen jüdischen Mischlingen oder Jüdinnen verheiratet sind, sind je nach Lebensalter (§§ 10 u. 11 des W.G.) der Ersatzreserve II bzw. der Landwehr II zu überschreiben, jedoch mit dem jeweiligen Zusatz »n.z.w.« (nicht zu verwenden), um sie von den übrigen Wehrpflichtigen dieser Kategorie grundsätzlich zu unterscheiden.*

*Ausgenommen bleiben hiervon die Offiziere, die aufgrund der Führerentscheidung (OKW-WZ (II)/J – Nr. 651/39 v. 13. März 39) in der Friedenswehrmacht verblieben sind. In besonders gelagerten Fällen behält sich der Führer Ausnahmen vor, die über OKW zu beantragen sind . . .*[13]*.«*

Oppenheim war als »25% Mischling« mit einem »50% Mischling« verheiratet. Er wäre daher nach dem zitierten Führerbefehl ein »besonders gelagerter Fall«, über den, wäre er vorgelegt worden, sich Hitler eine persönliche Entscheidung vorbehalten hätte, gewesen.

Weshalb die Abwehr offensichtlich nicht einmal den Versuch unternahm, über eine solche Vorlage ihren zukünftigen, wichtigen Agenten als Offizier zu reaktivieren, bleibt unklar.

Hauptmann Driessen reagierte auf die Forderung des Bankiers, nur für die Abwehr arbeiten zu wollen, wenn er als Offizier reaktiviert werden würde, verärgert[14]. Es bedurfte daher großer Anstrengungen durch Wilhelm Mertens, den erbosten Führungsoffizier zu beschwichtigen.

Nachdem ein weiterer Versuch v. Oppenheims, die von ihm angestrebte Reaktivierung mit Hilfe der Hamburger Abwehrstelle zu erreichen, ebenfalls gescheitert war[15], wurde er ab 1. Oktober 1941 »Agent zur Nachrichtenbeschaffung« für die Zielländer USA und England[16]. Er erhielt für diese Tätigkeit den Tarnnamen »Baron« und die Agentennummer A 2048[17].

11 Vgl. Oberkommando der Wehrmacht/Az. i 10–20 J (Jc)/Nr.524/40 geh. v. 8.4.1940/Betr.: Behandlung jüdischer Mischlinge in der Wehrmacht/BA-MA/RW 19/853. – Obgleich es zweifelhaft sein mag, ob der o.a. Führerbefehl auf v. Oppenheim anwendbar war, hätte die Abwehr es, wie in anderen Fällen, versuchen können, eine Ausnahmeregelung zu erreichen.

12 Vgl. hierzu: Gellermann, Günther W., . . . und lauschten für Hitler, Koblenz 1991, S. 33/Hitler »arisiert« einen FA-Beamten.

13 OKW/Az. i 10–20 J (Jc) Nr. 524/40 geh. v. 8.4.1940.

14 Vgl. W. Mertens an Hptm. Driessen v. 14.7.1941/BA-MA RW 49/436 Bl.247; W. Mertens an Hptm. Driessen v. 30.7.1941/BA-MA RW 49/436 Bl. 225.

15 Driessen teilte Mertens in einem Schreiben v. 22.8.1941 mit, v. Oppenheim habe die Abwehrstelle Hamburg wissen lassen, daß er lieber mit dieser Dienststelle zusammenarbeiten würde . . ./BA-MA/RW 49/436 Bl. 224.

16 Vgl. Abwehrpersonalakte v. Oppenheim, a.a.O.

17 Vgl. ebenda.

Am 14. April 1942 legte die Presseabteilung des Auswärtigen Amtes dem Unterstaatssekretär Luther eine Zusammenstellung von Nachrichten ausländischer Zeitungen vor. Aus ihnen ging hervor, daß ein »Agent« Hitlers den Engländern in Stockholm Friedensvorschläge unterbreiten sollte.

So hieß es in einer Meldung von Globereuter Morse in Washington am 13. April:

*». . . Erneute Friedensvorschläge Hitlers? . . . Es wird auf Berichte Bezug genommen, die in hiesigen Kreisen weitverbreitet sind, und in denen gesagt wird, daß der deutsche Bankier, der sich jetzt in Stockholm aufhält, versucht, mit dem britischen Vertreter in Verbindung zu treten, um den Vereinigten Nationen Hitlers endgültige Bedingungen vorzulegen. Es wird darin vorgeschlagen, Deutschland bei der Vernichtung Rußlands freie Hand zu lassen, wofür vorgesehen ist, den besetzten Gebieten Konzessionen zu machen und dem japanischen Imperialismus, dessen Erfolge Hitler in Unruhe versetzen sollen, Einhalt zu gebieten . . .[18].«*

Am 16. April wurde von der Presseabteilung des AA folgende Zeitungsmeldung aus Stockholm den leitenden Beamten des Außenministeriums zugeleitet:

*»Hitlers Friedensvertreter in Schweden? Der Londoner Korrespondent der ›Göteborgs Handels-och Sjöfarts-Tidingen‹ telegraphierte heute seiner Zeitung folgendes: Der Stockholmer Korrespondent der ›Daily News‹, Ralph Hewins, erklärt, daß Hitler einen Friedensvertreter nach Schweden geschickt habe, der mit britischen Kreisen Kontakt suche. Hewins teilt mit, daß der deutsche Agent ein reicher jüdischer Bankier aus Köln sei, der für die Nazipartei viel Geld ausgegeben habe und ein Freund von Papen sei. Er habe versucht, sich den Engländern in Schweden zu nähern, und der Hauptzweck seiner Mission sei, England davon zu überzeugen, daß Hitler, der insgeheim England bewundere, gewillt sei, mit England einen Frieden zu schließen, um freie Hand gegen den ›gemeinsamen‹ Feind – den europäischen Bolschewismus zu bekommen. Es ist zu verstehen, daß die Deutschen von den japanischen Erfolgen beunruhigt sind. Die Aufforderung des Agenten waren von Drohungen begleitet, die ins Werk gesetzt werden sollen, falls seine Mission mißglückte[19].«*

Eine dritte Pressemeldung, aus Istanbul, ebenfalls vom 16. April, sorgte für weiteres Unbehagen im AA. Es hieß hier:

*»Die Zeitung ›Tasviri Efkiar‹ greift das aus Schweden kommende Friedensgerücht auf und meint, ›daß diese Nachricht nicht ohne Grundlage sei. Sowohl Hitler als auch Churchill seien einem Friedensschluß im Prinzip nicht entgegen . . . auch Churchill würde heute . . . einem mit den Interessen des Empire zu vereinbarenden Vorschlag zustimmen. Das einzige Hindernis für eine solche englische Verständigung sei, so schließt die Zeitung, Japan . . .‹[20].«*

[18] Handakten Luther/Schriftverkehr N-Sch/1942 Pol.Archiv d. AA-R 27635.

[19] Ebenda.

[20] Ebenda.

Diese Presseberichte verursachten offenbar nicht nur im AA eine erhebliche Unruhe. Alle diese Meldungen mußten bei dem japanischen Verbündeten des Deutschen Reiches den Verdacht aufkommen lassen, daß Deutschland versuchte, sich auf Kosten Japans mit England zu einigen, enthielten doch alle diese Berichte auch Hinweise darauf, daß die japanischen Erfolge Deutschland beunruhigten. Ferner wurde in diesen Meldungen herausgestellt, daß Hitlers Bündnis mit Japan[21] ein Hindernis für eine Verständigung mit England sein könnte[22]. Die deutsche Politik mußte daher mit einem größeren Argwohn der Japaner rechnen, die wie der eingangs zitierte von der Chi-Stelle/OKW dechiffrierte japanische Funkspruch Stockholm/Berlin zeigt, die Ereignisse in der schwedischen Hauptstadt mit sehr großer Aufmerksamkeit beobachteten[23].

Die Japaner mußten den Hintergrund dieser Pressemeldungen auch deshalb sehr sorgfältig beobachten, weil hier behauptet wurde, daß der schwedische König eine Friedensvermittlung zwischen Deutschland und England beabsichtigte, die der Monarch zu diesem Zeitpunkt allerdings nicht plante[24].

Da das AA über die tatsächliche oder vermeintliche Friedensmission eines »Agenten« Hitlers nicht informiert worden war, wurde hier sofort eine hektische Aktivität entwickelt, um die Identität jenes deutschen Bankiers zu ermitteln. Eine weitere Mel-

21 Der Dreimächtepakt v. 27.9.1940, der Deutschland lediglich für den Fall eines amerikanischen Angriffs auf Japan zur Hilfe verpflichtete. Hitler sagte allerdings, entsprechend den japanischen Wünschen, am 5.12.1941, auch für den Fall eines japanischen Angriffs auf die USA einen Kriegseintritt Deutschlands an der Seite Japans zu. Außerdem verpflichtete er sich, keinen Separatfrieden mit den USA abzuschließen. Vgl. hierzu: Hillgruber/Hümmelchen, Chronik des Zweiten Weltkrieges, Bindlach 1989, S. 107; Irving, David, Hitiers Krieg, Herrsching 1988, S. 406 ff.

22 Als ein Hinweis für die Richtigkeit des in den Pressenachrichten behaupteten deutschen Unbehagens über die Erfolge des japanischen Imperialismus könnten auch die von dem britischen Gesandten in Stockholm, Mallet, in seinem Schreiben v. 7.9.1940 an den Unterstaatssekretär im Foreign Office, Cadogan, wiedergegebenen Friedensvorschläge seines »indirekten« deutschen Gesprächspartners, Weißauer, sein. Dieser ließ Mallet über den schwedischen Vermittler, Ekeberg, u.a. mitteilen: »Hitler fühlt sich für die Zukunft der weißen Rasse verantwortlich!« Die weiteren deutschen Vorschläge enthielten das Angebot der Aufteilung der Welt in zwei Interessenssphären – eine deutsche und eine englisch-amerikanische. »Nur diese beiden großen Gruppen können den Übergriffen der gelben Rasse erfolgreich widerstehen«. Mallet/Cadogan v. 7.9.1941/FO 371/24408 XC1973/PRO. – Vgl. hierzu weiter die Bemerkungen des deutschen Emissärs gegenüber seinen britischen Gesprächspartnern über Japan (S. 15). Auch hier wird die deutsche Sorge über die Erfolge des japanischen Imperialismus ausgedrückt, dem Einhalt geboten werden müsse.

23 Bei diesem Funkspruch fällt auf, daß er am 12.6.1942 Ereignisse beschreibt, die bereits Mitte April dieses Jahres stattgefunden hatten. Weshalb die japanische Gesandtschaft/Stockholm die Botschaft in Berlin so spät informierte, bleibt unklar.

24 Zu einer solchen Friedensvermittlung war der schwedische Monarch im September 1939 bereit gewesen. Über eine neuerliche Vermittlungsabsicht des Königs zu diesem Zeitpunkt liegen keine Unterlagen vor.

dung zu diesem Problem ging zwischenzeitlich aus den USA ein. Der Sender WCRC New York des Columbia Broadcasting Systems meldete:

»*... Zu den Berichten über angebliche deutsche Friedensfühler ... daß nach in New York eingegangenen Meldungen der deutsche Bankier Baron v. Schröder mit dieser Aufgabe betraut worden ist. Schröder, der versucht habe, in Stockholm mit englischen Unterhändlern in Verbindung zu treten, habe dieses Vorhaben wieder aufgeben müssen, nachdem er die Fruchtlosigkeit seiner Bemühungen eingesehen habe. V. Schröder sei der Mann, in dessen Heim im Januar 1933 Hitler und Papen sich wieder versöhnten ...*[25].«

Die deutsche Gesandtschaft in Stockholm, die vom AA angewiesen worden war, vor Ort in der schwedischen Hauptstadt die Identität des in den Pressemeldungen genannten Bankiers zu ermitteln, hatte sie bereits am 17. April festgestellt. Fürst Viktor Wied, der deutsche Gesandte, telegrafierte am späten Abend dieses Tages an das Auswärtige Amt:

»*... Die inzwischen von der Gesandtschaft weitergeführten Ermittlungen haben ergeben, daß Baron Waldemar v. Oppenheim sich tatsächlich in Stockholm aufgehalten hat. Nach Mitteilung des schwedischen Bankiers Wallenberg soll v. Oppenheim hier mit der ›Enskilda-Banken‹ finanzielle Fragen im Zusammenhang mit der Vergebung (gemeint ist sicherlich: Vergabe/d. Verf.) eines deutschen Auftrags auf Bau von 80 (achtzig) Motorfischkuttern durch schwedische Firmen verhandelt haben. Oppenheim sei in dem Jahr 1909/10*[26] *Volontär bei der Enskilda-Bank der Familie Wallenberg, gewesen.*
*Er habe auch Bankier Markus Wallenberg, dem Seniorchef des Hauses Wallenberg, in Malmwik bei Stockholm Besuch abgestattet. Von anderer Seite hat Gesandtschaft inzwischen außerdem erfahren, daß Oppenheim bei einem Fohlenverkauf in Ulriksdal bei Stockholm zugegen gewesen sei, wo mehrere schwedische Rennstallbesitzer sich mit ihm unterhalten haben. Baron v. Oppenheim hat mit der Gesandtschaft keinerlei Kontakt aufgenommen. Anzeichen, daß die mit Drahtbericht v. 16 d. Mts. Nr. 886 gemeldeten Gerüchte mit der Anwesenheit des Barons Oppenheim in Stockholm zusammenhängen, liegen nicht vor ... Nach bisherigen Feststellungen hat lediglich ›Svenska Dagbladet‹ die kurze Notiz gebracht: ›Baron Waldemar Oppenheim aus Berlin hält sich zur Zeit in Stockholm auf und wohnt im Grand Hotel‹*[27]. *Nach weiteren Ermittlungen der Gesandtschaft hat sich Baron Schröder aus Köln in den letzten Monaten nicht in Stockholm aufgehalten ...*[28].«

Durch dieses Telegramm der deutschen Gesandtschaft in Stockholm war der Bankier v. Schröder entlastet. Waldemar v. Oppenheim hingegen wurde unmittelbar nach

25 Handakten Luther/Transocean-Meldung v. 16.4.42/Pol.Archiv R-27635.
26 Muß wohl heißen 1919!
27 Diese Angabe ist unrichtig. Es hätte heißen müssen »aus Köln«.
28 Handakten Luther/Telegramm d.deutschen Gesandtschaft in Stockholm Nr. 913 v. 17.4.1942 Pol.Archiv R-27635.

seiner Rückkehr aus Schweden bereits in seinem Hotel (Bristol) in Berlin am 17. April durch Beamte des Reichssicherheitshauptamtes verhört.

Unterstaatssekretär Luther vom Auswärtigen Amt fertigte über die Berliner Vernehmung des Bankiers eine Notiz an. Grundlage hierfür waren wahrscheinlich fernmündlich übermittelte Informationen. Hiernach hatte W. v.Oppenheim in dem Verhör u.a. folgendes angegeben:

*»Oppenheim, welcher Vierteljude ist, hat erklärt, daß er in Stockholm bei dem Bankhaus Wallenberg gelernt habe und daß ihn seit dieser Zeit freundschaftliche Bande mit der Familie Wallenberg verbinden. Er habe des öfteren in Stockholm zu tun, um dort für den Hugo-Stinnes-Konzern Wirtschaftsverhandlungen wegen des Baues von Fischereifahrzeugen, an denen die Kriegsmarine interessiert sei, zu führen . . . Seinen Paß und den Sichtvermerk habe er über eine Bremer Dienststelle des OKW erhalten, für die er tätig sei. Doch sei es ihm strengstens untersagt, hierüber etwas auszusagen . . . Oppenheim behauptet, in Schweden ausschließlich mit Mitgliedern der Familie Wallenberg zusammen gewesen zu sein und überhaupt keinerlei politische Themen in seinen Gesprächen berührt zu haben. Vor allem sei er mit keinem Engländer zusammen gewesen und habe weder auf der englischen noch auf der amerikanischen, noch auf der deutschen Gesandtschaft Besuche gemacht . . . Zwischendurch hat Oppenheim erzählt, daß er sich eines Abends mit den Enkelkindern des Herrn Wallenberg in einem Vergnügungslokal aufgehalten habe, in dem die Chilenin Rosita Serrano, eine bekannte Sängerin, aufgetreten sei. Sie habe Autogramme verteilt und ihm auf seine Visitenkarte ein Autogramm gegeben. Hierbei hätte sie seinen Namen gelesen, und er könne nur glauben, daß die Gerüchte über ihn von ihr in die Welt gesetzt seien. Er habe jedenfalls in keiner Weise hierzu beigetragen und sei sich darüber im klaren, daß er sich als Vierteljude ganz besonders vorsichtig benehmen müsse. Gruppenführer Müller[29] hat Oppenheim bedeutet, in Berlin zu bleiben und wird die Vernehmung am 18. fortsetzen[30].«*

Am Nachmittag des 18. April verständigte Müller Luther darüber, daß v. Oppenheim in seiner ersten Vernehmung verschwiegen hatte, daß er in Begleitung seiner Tochter nach Stockholm gereist war. Die Gestapo hatte, wie der Gestapochef mitteilte, diese Information durch einen »Braunen Freund«[31] erhalten[32].

29 Heinrich Müller, Amtschef des Amtes IV/Reichssicherheitsdienst.

30 Handakten Luther/Notiz v. 18.4.1942/Pol.Archiv R-27635.

31 Hiermit waren die auf braunem Papier vom Forschungsamt des Reichsluftfahrtministerium als »Geheime Reichssache« herausgegebenen Informationen gemeint. Sie wurden aus abgehörten Telefongesprächen, dechiffrierten Funksprüchen, mitgelesenen Telegrammen und anderen Quellen gewonnen. Diese Dokumente wurden nur bestimmten, wichtigen Amtsträgern zugeleitet. Ihre offizielle Bezeichnung lautete »Braune Blätter«. Sie wurden aber auch, wie hier, »Braune Freunde« oder »Braune Vögel« genannt. Das Forschungsamt hörte die Telefone sämtlicher bedeutender Wirtschaftsführer ab und gab die auf diese Weise gewonnenen Erkenntnisse auch an die Gestapo weiter. Es ist daher mit Sicherheit anzunehmen, daß die Telefone der Familie v. Oppenheim ebenfalls abgehört wurden. – Vgl. zu diesem Sachverhalt Gellermann, Günther W., . . . und lauschten für Hitler, a.a.O.

32 Vgl. Handakten Luther, a.a.O.

Frl. v. Oppenheim war aber, so der Bankier zu seinem Vernehmer, nur zur Tarnung der ihm von der Bremer Dienststelle erteilten Aufträge mitgereist[33].

Wegen dieses für die Gestapo neuen Sachverhaltes ordnete Müller eine Dauerbewachung durch einen Kriminalbeamten für Waldemar v. Oppenheim an. Der Bankier mußte ferner unter Polizeiaufsicht seine Tochter in Köln anrufen, um sie ohne Angabe von Gründen zu bitten, sofort nach Berlin zu kommen. Hier sollte auch sie durch Beamte des Reichssicherheitshauptamtes vernommen werden[34].

Diese Einvernahme fand am 19. April in Berlin statt und ergab lediglich, daß die Tochter alle Angaben ihres Vaters bestätigte. Insbesondere gab auch sie an, daß der Bankier während seines Stockholmer Aufenthaltes nur Kontakte zur Familie Wallenberg gehabt habe. Gespräche mit Engländern und Amerikanern, so Frl. v. Oppenheim, wären von ihrem Vater, »soweit sie es übersehen konnte«, nicht geführt worden[35].

Eine Überraschung für die Gestapo war allerdings, daß die Tochter des Bankiers bereits im Februar mit ihm nach Stockholm gefahren war und sich bis zur Rückkehr von seiner jetzigen Reise dort aufgehalten hatte.

Daraufhin wurde v. Oppenheim noch einmal befragt, warum er bei seiner ersten Vernehmung die Reise seiner Tochter verschwiegen habe. Er erklärte hierzu, daß sie im Februar, und zwar ausschließlich zur Tarnung seiner ihm von der Bremer Dienststelle erteilten Aufträge, nach Stockholm mitgefahren sei, ohne daß er sie über den eigentlichen Zweck ihrer Reise informierte[36].

Müller kam aufgrund dieser Vernehmungsergebnisse zu der Einschätzung, daß der Bankier mit seiner Tochter nicht länger in Berlin festgehalten werden konnte. Er bat daher darum, eine Entscheidung des Reichsaußenministers hinsichtlich der weiteren Behandlung dieser Angelegenheit herbeizuführen. Ribbentrop wies seinen Unterstaatssekretär Luther an, Müller mitzuteilen, daß er unter folgenden Bedingungen mit der Abreise v. Oppenheims nach Köln einverstanden sei:

*1. Dem Bankier und seiner Tochter wird der Paß entzogen,*
*2. beide dürfen das Reichsgebiet nicht mehr verlassen,*
*3. beide werden in Köln unter Beobachtung gestellt*[37].

Die Forderungen des Reichsaußenministers wurden der Gestapo in Berlin am 19. April übermittelt. Der für diesen Fall dort zuständige Beamte, Kriminalrat Clemens, erklärte für seine Dienststelle am Nachmittag dieses Tages, daß man entsprechend den Forderungen Ribbentrops verfahren werde[38]. Am 21. April wies der Unterstaatssekretär im Auswärtigen Amt, Luther, Botschafter Ritter[39] an, sich bei der Abwehr nach der Art der Aufträge v. Oppenheims zu erkundigen.

33 Vgl. Handakten Luther, Notiz v. 18.4.1942/Pol.Archiv R-27635.
34 Vgl. ebenda.
35 Vgl. Handakten Luther/U.St.S.-D.-Nr. 6014 v. 19.4.1942/Pol.Archiv R-27635.
36 Vgl. ebenda.
37 Vgl. ebenda.
38 Vgl. ebenda.
39 Botschafter Karl Ritter, Verbindungsmann des AA zur Wehrmacht.

Bereits einen Tag später informierte der Chef der Abteilung Ausland im Amt Ausl./ Abwehr, Konteradmiral Bürkner, Legationsrat Kramarz vom AA mündlich über die Waldemar v.Oppenheim durch die Abwehr erteilten Aufträge:

»1. *Baron v.Oppenheim war seit Oktober 1941 für die Abwehrnebenstelle Bremen tätig. Als Aufgabe war ihm gestellt:*
*Erkundung gegen USA und England mit dem Schwerpunkt der Nachrichtenbeschaffung über die feindliche Rüstungsindustrie unter besonderer Berücksichtigung der die Kriegsmarine interessierenden Frage nach der Baukapazität für Handelsschiffstonnage.*
2. *Über das erwähnte Aufgabengebiet hat Baron v.Oppenheim recht brauchbares Material geliefert, insgesamt wurden während seiner Tätigkeit von der Abwehrnebenstelle Bremen 31 Berichte weitergeleitet (u. a. USA-Tankwagenproduktion, USA-Flugzeugproduktion, USA-Baukapazität für Handelsschiffstonnage, Mannschaftsausbildung für den Geleitzugverkehr, Fliegerschulen in Kanada, im Atlantik eingesetzte englische Tonnage, norwegische Tonnage im Feinddienst, USA-Rußlandhilfe).*
3. *Baron v. Oppenheim hat sich außerdem auf seinen Reisen für OKM insofern nutzbringend betätigt, als er bei der Unterbringung eines vom OKM durch die Firma Hugo Stinnes schwedischen Werften erteilten Auftrages auf den Bau von 45 Fischdampfern wesentlich mitwirkte.*
4. *Für die vom 8. bis 13. April nach Schweden durchgeführte Reise erhielt Baron v. Oppenheim von der Abwehrnebenstelle Bremen keine Aufträge*[40].«

Am 28. April 1942 wies Ribbentrop Luther an, sich bei ihm wegen der Weiterbehandlung der Angelegenheit v. Oppenheim durch die Gestapo zu melden. Der Unterstaatssekretär gab am 8. Mai, wahrscheinlich aufgrund seiner Besprechung mit dem Reichsaußenminister, Legationsrat Picot, den Auftrag, alle vier Wochen bei der Gestapo anzufragen, ob die Beobachtung des Bankiers weitere Erkenntnisse über eine eventuelle Verbindung zu den Kriegsgegnern über das neutrale Ausland ergeben habe[41].

Am 26. Mai 1942 teilte der Chef der Gestapo, Müller, dem »sehr geehrten Parteigenossen Luther« in einem vierseitigen Schreiben das Ergebnis der bisherigen Ermittlungen im Fall v. Oppenheim mit.

Interessant an dieser Darstellung ist ein bislang noch nicht erörtertes Detail. Die Tochter Karin v. Oppenheim erhielt den Sichtvermerk für ihre Schwedenreise im Februar 1942 durch Vermittlung der Abwehrnebenstelle Bremen. Diese Dienststelle wünschte zu diesem Zeitpunkt einen Besuch ihres Vaters in Stockholm, um ihn wahrscheinlich nachrichtendienstliche Aufgaben erledigen zu lassen. Da aber der Kölner Bankier Wallenberg gegenüber keinen geschäftlichen Grund für eine solche Reise geltend machen konnte, wurde der Besuch der Tochter vorgeschoben, den der Vater mit vorbereiten sollte. Insofern wurde also die Reise W. v. Oppenheims mindestens

40 Amt Ausl./Abw./Abt.Ausland v. 22.4.1942/Handakten Luther Pol.Archiv R-27635.

41 Handakten Luther (U.St.S.-D.Nr. 6104 v. 8.5.42/Handakten Luther Pol.Archiv R-27635.

gegenüber Wallenberg »getarnt«, was offensichtlich auch beabsichtigt war. Weiterhin teilte Müller mit, daß versucht werde, die Hintergründe der Pressemeldungen über den angeblichen deutschen Friedensschritt in Stockholm mit nachrichtendienstlichen Mitteln zu klären[42].

Bereits am 28. Mai ließ Müller in Ergänzung zu seinem Schreiben vom 26. Mai Luther mitteilen, daß ein V-Mann bislang nichts Oppenheim Belastendes in Stockholm ermitteln konnte. Vor dem Besuch des Bankiers wollten britische Kreise mit Hilfe der Schweden versuchen, eine Aussprache mit deutschen Persönlichkeiten zustande zu bringen. Da aber die Schweden, die von der Zwecklosigkeit eines solchen Versuches überzeugt waren, nicht mitwirkten, scheiterten entsprechende englische Aktivitäten. Dem V-Mann war es unmöglich, Näheres über die Engländer zu erfahren, die angeblich im »Grandhotel« mit v. Oppenheim Besprechungen hatten. Einzelheiten hierüber wurden von den Informanten des V-Mannes so entschieden abgelehnt, daß dieser annimmt, daß solche Gespräche nicht stattgefunden haben. Für die entsprechende Pressereaktion war der Vertreter der »Daily Mail«, Hewins, verantwortlich. Allgemein fiel in Journalistenkreisen auf, daß der Besuch des Kölner Bankiers in Stockholm mit dem gleichzeitigen Aufenthalt des Gesandten Arvid Richert[43] in der schwedischen Hauptstadt zusammenfiel[44].

Der weitere Text des Schreibens macht deutlich, in welch schwierige Lage sich die offiziellen Stellen durch die Behandlung W. v. Oppenheims gebracht hatten. Dem Bankier war von Wallenberg mitgeteilt worden, daß schwedischerseits ein Interesse an dem Erwerb in den besetzten Gebieten befindlicher schwedischer Wertpapiere gegen freie Devisen bestehe. Oppenheim hatte dieserhalb bereits mit der Auslandsstelle der Reichsbank und den Reichsbankdirektoren v. Wedel und Wolf verhandelt. Beide zeigten ein großes Interesse an diesem Geschäft, was angesichts des chronischen Mangels des Reichs an harten Devisen nicht verwundert[45].

Im Zusammenhang mit diesem Geschäft wurde eine Reise v. Oppenheims nach Paris notwendig. Da ihm aber sein Reisepaß auf Veranlassung des Reichsaußenministers von der Gestapo vorläufig abgenommen worden war, konnte der Bankier zu diesem Zeitpunkt nicht in die französische Hauptstadt reisen. Der Chef der Sicherheitspolizei bat nunmehr das AA, ihm mitzuteilen, ob gegen die Rückgabe des Reisepasses Bedenken bestehen würden[46].

Peinlich für die beteiligten Dienststellen war, daß W. v. Oppenheim bei seinen Vernehmungen durch den Kriminalrat Clemens, bereits auf dieses wichtige Geschäft hingewiesen hatte[47].

42 Vgl. Chef d. Sicherheitspolizei u.d. SD/IV E 4/v. 26.5.1942/Handakten Luther/Pol.Archiv R-27635.

43 Schwedischer Gesandter in Berlin.

44 Der Chef d. Sicherheitspolizei u.d. SD/IV E 4 v. 28.5.1942/Handakten Luther/Pol.Archiv R-27635.

45 Vgl. ebenda.

46 Vgl. ebenda.

47 Vgl. ebenda.

Nunmehr verfaßte Luther am 2. Juni eine Vortragsnotiz für Ribbentrop, in der er vorschlug, zum Problem des Ankaufes schwedischer Wertpapiere in den besetzten Gebieten durch Banken des Königreiches zunächst Gutachten der Wirtschaftsfachleute des AA einzuholen und Botschafter Abetz zu informieren, damit dieser die Angelegenheit mit dem Militärbefehlshaber in Frankreich besprechen könne. Ribbentrop billigte dieses von seinem Unterstaatssekretär vorgeschlagene Verfahren am 7. Juni[48].

Am 22. Juni weist ein Vermerk für Luther aus, daß sich die für Wirtschaftsfragen zuständigen Beamten an den Reichsbankdirektor v. Wedel mit der Bitte gewendet hatten, ihnen mitzuteilen, ob die Reichsbank dieses Geschäft befürworten könnte. Wedel konnte auch hier keine andere Stellungnahme wie gegenüber v.Oppenheim geben: »Wir haben an dem Erwerb von freien Schwedenkronen ein dringendes Interesse und halten daher die Reise Oppenheims nach Paris aus Devisengründen für erwünscht . . .[49].«

Der hier eingeschlagene Weg, ein Finanz-Devisenproblem zu lösen, mutet unverständlich und grotesk an. Die Geldexperten der Reichsbank, in dieser Frage sicherlich sachverständiger als die Wirtschaftsfachleute des AA, hatten dem von Wallenberg vorgeschlagenen Geschäft zugestimmt.

Im Auswärtigen Amt beschäftigte sich nun auch der für solche Fragen völlig inkompetente Reichsaußenminister mit dieser Angelegenheit. Dabei ging es dem Grunde nach nur um die Entscheidung, ob W. v. Oppenheim seinen Reisepaß zurückerhalten sollte oder nicht.

Am 23. Juni richtete die Gestapo ein neuerliches Schreiben an Luther, in dem sie eine baldige Entscheidung darüber anmahnt, ob nun dem Bankier für die Reise nach Paris sein Paß zurückgegeben werden könnte, ». . . damit die Reichsbank unterrichtet werden kann und gegebenenfalls andere Wege zur Durchführung der Transaktion gesucht werden . . .«[50].

Ferner wird Luther davon unterrichtet, daß Oberst Piekenbrock vom Amt/Ausland Abwehr der Gestapo gegenüber bestätigt hatte, daß v. Oppenheim ». . . seine Verbindung zum OKW nicht gesucht habe, sondern zur Mitarbeit aufgefordert worden sei . . .«[51]. Der Abwehroffizier war auch der Meinung, daß die Arbeit des Bankiers für seine Dienststelle ». . . recht erfolgreich gewesen wäre . . . und . . . man recht ungern auf seine Mitarbeit verzichte, was man müsse, wenn er keine Möglichkeit mehr habe, nach Schweden zu reisen . . .«[52].

Am 29. Juni teilte der Chef der Sicherheitspolizei Luther mit, daß ihn der Kölner Bankier persönlich aufgesucht habe, um in Erfahrung zu bringen, ob und wann er mit der Rückgabe seines Passes rechnen könne. Es sei ihm, so gab er an, nicht länger

48 Vgl. Büro RAM v. 7.6.1942/Handakten Luther/Pol.Archiv R-27635.

49 Notiz f. U.St.S. v. 22.6./Handakten Luther/Pol.Archiv R-27635

50 Der Chef der Sicherheitspolizei/IV E 4 v. 23.6.42/Handakten Luther/Pol.Archiv R-27635.

51 Ebenda.

52 Ebenda.

möglich, bei seinen Verhandlungen mit der Reichsbank zu verschweigen, daß ihm sein Paß entzogen worden sei.

Bei dieser Gelegenheit gab W. v. Oppenheim an, daß er Wallenberg bei dessen letztem Besuch in Berlin gesprochen habe. Hierbei wurde er von dem schwedischen Bankier gefragt, ob ihm die Presseveröffentlichungen über seinen Aufenthalt in Stockholm bekannt geworden wären. Oppenheim will diese Frage verneint haben. Daraufhin teilte ihm Wallenberg mit, daß ein US-amerikanischer Journalist dem schwedischen Außenministerium einen Bericht über den Besuch des Kölner Bankiers zur Freigabe vorgelegt habe, die ihm nicht erteilt worden sei. Der betreffende Zeitungsmann habe den Bericht trotzdem ins Ausland gebracht und dort publiziert. Der amerikanische Korrespondent. wurde daraufhin innerhalb von 24 Stunden des Landes verwiesen. Der Name des Amerikaners war Wallenberg entfallen. Er versprach aber, diesen v. Oppenheim mitzuteilen. Das Reichssicherheitshauptamt bat das AA, wenn möglich, die Angaben des Kölner Bankiers nachzuprüfen[53].

Nunmehr schlug Luther Ribbentrop in Übereinstimmung mit der Auffassung der Reichsbank in einem Vermerk vom 30. Juni 42 vor, v. Oppenheim zunächst die Modalitäten des Wertpapiergeschäftes in Paris feststellen zu lassen. Entsprechend dem Ergebnis des Berichtes des Kölner Bankiers würde sich dann die Reichsbank direkt mit der Stockholmer Enskilda Bank in Verbindung setzen. Angesichts dieser Sachlage empfahl der Unterstaatssekretär jetzt seinem Außenminister, der Reise v. Oppenheims zuzustimmen[54]. Ribbentrop billigte zwar die Reise am 4. Juli, gleichzeitig beabsichtigte das Reichssicherheitshauptamt aber, den Paß nach Beendigung des Frankreichaufenthaltes wieder einzuziehen[55]. Durch Drahterlaß vom 8. Juli wies das AA die deutsche Gesandtschaft in Stockholm an, den Wahrheitsgehalt des Berichtes von Wallenberg hinsichtlich der Ausweisung des amerikanischen Journalisten durch die schwedischen Behörden zu überprüfen[56]. Am 18. Juli berichtete die deutsche Vertretung aus der schwedischen Hauptstadt, daß dort über die angebliche Ausweisung eines US-Pressevertreters nichts bekannt sei. Wallenberg, der unauffällig befragt wurde, meinte, es habe sich um den Beauftragten einer amerikanischen Rundfunkgesellschaft gehandelt[57].

Mit Schreiben vom 4. August teilte Kriminalrat Clemens vom RSHA dem AA mit, daß v. Oppenheim in der Zeit vom 23.–30. Juli in Paris gewesen sei und im Anschluß daran seinen Reisepaß bei der Stapoleitstelle in Köln wieder abgegeben habe. Eine Besprechung mit dem Reichsbankdirektor v.Wedel ergab die Notwendigkeit einer weiteren Reise in die französische Hauptstadt. Oppenheim mußte überdies als Mitglied von Aufsichtsräten verschiedener Firmen nach Metz und Luxemburg fahren.

53 Vgl. Der Chef der Sicherheitspolizei/IV E 4/v. 29.6.1942/Handakten Luther/Pol.Archiv R-27635.

54 Vgl. Vermerk U.St.S.Luther v. 30.6.42/Handakten Luther

55 Vgl. Büro/RAM v. 4.7.42/handschriftlicher Vermerk/Handakten Luther, Pol.Archiv R-27635.

56 Vgl. Diplogerma Nr. 921 v. 8.7.42/Handakten Luther/Pol. Archiv R-27635.

57 Vgl. Dt. Gesandtschaft Stockholm Nr. 1937 v. 18.7.42/Handakten Luther, Pol.Archiv R-27635.

Der Bankier hat daher darauf hingewiesen, daß der Paßentzug ihn in seiner geschäftlichen Tätigkeit im Deutschen Reich und in den besetzten Gebieten stark behindern würde. Er bat daher um Auskunft darüber, an wen er sich wegen der Aufhebung dieser Maßnahme wenden könne. Clemens schlug dem AA daher zur Vereinfachung des Verfahrens vor, dem Bankier Reisen in unter deutscher Zivilverwaltung stehende, rückgegliederte oder besetzte Gebiete grundsätzlich zu gestatten und nur solche in das neutrale Ausland von Genehmigungen abhängig zu machen[58].

Überdies, so Clemens, habe sich Oberst Piekenbrock vom Amt/Ausland Abwehr wegen der Genehmigung einer neuerlichen Schwedenreise des Bankiers und seiner Tochter fernschriftlich an das RSHA gewandt. Ihm sei empfohlen worden, sich dieserhalb direkt mit dem AA in Verbindung zu setzen.

Daraufhin übermittelte der Abwehroberst am 5. August folgendes Schreiben an das Auswärtige Amt:

*»Dem Freiherr Waldemar v. Oppenheim, Köln, ist nach Angabe des Reichssicherheitshauptamtes auf Anordnung des Herrn Reichsaußenministers sein Reisepaß entzogen worden.*
*Oppenheim ist V-Mann von Abw.*
*Reise von Oppenheim und Tochter nach Schweden in nächster Zeit ist im Abwehrinteresse erwünscht.*
*Darüber hinaus ist Abw. daran interessiert, daß O. für seine Tätigkeit für Abw. kein Schaden entsteht.*
*Nach Ansicht des RSHA haben die Vernehmungen Os. nichts Belastendes ergeben[59].«*

Nunmehr empfahl der Unterstaatssekretär in einem Vermerk vom 4. August für den Reichsaußenminister, dem Vorschlag von Kriminalrat Clemens zu entsprechen und Reisen in die besetzten Gebiete künftig nicht mehr als genehmigungspflichtig zu behandeln. Ferner bat Luther um Weisung, wie im Fall der von der Abwehr gewünschten Schwedenreise des Bankiers verfahren werden sollte.

*». . . Ich . . . glaube, daß wir uns in Anbetracht der Tatsache, daß die Abwehr Oppenheim für die Zwecke der Marine für sehr brauchbar erachtet, auf die Dauer gegen die Aushändigung der Pässe und die Erteilung der Ausreisegenehmigung nicht sträuben können. Das Reichssicherheitshauptamt könnte gebeten werden, Oppenheim auf seiner Reise zu beschatten . . .[60].«*

Ribbentrop ließ am 8. August mitteilen, daß er gegen eine weitere Reise des Kölner Bankiers nach Paris und solche in die besetzten Gebiete nichts einzuwenden hatte.

*»Der RAM konnte sich aber mit dem Gedanken einer Reise v. Oppenheims nach Schweden nicht anfreunden und bittet um weitere Feststellung, ob das Interesse der*

58 Vgl. Der Chef der Sicherheitspolizei IV E 4 v. 4.8.42/Handakten Luther, Pol.Archiv R-27635.
59 Oberst d.Gen.St.Piekenbrock v. 5.8.42/Handakten Luther/Pol.Archiv R-27635.
60 Vortragsnotiz Luther v. 4.8.42/Handakten Luther/Pol.Archiv R-27635.

*Abwehr tatsächlich ein so überwiegendes ist, daß die bestehenden erheblichen Bedenken gegen eine neue Schwedenreise zurückgestellt werden können . . .*[61]*.«*

Das AA teilte dem RSHA durch Schreiben vom 12. August mit, daß die geplanten Reisen v. Oppenheims in die unter Zivilverwaltung stehenden besetzten Gebiete genehmigt werden könnten. Ob allerdings der von der Abwehr gewünschten Schwedenreise des Bankiers die Zustimmung erteilt würde, könnte erst nach weiterer Prüfung entschieden werden[62].

Am 24. August wurde dem Bankier, nicht aber seiner Tochter, der Reisepaß vom Amt IV/RSHA wieder ausgehändigt. V. Oppenheim mußte hierbei eine Erklärung folgenden Wortlautes unterschreiben:

*»Mir ist heute mein Reisepaß Nr. 880/41, ausgestellt von der Polizeidirektion in Bremen am 1. November 1941 in Verbindung mit dem Reisepaß Nr. 10172 ausgestellt von der Polizeidirektion in Köln am 31. August 1938, ausgehändigt worden. Mir ist eröffnet worden, daß nach wie vor Reisen nach dem neutralen Ausland, Frankreich, Belgien, Dänemark und Norwegen einer besonderen Genehmigung bedürfen*[63]*.«*

Zwischenzeitlich, am 14. August, hatte sich v. Oppenheim mit einem Schreiben an den ihm offenbar persönlich bekannten Gesandten v. Steengracht unter Hinweis auf seine Paßschwierigkeiten mit der Bitte gewandt, ihm einen Gesprächstermin beim Reichsaußenminister zu vermitteln.

Gleichzeitig fügte er dem Brief an den Diplomaten ein Schreiben an v. Ribbentrop bei, in dem er ebenfalls unter Verweis auf seine Tätigkeit für Admiral Canaris und seine Paßschwierigkeiten um eine kurze Unterredung bat[64].

In einer Besprechung vom 2. August zwischen einem Vertreter des Auswärtigen Amtes und Oberst Piekenbrock von der Abwehr gab der Oberst nun den Grund für die von seiner Dienststelle dringend gewünschte Schwedenreise v. Oppenheims an:

*». . . v. O. soll nach Möglichkeit Anfang September auf 10–14 Tage nach Schweden reisen, um dort den aus den USA zurückkehrenden Grafen Haakon Mörner*[65]*, zu dem er gute persönliche Beziehungen hat, zu treffen. Die Abwehr legt auf dieses Zusammentreffen sehr großen Wert und bittet daher um Genehmigung der nochmaligen Ausreise Oppenheims nach Schweden*[66]*.«*

61 Büro RAM v. 8.8.42/Handakten Luther/Pol.Archiv R-27635.

62 An den Chef d. Sicherheitspolizei v. 12.8.42/Handakten Luther/Pol.Archiv R-27635.

63 Vermerk Luther v. 25.8.1942/Handakten Luther/Pol.Archiv R-27635.

64 Vgl. v. Oppenheim an Steengracht u. ders. an Ribbentrop v. 14.8.42/Handakten Luther/Pol. Archiv.

65 Lt. Mitteilung des schwedischen Auswärtigen Amtes v. 5.10.92 hat Haakon Graf Mörner kein Regierungsamt bekleidet. Der Graf war Kapitänleutnant d.R. und leistete während des Krieges Militärdienst. Er heiratete 1916 in die Familie Wallenberg ein, ohne jedoch eine Position in der Enskilda-Bank zu bekleiden.

66 Vermerk LR v. Grote für den Unterstaatssekretär v. 27.8.42/Handakten Luther/Pol.Archiv R-283950.

Am 29. August schickte der Bankier, da sich in seiner Paßangelegenheit offensichtlich nichts bewegte, ein Telegramm an Kriminalrat Clemens vom Amt IV/RSHA und ersuchte diesen, ihm und seiner Tochter die Reiseerlaubnis nach Schweden zu erteilen. Insbesondere bat v. Oppenheim darum, doch seiner Tochter, die am 5. September zur Teilnahme an der Hochzeit einer Verwandten eingeladen worden sei, die Fahrt zu ermöglichen, die sie spätestens bis zum 3. September angetreten haben müsse. Clemens rief daraufhin den Bankier an und riet ihm, im eigenen Interesse von der Reise Abstand zu nehmen. V. Oppenheim bestand aber trotzdem darauf, daß den zuständigen Stellen sein Reiseersuchen vorgelegt werden sollte, weil er an der seinerzeitigen »Pressegeschichte« völlig unschuldig gewesen sei[67]. Luther entschied am 31. August, daß der Reiseantrag von Fräulein v.Oppenheim abgelehnt werden sollte[68].

Aus einer Vortragsnotiz des Unterstaatssekretärs für den Staatssekretär v. 4. September geht hervor, daß der Kölner Bankier den Gesandten v. Steengracht zu einem persönlichen Gespräch aufgesucht hatte und diesen »... dringendst um eine Bewilligung seiner Reise nach Schweden gebeten habe und ... er ihm über seine Tätigkeit in Schweden im Interesse des Reiches, insbesondere der Marine, nähere Angaben gemacht habe ...«[69].

Von Steengracht erhielt von seinem Vorgesetzten die Weisung, diese Angaben v. Oppenheims über seine Abwehrtätigkeit in einem Vermerk für Ribbentrop niederzulegen[70].

Luther verfaßte am selben Tag einen entsprechenden Vermerk für den Reichsaußenminister, der die Schwedenreise v. Oppenheims aufgrund der von der Abwehr genannten Gründe, am 10. September genehmigte[71].

Der Tochter des Bankiers wurde die Reiseerlaubnis nicht erteilt[72].

V. Opppenheim reiste am 20. Oktober, also wesentlich später als die Abwehr dieses gewünscht hatte, nach Stockholm und kehrte von dort am 26. Oktober zurück[73].

Die Akten des schwedischen Außenministeriums geben weder einen Hinweis auf Gespräche des Grafen Mörner mit Waldemar v. Oppenheim im Oktober 1942 noch

67 Vgl. Aufzeichnung/LR Picot für U.St.S. v. 29.8.42/Handakten Luther/Pol.Archiv R-27635.

68 Vgl. Pers.Ref.U.St.S. v. 31.8.42/Handakten Luther/Pol.Arch. R-27635.

69 Vgl. Mitteilung von Luther für Steengracht v. 4.9.42 sowie Vortragsnotiz Luthers für Ribbentrop v. 4.9. und Vortragsnotiz v. U.St.S. für St.S. v. 4.9./Handakten Luther/Pol.Archiv. Mit dieser Mitteilung an Steengracht verstieß v. Oppenheim gegen seine der Abwehr gegenüber abgegebene Verpflichtung v. 25.6.1941, in der es u.a. heißt: »Die Verpflichtung zur Geheimhaltung besteht auch gegenüber sämtlichen Wehrmachts- sowie amtlichen und parteiamtlichen Stellen ...«/BA-MA RW 5/304.

70 Vgl. Luther an Steengracht v. 4.9.42/Handakten Luther/Pol.Archiv R-27635.

71 Vgl. Vermerk Luther für Ribbentrop v. 4.9.42/Handakten Luther/Pol.Archiv.

72 Vgl. Der Chef der Sicherheitspolizei IV E 4 v. 22.10.42/Handakten Luther/Pol.Archiv.

73 Vgl. Der Chef der Sicherheitspolizei IV E 4 v. 28.10.42/Handakten Luther/Pol.Archiv.

enthalten die Akten Anhaltspunkte für eine Reise des Grafen zu jener Zeit in die USA[74].

Eine Erklärung für dieses Treffen in Stockholm könnte die sogenannte »Bosch-Affäre« gewesen sein. Hierbei handelte es sich um einen Scheinkauf der American Bosch Corporation und anderer ausländischer Tochtergesellschaften der Stuttgarter Bosch GmbH durch die »Stockholms Enskilda Bank«, um zu verhindern, daß diese Firmen im Kriegsfall als Feindvermögen beschlagnahmt werden konnten. Der Kaufvertrag über den Erwerb der American Bosch Corporation enthielt eine Klausel, wonach die Firma Bosch Stuttgart zwei Jahre nach einem Waffenstillstand mit den Westmächten nicht nur das Recht, sondern auch die Pflicht hatte, ihre amerikanische Tochter von der Stockholmer Bank zurückzukaufen[75].

Auf diese Weise war deutsches, im Ausland befindliches Industrievermögen dem amtlichen Zugriff von Regierungen, die sich mit Deutschland im Krieg befanden, entzogen, war doch ihr neuer Eigentümer eine Bank eines neutralen Staates. An der Abwicklung dieser Geschäfte aber war W. v. Oppenheim aktiv beteiligt.

*». . . Nach dem Treffen mit Jacob Wallenberg konnte Goerdeler ein gewisses Interesse der Stockholms Enskilda Banken (SEB) nach Stuttgart melden . . . Er empfahl hierbei, daß Waldemar v. Oppenheim von der deutschen Bank Pferdmenges & Co. wegen dieser Angelegenheit Kontakt zu Jacob Wallenberg aufnehmen sollte . . . Im Oktober/November 1939 besprach v. Oppenheim diese Angelegenheit mit Wallenberg und schlug diesem vor, zuerst die Bosch-Gesellschaften, die ihren Sitz in neutralen europäischen Staaten und Argentinien hatten, aufzukaufen . . .[76].«*

*».. nach den ersten Kontaktaufnahmen im Herbst 1939 begannen die Verhandlungen. Auf deutscher Seite wurde diese von K.E. Thomä, dem Leiter der Rechtsabteilung des Boschkonzerns und H. Walz, dem Direktor der Geschäftsleitung, geführt. Das hierbei verhaltene Vorgehen seitens der Firma Bosch und v. Oppenheims wurde von der SEB als sehr positiv empfunden . . .[77].«*

*». . . ab Oktober wurde die Frage des Erwerbs der ABC Aktien . . . von v. Oppenheim und O. Fischer sowie anderen Bosch-Vertretern während mehrerer Zusammenkünfte mit den Repräsentanten der SEB besprochen . . .[78].«*

Wie dargestellt, hatte Baron W. v. Oppenheim einen nicht geringen Anteil an dieser sicherlich nicht unumstrittenen Manipulation mit deutschem Industrievermögen im Ausland.

Waren aber Besprechungen in dieser Angelegenheit der Grund für die von der Abwehr geforderte neuerliche Reise des Bankiers nach Stockholm?

Diese Frage muß sicherlich aufgrund der Tatsache, daß die Abwehr wahrscheinlich in diese Wirtschaftsmanipulation nicht verwickelt war, mit ziemlicher Gewißheit verneint werden.

[74] Mitteilung des schwedischen Außenministeriums v. 5.10.1992.
[75] Vgl. Olsson, Ulf, Bank, familj och företagande, Stockholm o.J., S. 25.
[76] Ebenda, S. 19.
[77] Ebenda, S. 21.
[78] Ebenda, S. 24

Der Text des Funkspruches[79] der japanischen Gesandtschaft in Stockholm an die Botschaft des Kaiserreiches in Berlin vom 26. Juni 1942 macht deutlich, daß die Japaner v. Oppenheim in Stockholm sehr sorgfältig beobachtet hatten, bevor sie diese Nachricht absetzten. Insbesondere die in diesem Funkspruch angegebene »Fühlungnahme« des Bankiers zu den Engländern erregte offenbar die Besorgnis der Japaner. Mußte Japan doch befürchten, daß sich Deutschland und England auf Kosten des japanischen Kaiserreiches einigen würden. Entsprechende Angebote waren dem britischen Gesandten in Stockholm, Mallet, bereits im September 1940 von Dr. Weißauer übermittelt worden. Ein Irrtum seitens der Japaner scheint daher eher unwahrscheinlich. Da dieser von der Chiffrierstelle beim Oberkommando der Wehrmacht entschlüsselte Funkspruch den zuständigen Behörden unmittelbar zugleitet wurde, erhielt ihn auch das Reichssicherheitshauptamt. Aus diesem Grund war die Behördenspitze selbstverständlich über diese hier behaupteten Kontakte v. Oppenheims informiert.

Auch ein weiteres, schwedisches Dokument, dürfte den Deutschen vorgelegen haben, da die deutschen Spezialisten auch die Funkschlüssel dieses Landes »geknackt« hatten[80].

Durch diesen Funkspruch war den Gesandten des Königreiches in London und Washington von ihrem Stockholmer Außenministerium am 16. April 1942 folgendes mitgeteilt worden:

*»Bezogen auf englisch/amerikanische Presseberichte hinsichtlich deutscher Friedensfühler in Stockholm und Bankier Oppenheims Besuch wird nur Persönliches mitgeteilt, d. h. das Abholen seiner Tochter durch ihn wird allgemein ganz unpolitisch und ohne Verbindung zu führenden Kreisen in Deutschland verstanden. Es scheint ein Zusammentreffen mit Mitgliedern der britischen Gesandtschaft gegeben zu haben, hierüber verbreiteten die Friedensanhänger sofort entsprechende Informationen. Hier wurde diesen kein Glaube geschenkt. Es wurden vergebliche Anstrengungen unternommen, die englisch/amerikanische Presse von diesem Thema abzubringen . . .*[81]*.«*

Diese zweite Quelle äußert die Vermutung, daß ein Zusammentreffen v. Oppenheims mit Vertretern der britischen Gesandtschaft stattgefunden habe. Da die schwedische Seite kein Interesse daran haben konnte, daß ein solcher Kontakt, der sicherlich nicht ohne Beteiligung eigener Staatsbürger zustande gekommen war, bekannt wurde, konnten zwar Sachverhalte wie hier genannt werden, gleichzeitig mußte man sich aber bemühen, ihr Bekanntwerden zu verhindern. Warum aber war der Besuch des deutschen Bankiers in Stockholm so wichtig, wenn ihm keine politische Bedeutung zukam, daß zwei diplomatische Vertreter Schwedens auf wichtigen Auslandsposten darüber informiert werden mußten? War dieses nur dem offenbar auch sehr großen

79 Vgl. S. 117 dieser Arbeit.

80 Vgl. hierzu auch Gellermann, Günther W., . . . und lauschten für Hitler, a.a.O.

81 Kungl. Utrikes Dep./Nr. 646 u. 276/v.16.4.42/Chiffer/Swedish Minister London/Svensk Washington/Archiv d.schwed.Außenministeriums o.Sign.

politischen Einfluß Jakob Wallenbergs zuzuschreiben oder verbarg sich dahinter mehr?

Es liegt die Vermutung sehr nahe, daß Waldemar v.Oppenheim in Schweden nicht nur wirtschaftliche Aufgaben wahrnahm und für die Abwehr nachrichtendienstliche Aufträge erledigte, sondern auch Kontakte zu den Engländern aufnahm, um die Verhandlungsmöglichkeiten über den Abschluß eines Friedens zu erkunden.

An Friedensgesprächen aber waren die Engländer offensichtlich seit Beginn des Jahres 1942 neuerlich interessiert. Der britische Gesandte in Stockholm, v. Mallet, gab jedenfalls dem Präsidenten des Schwedischen Hofgerichtes, Ekeberg, einen entsprechenden Hinweis[82].

Der schwedische Jurist wiederum formulierte daraufhin die folgende Anfrage an die britische Regierung und informierte darüber seinen bisherigen deutschen Kontaktmann, Dr. Weißauer, über den finnischen Gesandten in Berlin, Kivimäki. Weißauer hielt die ihm auf diesem Weg zugegangene Information des Schweden in einem Vermerk für das Reichssicherheitshauptamt fest:

*». . . Unter welchen Bedingungen wäre die englische Regierung bereit, mit der deutschen Regierung Friedensverhandlungen aufzunehmen, vorausgesetzt, daß Rußland durch Deutschland völlig geschlagen und niedergeworfen ist . . .*[83]*.«*

Dr. Weißauer konnte zu diesem Zeitpunkt aus unbekannten Gründen nicht nach Stockholm reisen. Da eine Zusammenarbeit in dieser Frage zwischen dem Reichssicherheitshauptamt und dem Amt Ausland/Abwehr nicht unterstellt werden kann, muß vermutet werden, daß Admiral Canaris, als Amtschef des Amtes Ausland/Abwehr, über eigene Verbindungen von dem britischen Wunsch nach neuerlichen Friedenskontakten erfuhr und daraufhin den Kölner Bankier als erfahrenen Kontaktmann nach Stockholm schickte, um die Ernsthaftigkeit des britischen Hinweises zu überprüfen.

V. Oppenheim verfügte nicht nur über entsprechende internationale Erfahrungen, sondern auch über die persönlichen Beziehungen zu britischen Persönlichkeiten, wie dem englischen Bankier Ch. J. Hambro, der seit 1940 als Oberst im englischen Generalstab diente[84]. Die Bemerkungen des Kölner Bankiers anläßlich eines Abendessens in Stockholm im April 1942, er könnte sehr schnell mit Hambro einen entsprechenden Frieden zwischen England und Deutschland aushandeln[85], mögen zunächst ungeschickt erscheinen, weil sie entsprechende Spekulationen in bezug auf eine »Friedensmission« v. Oppenheims auslösten. Andererseits konnte sie aber auch eine

82 Vgl. Ekeberg an Kivimäki v. 2.2.42 und Kivimäki an Ekeberg v. 3.3. und 16.4.1942 zitiert bei: Manninen, Ohto, Ludwig Weißauer i hemliga uppdrag 1940–1943, in: Historisk tidskrift för Finland 1975.

83 Erkundung der englischen Friedensbedingungen v. 21.1.1942 BA/R 58/441.

84 Vgl. Vermerk v. F.K. Roberts/kommissarischer Leiter des Central Departments des Foreign Office v. 14.4.1942/FO 371/30912/PRO.

85 Vgl. ebenda.

geschickte Tarnung des tatsächlichen Auftrages des Bankiers gewesen sein, da niemand bei einem Emissär ein verbal so ungeschicktes Verhalten vermutete.

Warum aber informierte die britische Regierung ihre diplomatischen Vertretungen in der UdSSR, der Schweiz und Schweden am 19. April 1942 darüber, daß Gerüchte über eine deutsche Friedensinitiative in Stockholm keinerlei Interesse bei der britischen Regierung ausgelöst hätten[86]? Mußte London eigene wichtige diplomatische Vertretungen über Reaktionen auf Gerüchte informieren? Sicherlich nicht, wenn hierfür kein ernsthafter Hintergrund vorhanden gewesen wäre. Den aber gab es, weil vermutlich tatsächlich britische Vertreter im April 1942, wie folgender Bericht des Stockholmer Korrespondenten des »Daily Telegraph«, Goulder, vermuten läßt, mit v. Oppenheim gesprochen haben:

*»Hitler hat wiederum vergeblich versucht, einen Keil zwischen Großbritannien und den russischen Verbündeten durch das Angebot eines Separatfriedens zu treiben. Sein (Hitlers/d. Verf.) Unterhändler, ein bekannter Bankier, kam am Dienstag in Stockholm an. Man unterstellt, daß diplomatische Kreise an britische Offizielle mit Angeboten herantreten, die sich kaum von denjenigen unterscheiden, die von dem Führerstellvertreter Rudolf Hess . . . vor elf Monaten mitgebracht wurden[87]. Der Bankier, der scheinbar zu einem privaten Besuch seiner Tochter eintraf, die sich bei Freunden außerhalb der Stadt aufhält, ließ diskret verlauten, daß er Kontakt zu englischen offiziellen Kreisen sucht. Schließlich wurde er von zwei Engländern (befragt/ d. Verf.), die aus verständlichen Gründen anonym bleiben müssen. Nach der Wiederholung der üblichen Platitüden über die Torheit, daß sich die besten Nationen bekämpfen, äußerte wiederum ein weiterer Unterhändler, daß Hitler den Krieg nie gewollt hat. England sei immer noch ängstlich wegen eines Kompromisses (mit Deutschland/d. Verf.). Allein durch den kann es aber nur weiteres Blutvergießen und wirtschaftlichen Ruin vermeiden. Überdies wird es hierdurch davon abgehalten, seine volle Aufmerksamkeit der Sowjetunion als der tatsächlichen Bedrohung der gesamten Welt, voll zuzuwenden. Es wurden keine konkreten Friedensbedingungen diskutiert, aber klargestellt, daß Deutschland freie Hand bei der Niederwerfung Rußlands im Austausch gegen bestimmte Zugeständnisse gegenüber Großbritanniens besetzten europäischen Verbündeten verlangt.*
*In bezug auf Japan drückte sich der Unterhändler sehr unbestimmt aus, hielt aber fest, daß Deutschland mit Sorge die großen japanischen Erfolge beobachtet und künftig ernsthaft wünscht, daß dem japanischen Imperialismus Einhalt geboten wird. Er (der Unterhändler/d. Verf.) sei darüber informiert, daß die britische Regierung an den Grundsätzen festhält, die Herr Eden geäußert hat, nämlich nie in Verhandlungen*

86 Vgl. Fernschreiben des Foreign Office an die britischen Vertretungen in Kuibyshev, Bern und Stockholm, Nr. 2562 v. 19.4.1942/FO 371/30912/PRO.

87 Es erstaunt sehr, daß in diesem Dokument v. April 1942 bereits die Friedensvorschläge, die Rudolf Hess offensichtlich mit nach England brachte, erwähnt werden, obgleich dieser Sachverhalt bis heute von offiziellen britischen Stellen bestritten wird.

*mit irgendeiner Regierung einzutreten, die von Hitler oder den Nazis kontrolliert wird. Der Unterhändler stellte ferner fest, daß dieses aber Großbritanniens letzte Chance sei und England wohl beraten wäre, sie zu nutzen, bevor die deutschen Armeen die kaukasischen Ölquellen erobert hätten. Zu diesem Zeitpunkt wäre das britische Empire dann allerdings von der Erdoberfläche gefegt worden. Damit wurde das Gespräch beendet.*
*Der Unterhändler, der Vorbereitungen zur Abreise aus Stockholm nach Berlin getroffen hatte, änderte seine Reisepläne im letzten Augenblick und bleibt hier*[88]*.«*

Nach diesem Gespräch mußte England – insbesondere dem sowjetischen Verbündeten gegenüber – dem leisesten Anschein, einen Sonderfrieden mit Deutschland anzustreben, entgegentreten, wollte Großbritannien nicht entsprechende sowjetische Friedensinitiativen herausfordern.

Nur die vermuteten Friedenskontakte zu den Briten im April 1942 aufgrund der beiden von der deutschen Seite aufgefangenen Funksprüche und der entsprechenden ausländischen Presseveröffentlichungen erklären, weshalb die Untersuchung gegen W. v. Oppenheim zunächst auf höchster Ebene durchgeführt wurde. Der als »Gestapomüller« bekannte Amtschef des Amtes IV/RSHA, SS-Gruppenführer Heinrich Müller, hätte wohl schwerlich selbst die Vernehmungen des Bankiers (18. April 1942) vorgenommen, wenn die Gründe hierfür nicht sehr gewichtig gewesen wären.

Der Reichsaußenminister ließ sich laufend über diese Angelegenheit unterrichten und entschied persönlich insbesondere auch darüber, ob der Freiherr im Oktober nach Schweden reisen durfte.

Die beiden hohen Amtsträger kannten, so muß unterstellt werden, den Inhalt der zitierten Funksprüche und die ausländischen Presseveröffentlichungen und wußten daher um die mögliche Brisanz dieses Vorganges, insbesondere aber auch, wie hierdurch das Verhältnis zu dem japanischen Verbündeten schwer belastet werden konnte[89].
Warum aber fand überhaupt die geschilderte, schikanöse Untersuchung gegen v. Oppenheim statt, wenn er, was vermutet werden muß, einen »offiziellen« Gesprächsauftrag mit den Engländern in Stockholm wahrnahm?

Hierfür bieten sich zwei Erklärungen an: Die erste, wenig wahrscheinliche, wäre die, daß die Untersuchung deshalb stattfand, weil die Gespräche des Bankiers in der ausländischen Presse öffentlich gemacht wurden. Keine deutsche Amtsstelle wollte

88 To Mr. Sommers-Cocks from Sir John Cameron/o.D./FO 371/30912/PRO. – Das hier vorliegende Dokument läßt nicht erkennen, ob dieser Bericht, was zweifelhaft ist, in England veröffentlicht wurde. Unter den vom Auswärtigen Amt zu diesem Fall gesammelten ausländischen Presseberichten befindet sich kein entsprechender Artikel. Der Name v.Oppenheim wird in dem Dokument zwar nicht genannt. Die beschriebenen Umstände weisen aber eindeutig auf den Bankier hin. Die wiedergegebenen »Friedensvorschläge« sind z. T. mit den Angeboten identisch, die Dr. Weißauer über Ekeberg an Mallet weiterleiten ließ.

89 Es ist sicher anzunehmen, daß auch das Forschungsamt/RLM entsprechende Unterlagen/Braune Blätter zu diesem Vorgang erstellt hat. Leider sind entsprechende Dokumente nicht mehr vorhanden.

sicherlich mit einer Initiative identifiziert werden, die zwar geheim durchgeführt, aber mangels britischen Interesses gescheitert war. Deren antijapanische Tendenz aber konnte überdies in vielen Auslandszeitungen nachgelesen werden. Das mußte fast zwangsläufig eine Verschlechterung des deutschen Verhältnisses zum japanischen Kaiserreich zur Folge haben, dafür wollte aber sicherlich kein Amtsträger die Verantwortung übernehmen.

Die zweite wahrscheinlichere Erklärung besteht darin, daß der Auftraggeber v. Oppenheims weder das Auswärtige Amt noch das RSHA zu diesem Zeitpunkt informieren wollte. Das AA wurde über die Stockholmer Kontakte Dr. Weißauers ja auch erst zu einem sehr späten Zeitpunkt durch das RSHA informiert, obgleich diese außenpolitische Initiative in den Kompetenzbereich des Ribbentrop-Ministeriums gehörte und nicht vom Reichssicherheitshauptamt wahrgenommen zu werden hatte. Hieran änderte auch der Umstand nichts, daß in diesem Zusammenhang dem AA vom AmtVI/RSHA lakonisch mitgeteilt wurde, es habe sich hier lediglich um »nachrichtenmäßige Feststellungen« gehandelt.

Der für die Schwedenreise v. Oppenheims im September/Oktober 1942 von der Abwehr genannte Reisegrund war, wie dargestellt, falsch. Graf Mörner war nicht, wie die Abwehr behauptete, gerade aus den USA zurückgekehrt. Die gegenüber dem AA und dem RSHA genannte Reisenotwendigkeit, den schwedischen Adeligen zu treffen, war also nur ein Vorwand, um die Reisegenehmigung zu bekommen. Es drängt sich aus diesem Grund die Vermutung auf, daß der Bankier bei dieser Reise wiederum Kontakte zu den Briten gesucht haben könnte[90]. Da im Oktober 1942 sowohl W. v. Oppenheim, aber auch seine Auftraggeber und die Kontaktleute durch die Vorgänge vom April dieses Jahres gewarnt waren, verlief diese Reise ohne weitere negative Folgen für den Bankier. Die ausländische Presse beachtete diesen Schwedenaufenthalt nicht.

Wer allerdings v. Oppenheim den vermuteten Gesprächsauftrag erteilt hat, läßt sich ebensowenig ermitteln wie bei Dr. Weißauer[91].

[90] Vgl. Fleischhauer, Ingeborg, Die Chance des Sonderfriedens, Deutsch-Sowjetische Geheimgespräche 1941–1945, Berlin o.J., S. 85.

[91] Die noch erreichbare Tochter des Bankiers beantwortete leider an sie gerichtete Fragen des Autors nicht.

## Anlagen zu Teil II

1. Von der Chiffrierstelle des Oberkommandos der Wehrmacht aufgefangener Funkspruch der japanischen Gesandtschaft in Stockholm an die japanische Botschaft in Berlin. Aufgezeichnet am 26.6.1942 ........... 139
2. Aktennotiz der Abwehrstelle Bremen v. 9.6.1941 ............... 140
3. Personalbogen der Abwehrstelle Bremen v. 29.9.1941 ............ 142
4. Verpflichtungserklärung v. 25.6.1941 ...................... 144
5. Verzeichnis der bei der Abwehrstelle Bremen eingegangenen Berichte des Agenten »Baron« o.D. ................................. 145
6. Bericht des Agenten »A 2048« v. 2.3.1942 .................. 146
7. Bericht des Agenten »A 2048« v. 28.2.1942 ................. 147
8. Bericht des Agenten »A 2048« v. 30.1.1942 ................. 148
9. Presseabt. des Auswärtigen Amtes v. 14.4.1942 Bl. 16 ........... 149
10. Presseabt. des AA v. 16.4.1942 Bl. B ..................... 150
11. Presseabt. d.AA/nur zur streng vertraulichen Kenntnisnahme Nr. 106 v. 16.4.1942 Bl. 12 .................................. 151
12. Schreiben des Amtes Ausland/Abwehr an das AA v. 23.4.1942 ...... 152
13. Vermerk des Gesandten v. Rintelen v. 28.4.1942 ............... 153
14. Schreiben des Oberst d.G. Piekenbrock an das AA v. 3.8.1942 ...... 154
15. Vermerk des Legationsrates v. Grote v. 27.8.1942 .............. 155
16. Vermerk des Reichsaußenministers für Unterstaatssekretär Luther v. 8.8.1942 ..................................... 156
17. Telegramm des Schwedischen Auswärtigen Amtes an die schwedische Botschaft in Washington und London v. 16.4.1942 ............. 157
18. Vermerk von Sir John Cameron für Mr. Somers-Cocks o.D. ........ 159

1. Von d. Chiffrierstelle d. Oberkommandos d. Wehrmacht aufgefangener Funkspruch d. japanischen Gesandtschaft in Stockholm an d. japanische Botschaft in Berlin

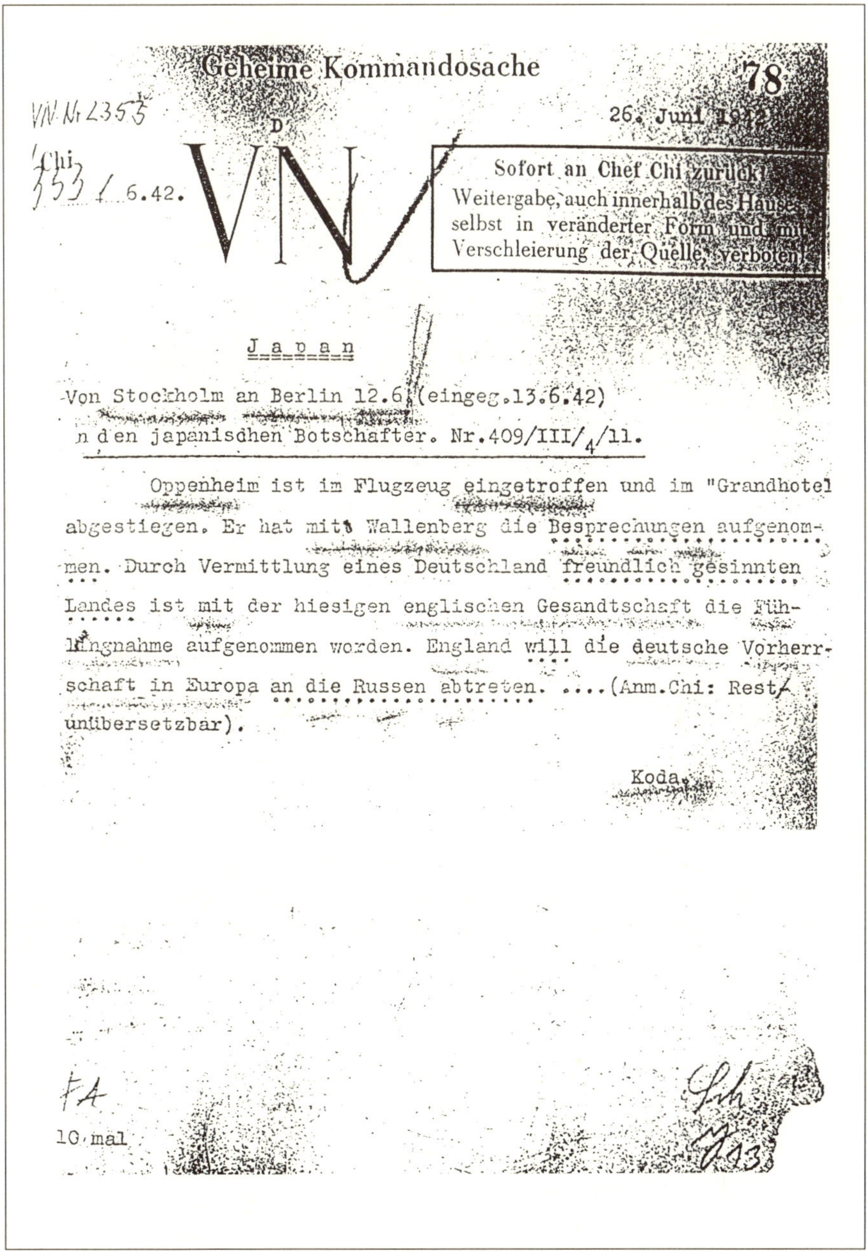

Geheime Kommandosache 78

VN Nr 2353

26. Juni 1942

Chi 353 / 6.42.

VN

Sofort an Chef Chi zurück! Weitergabe, auch innerhalb des Hauses, selbst in veränderter Form und mit Verschleierung der Quelle, verboten!

J a p a n

Von Stockholm an Berlin 12.6 (eingeg.13.6.42)

An den japanischen Botschafter. Nr.409/III/4/11.

Oppenheim ist im Flugzeug eingetroffen und im "Grandhotel abgestiegen. Er hat mit Wallenberg die Besprechungen aufgenommen. Durch Vermittlung eines Deutschland freundlich gesinnten Landes ist mit der hiesigen englischen Gesandtschaft die Fühlungnahme aufgenommen worden. England will die deutsche Vorherrschaft in Europa an die Russen abtreten. ....(Anm.Chi: Rest unübersetzbar).

Koda.

FA

10 mal

## 2. Aktennotiz der Abwehrstelle Bremen v. 9.6.1941

Bremen, den 9.Juni 1941.

Aktennotiz

Betr. Treff mit Sonderf. [redacted]-Paris, am 2.,3.,&5.,6.1941.

Sonderführer [redacted] wurde dem IH durch F 2368 namhaft gemacht und brieflich an ihn empfohlen. SF Wilh. [redacted] ist im Zivilberuf Assessor, und Syndikus einer Kölner Industriefa.. Nach Einberufung zum Heeresdienst, war er einige Monate Landesschütze in Polen und wurde dann anfänglich als Dolmetscher zur Wehrmachts-Verkehrsdirektion, Paris, kommandiert.

M. bearbeitet jetzt in leitender Stellung die gesamten Binnenschiffahrtsfragen des französischen besetzten Gebietes. In sein Referat fällt auch die Zusammenarbeit mit dem unbesetzten französischen Gebiet und dem nördlichen Spanien. M. steht infolgedessen in ständiger Fühlung mit den zuständigen französischen Binnenschiffahrtskreisen, sowohl des besetzten wie des unbesetzten Gebietes.

Bei den Treffs mit dem LI und IH, wurde die Schaffung von U-Stellen im unbesetzten Frankreich, sowie die Gewinnung von V-Leuten besprochen. M. glaubt, für die Lösung der ersten Frage günstige Aussichten für die allernächste Zukunft in Aussicht stellen zu können. Er beabsichtigt, Herrn Jung (Belgier), Sekretär des Generaldirektors Louis Dubrull, der Aktiengesellschaft Citerna und Vinotra (Binnenschiffahrt), für unsere Zwecke einzuspannen, ohne Diesen anfänglich über die Hintergründe aufzuklären.

M. stellt auch seine weitgehenden deutschen Beziehungen zur Verfügung. Nach seiner Ansicht, kommt Freiherr Waldemar v.Oppenheim, Köln, Mitinhaber des bekannten Kölner Bankhauses Pferdmenges, vor allem für einen Einsatz gegen USA in Frage. Dieser Bankier hatte ein sehr bedeutendes Auslandsgeschäft, vor allem nach den USA, in denen er über sehr weit reichende Beziehungen, unter anderen zu Morgan, usw., verfügt. Nach M's Ansicht dürfte eine Reise des v.O. während des Krieges nach USA von den Amerikanern absolut verstanden und gewürdigt werden. Ein Treff des IH mit v.O. im Hause des Sonderführer [redacted] in Köln ist innerhalb der nächsten Wochen beabsichtigt.

Anschrift des Freihern v. Oppenheim : Freiherr Waldemar von Oppenheim, Schloss Schlenderhan, Quadradt, bei Köln, oder Bankhaus Pferdmenges, Köln, Grosse Budengasse. Mitinhaber genannten Bankhauses ist Robert Pferdmenges.

Sonderführer [redacted] wurde durch IH verpflichtet.
Anschrift SF [redacted] 1. Dienststelle - Wehrmachts-Verkehrsdirektion, Paris, 29 Rue du Berry, Tel BLY 4102, App. 502, Feldpostnummer 2 40 97. 2. Wohnung: Hotel Terminus, Zim.183 Telefon EUR 3680.
Leiter der Wehrm.-Verkehrsdir.,Paris, Ist Oberstltn. Issmer.

3. Personalbogen der Abwehrstelle Bremen v. 29.9.1941

**Personalbogen.**

(Wird nur verwendet, wenn ein V-Mann mit Deckbezeichnung gemeldet wird.)

Abwehrstelle: Nest Bremen
Ort, Datum: Bremen, den 29.9.1941

1. Personalien.

Name: (bei Frauen auch Geburtsname) Freiherr von Oppenheim

Vorname: Waldemar

Geb. am: 17.7.1894 in Köln

Stand, Beruf (wo tätig?): Bankier, Teilh.d.Fa.Pferdmenges&Co, Köln

Familienstand: (bei Kindern, Zahl und Alter) verheiratet, 2 Kinder (17 & 19 Jahre)

Wohnsitz: Gut Schlenderhan, Quadrath/Rheinprovinz

Staatsangehörigkeit: Deutsches Reich

Sprachkenntnisse: Englisch, Französisch

War Soldat, wann? Ltn.-Patent Dezember 13
Wo? Hus.Rgt.Nr. 3

2. Personalbeschreibung.

Größe: 1.76 meter

Gestalt: schlank

Haare: meliert

Bart: ohne

Augen: braun

Gesicht: oval

Besondere Kennzeichen: (wichtig!) keine

Zeit der Tätigkeit für die Abw.-Stelle bzw. Nebenstelle Bremen
vom 1. Oktober 1941 bis

Bezeichnung (Nr. und Deckname, z. B. „R 1901" und „Hammerkreuz"):
A. 2048 „Baron"

Wenden!

**Personalblatt.**

**Betr.:** (Decknummer) ...A 2048............(Deckbezeichnung) ...Baron..........

**A.Allgemeines.**

1. **Personalien (Alter,Beruf) ohne Namen:**
   geb.: 17.7.1894 in Köln
   Beruf: Bankier, Teilh.d.Fa.Pferdmenges & Co. Köln

2. **Wohnort:** Gut Schlenderhan/ Quadrath/Rheinprovinz
   in Köln : Kaiser Friedrich Ufer Tel. 7 58 68

3. **Wie und durch wen geworben:** Auf Veranlassung von F.2371, Köln durch Hptm. Driessen

4. **Erkennbarer Grund der Mitarbeit im M.D.:** rein ideell

5. **Militärverhältnis:** Ltn.Patent Dezember 13 (aktiver Offizier)
   Hus.Rgt.Nr.3, Ratenow
   Januar 1919 Abschied genommen als Leutnant

6. **Kurzer Lebenslauf (Charaktereigenschaften):**
   Aktiver Offizier, Jan.1919 Abschied genommen, um auf Wunsch seines Vaters Bankier zu werden. Nach Zusammenstoß mit Besatzungstruppen Flucht nach Stockholm, wo Lehrzeit bei Jakob Wallenberg. Zahlreiche Auslandsreisen nach England, USA. Zielbewußte Persönlichkeit.

7. **Handschriftenprobe:**

8. **Eingeholte Auskünfte:** (a.Allgemein, b. in Kartei Stapo,Abw.,Ast. bekannt?)
   b) siehe B.Nr.Nest Bremen 2891/41/IM g., v.12.9.41 in P-Akte

9. **Führung der Verbindung erfolgt durch:** (Kennt Verbindungsführer als?)
   Hptm.Driessen (u. Decknamen "Druisenberg")

10. **Beurteilung:** 25 %iger Mischling mit 50 %igem Mischling verheiratet, daher Vorsicht angebracht; macht im übrigen zuverlässigen Eindruck.

11. **Besondere Bemerkungen:** –
    Nach anfänglicher Zurückhaltung einsatzfreudig, gute Verbindung zur Schweiz und besonders nach Schweden (Kreis: Jacob Wallenberg) gute hauptsächliche IWi Meldungen über Schweden aus USA

## 4. Verpflichtungserklärung v. 25.6.1941

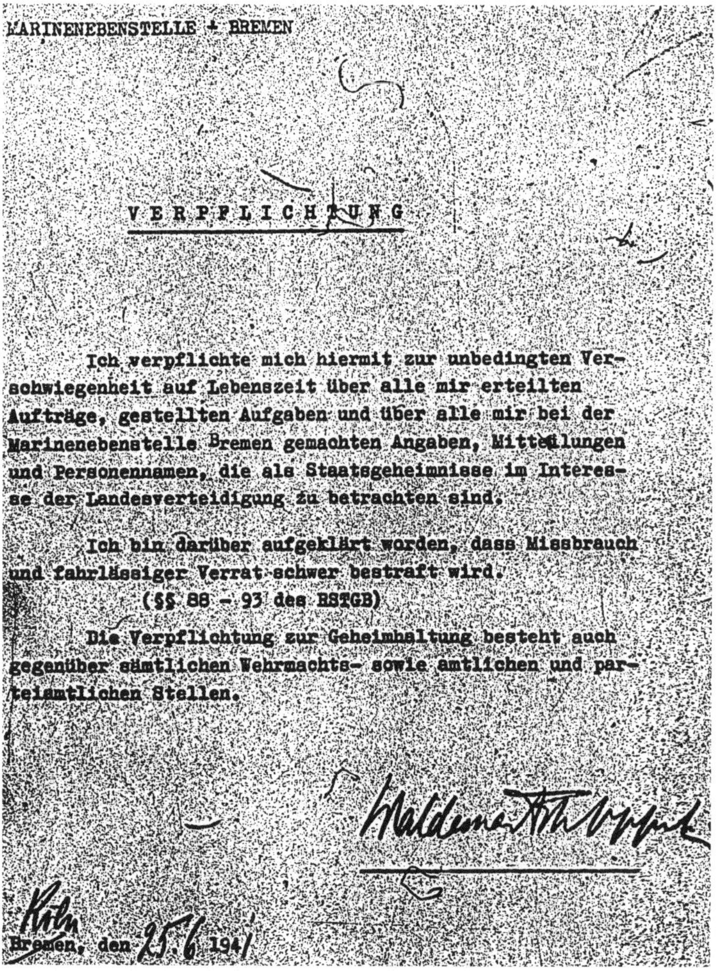

MARINENEBENSTELLE + BREMEN

VERPFLICHTUNG

Ich verpflichte mich hiermit zur unbedingten Verschwiegenheit auf Lebenszeit über alle mir erteilten Aufträge, gestellten Aufgaben und über alle mir bei der Marinenebenstelle Bremen gemachten Angaben, Mitteilungen und Personennamen, die als Staatsgeheimnisse im Interesse der Landesverteidigung zu betrachten sind.

Ich bin darüber aufgeklärt worden, dass Missbrauch und fahrlässiger Verrat schwer bestraft wird.
(§§ 88 - 93 des RSTGB)

Die Verpflichtung zur Geheimhaltung besteht auch gegenüber sämtlichen Wehrmachts- sowie amtlichen und parteiamtlichen Stellen.

Bremen, den 25.6.1941

5. Verzeichnis der bei der Abwehrstelle Bremen eingegangenen Berichte des Agenten »Baron« o.D.

Abwehrnebenstelle Bremen

"Baron"

[redacted]
(Name)

| Lfd. Nr. | Buchnummer | Aktenzeichen | Bemerkungen |
|---|---|---|---|
| 1 | g 4086/41/IH | L VIII,4 USA | USA-Rüstungsindustrie |
| 2 | g 4087/41/IH | L VIII,4 " | USA-Tankwagenproduktion |
| 3 | g 4088/41/IH | L VIII,4 " | USA-Flugzeugproduktion |
| 4 | g 4098/41/IH | L VIII,4 " | USA-Bau von Tonnage/Handels- |
| 5 | g 4089/41/IH | L VIII,4 " | USA-Mannschft.für Geleitzüg |
| 6 | g 4090/41/IH | L VIII,4 Kanada | Fliegerschulen in Kanada |
| 7 | g 4091/41/IH | L VIII,4 England | Englands Tonnage f. Atlantk |
| 8 | g 4092/41/IH | L VIII,4 | Norw. Tonnage im Feinddienst |
| 9 | g 4093/41/IH | L VIII,4 USA | USA-Stützpunktpropaganda |
| 10 | g 4094/41/IH | L VIII,4 USA | USA-Japan Beziehungen |
| 11 | g 4095/41/IH | L VIII,4 USA | USA-Russlandhilfe |
| 12 | g 4096/41/IH | L VIII,4 Schweden | Postverbindung nach Übersee |
| 13 | g 4097/41/IH | L VIII,4 Schweden | Stellungnahme zum Krieg |
| 14 | g 4099/41/IH | L VIII,4 Schweden | Flugverbindung nach Engld. |
| 15 | g 4100/41/IH | L VIII,4 USA | Besch. "USA Aircraft Book" |
| 16 | g 4112/41/IH | L VIII,4 USA | Besch. "USA World Almanac" |
| 17 | g 293/42/IH | L VIII,4 USA | Besch. "World Almanac 1941" |
| 18 | g 305/42/IH | L VIII,4 USA | USA-Rüstungsindustrie |
| 19 | g 306/42/IH | L VIII,4 USA | USA-Herstellung v.Panzerwage |
| 20 | g 307/42/IH | L VIII,4 USA | USA-Flugzeugproduktion |
| 21 | g 308/42/IH | L VIII,4 USA | USA-Schwerpunkt Pac.-Atlant. |
| 22 | g 309/42/IH | L VIII,4 USA | USA-Schiffsbauten |

## 6. Bericht des Agenten »A 2048« v. 2.3.1942

Anlage 1 zu Nest Bremen, B.Nr. g 573/42/IH vom 2. März 1942.
-.-.-.-.-.-.-.-.-.-.-.-.-.-.-.-.-.-.-.-.-.-.-.-.-.-.-.-.-.-

<u>Betrifft:</u> USA. Schwerpunkt Pazifik oder Atlantik.

A 2048, zuverlässig, meldet brieflich unter dem 25.2.42 nach seiner Rückkehr von Schweden:

In schwed. Großhandelskreisen beurteilt man die Frage, ob Amerika im Pazifik oder Atlantik zunächst defensiv sich verhalten werde, <u>vor</u> dem Fall Singapurs wie folgt:

Im Pazifik werde man sich zunächst nur defensiv verhalten und mit den vorhandenen schwachen Kräften möglichst lange Widerstand zu leisten versuchen. Anscheinend beabsichtige man die Japaner mit einer stärkeren Verteidigungslinie in Burma sowie in Nordaustralien zu binden. Dadurch sei der Japaner an zwei Stellen, die sehr lange Nachschubwege bedingten, gebunden.

Besonderer Wert wird auf die Verteidigung des Nahen Ostens gelegt. Erst nach Vervollständigung der amerik. Rüstung würde Amerika Japan etwa über Alaska, Kamtschatka, Sachalin angreifen.

-.-.-.-.-.-.-.-.-.-.-.-

Outgoing ABWEHR reports from NEST Bremen, concerning U.S.A. & South America from 24 Jan. 1942 to 5 Nov. 1942

## 7. Bericht des Agenten »A 2048« v. 28.2.1942

Anlage I zu Mest Brozen, B.Nr. g 534/42/III vom 28.2.1942.

Betrifft: USA Rüstungsproduktion.

A 2048, zuverlässig, teilt brieflich nach Rückkehr von Schweden am 25.2.42 mit:

In schwedischen Grosskaufmann- und Bankierkreisen erfuhr ich Folgendes:

Die von dem neuen Rüstungsdiktator Nelson eingerichtete Organisation verlangt von sämtlichen Rüstungsbetrieben täglich eine Meldung über ihre Produktionszahlen. Diese Meldung soll einen etwa notwendig werdenden Ausgleich ermöglichen. Nelson hat den Auftrag, Rüstungsaufträge auch nach Südamerika zu vergeben.

Infolge des Ausfalls der Rohstoff-Zufuhren aus dem Pazifik und der Südsee sind Einsparungs-Massnahmen vorgesehen. Lebensmittelpackungen dürfen in Zinn nicht mehr ausgeführt werden. Als Ersatz dafür sollen Behälter aus "cotton-and-corn" dienen. Seit dem 1.1.42 darf Kupfer nur noch für die kriegswichtige Produktion verwendet werden.

Nachdem Mitte Juni 41 der Auftragsbestand für Rüstungsaufträge 63 Milliarden $ betrug, wurde er Anfang 42 auf 134 Milliarden $ beziffert.

Die Rohstahlerzeugung, deren Kapazität nach wie vor 91 Millionen Jahrestonnen beträgt, ist im Jan.42 auf 7,15 Mill.t. zurückgegangen, die einer Erzeugung von nicht ganz 86 Mill.Jahrestonnen entsprechen. Der Rückgang wurde durch die Umstellung der Produktion begründet.

Über die Verwendung der Stahlproduktion für Rüstung wurden mir erheblich höhere Ziffern als bei meinem letzten Besuch im Oktober 41 genannt. Von einer Seite höre ich 55 %, andre behaupten sogar 70% der Stahlproduktion würden für die Rüstung verwendet.

## 8. Bericht des Agenten »A 2048« v. 30.1.1942

Anlage 1 zu Nest Bremen, B.Nr.g. 308/42/IH, v.30.1.42.

Betrifft: USA/Schwerpunktfrage Pacific oder Atlantic.

A 2048 ( mit weitreichenden, ganz erstklassigen Auslandsbeziehungen) meldet brieflich am 25.1.42 nach Rückkehr aus der Schweiz:

- - - - - - - - - - - - - - - - - - - - - - - - - - - - - - -

"Nach den in der Schweiz gehörten Ansichten werden die USA das Hauptgewicht ihrer Hilfe auf den Atlantic verlegen. Trotz der grossen Erfolge Japans und trotz der Hilferufe Chinas, Holl.-Indiens und Australiens wolle man den Krieg im Pacific rein defensiv führen. Als wesentliches Ziel wurde die Beherrschung des Nahen Ostens angegeben."

- - - - -

Outgoing ABWEHR reports from NEST Bremen, concerning U.S.A. & South America from 24 Jan. 1942 to 5 Nov. 1942

9. Presseabt. des Auswärtigen Amtes v. 14.4.1942 Bl. 16

**Presseabteilung Auswärtiges Amt**
**P XII Sonderdienst Politischer Nachrichten (SPN)**

14.4.42. Blatt 16

Dieses Material ist wie Geheimmaterial zu behandeln!

Globereuter Morse aus Washington 21,15 h (v.13.4.):
Erneute Friedensvorschläge Hitlers?

Als Unterstaatssekretär Sumner Welles über Berichte befragt wurde, worin es heißt, daß Hitlers Agent sich jetzt mit versuchsweisen Friedensvorschlägen für die Vereinigten Nationen in Stockholm befindet, entgegnete er schroff, diese seien "für die Regierung der Vereinigten Staaten von Nordamerika von keinem Interesse irgendwelcher Art."
Es wird auf Berichte Bezug genommen, die in hiesigen Kreisen weit verbreitet sind, und in denen gesagt wird, daß der deutsche Bankier, der sich jetzt in Stockholm aufhält, versucht, mit dem britischen Vertreter in Verbindung zu treten, um den Vereinigten Nationen Hitlers endgültige Bedingungen vorzulegen.
Es wird darin vorgeschlagen, Deutschland bei der Vernichtung Rußlands freie Hand zu lassen, wofür vorgesehen ist, den besetzten Ländern Konzessionen zu machen und dem japanischen Imperialismus, dessen Erfolge Hitler in Unruhe versetzen sollen, Einhalt zu gebieten.

La

283375

## 10. Presseabt. des AA v. 16.4.1942 Bl. B

**Presseabteilung Auswärtiges Amt**
**P XII Auslands-Presse-Bericht (APB)**

16. 4. 1942 Blatt B

Dieses Material ist wie Geheimmaterial zu behandeln.

APB aus Stockholm: Hitlers Friedensvertreter in Schweden ?

Der Londoner Korrespondent der "Göteborgs Handels- och Sjöfarts-Tidningen" telegrafiert heute seiner Zeitung folgendes: Der Stockholmer Korrespondent der "Daily News", Ralph Hewins, erklärt, daß Hitler einen Friedensvertreter nach Schweden geschickt habe, der mit britischen Kreisen Kontakt suche. Hewins teilt mit, daß der deutsche Agent ein reicher jüdischer Bankier aus Köln sei, der für die Nazipartei viel Geld ausgegeben habe und ein Freund von Papen sei. Er habe versucht, sich Engländern in Schweden zu nähern und der Hauptzweck seiner Mission sei, England davon zu überzeugen, daß Hitler, der insgeheim England bewundere, gewillt sei, mit England einen Frieden zu schließen, um freie Hand gegen den "gemeinsamen Feind - den europäischen Bolschewismus" zu bekommen.
Es ist zu verstehen, daß die Deutschen von den japanischen Erfolgen beunruhigt sind. Die Aufforderungen des Agenten waren von Drohungen begleitet, die ins Werk gesetzt werden sollten, falls seine Mission mißglückte.

Verteiler:
Herrn StS von Weizsäcker
Herrn UStS Woermann
Herrn UStS Luther
Herrn Ges. Rühle
Herrn GK Wüster
Herrn Ges. Dr. Schmidt
Herrn Ges. [illegible]
Herrn [illegible]

Herrn LR Resche
Herrn von Studnitz
Herrn Dr. Schacht
Länderreferent
Archiv P X
[illegible]

283870

11. Presseabt. d.AA/nur zur streng vertraulichen Kenntnisnahme Nr. 106 v. 16.4.1942 Bl. 12

Nur zur streng vertraulichen Kenntnisnahme!

Nr. 106 16.4.42 Blatt -12-

B e r l i n, 16. April (dnb-Radioaufnahme) Das sowjetische Informationsbüro gibt dem Moskauer Nachrichtendienst zufolge den sowjetischen Heeresbericht zum 15. April (Mitternachtsbericht) bekannt:

Im Laufe des 15. April hat sich an der Front nichts Wesentliches ereignet.

Während des 14. April wurden 14 deutsche Flugzeuge vernichtet. Fünf eigene Maschinen gingen verloren.

Sowjetische Kriegsschiffe torpedierten in der Barentsee einen feindlichen Transporter von 9000 Tonnen und einen zweiten Transporter von 6000 Tonnen Wasserverdrängung. ju-russ-

I s t a n b u l, 16. April (dnb.-vertreter) Die Zeitung "Tasviri Efkiar" greift das aus Schweden kommende Friedensgerücht auf und meint, dass diese Nachricht nicht so ohne weiteres ohne Grundlage sei. Sowohl Hitler als auch Churchill seien einem Friedensschluss im Prinzip nicht entgegen. Das deutsche Staatsoberhaupt habe oftmals erklärt, dass es den Frieden dem Krieg vorziehe. Auch Churchill würde, so meint die Zeitung weiter, heute einem mit den Interessen des Empire zu vereinbarenden Vorschlag zustimmen. Das einzige Hindernis fur eine solche englische Verständigung sei, schliesst die Zeitung, heute Japan. 880/1

L o n d o n, 16. April. (Reuter 7. ) Ein neutraler Beobachter übermittelte den polnischen Kreisen in London nach seiner Rückkehr von seinem kürzlichen Besuch in Warschau seine Reiseeindrücke. Der Hass gegen die Deutschen, so erklärte er, ist fanatisch. Fast alle seiner polnischen Bekannten hätten den Verlust von mindestens einem Familienmitglied durch die Hand der Gestapo zu beklagen. Die Deutschen setzen ihre Schreckensherrschaft fort, aber die Bevölkerung Warschaus bezweifelt nicht, dass der Sieg kommt. Gelegentlich der Kriegserklärung der USA kam es zu grossen Freudenkundgebungen. Der Glaube, dass Deutschland geschlagen wird, begründet sich auf der Tatsache, dass die Verwundetentransporte von der Ostfront immer häufiger werden. Alle wichtigen Häuser in der Aleje Jerozolimskie auf eine Länge von zwei Kilometern sind in Lazarette verwandelt worden. Dem Beobachter zufolge sind die Zustände im Warschauer Ghetto erschreckend. Nach den Schätzungen der Leichenbestattungsunternehmer beläuft sich die Zahl der im Ghetto Sterbenden bei einer Bevölkerung von 400 000 Menschen auf 800 täglich. fz.

## 12. Schreiben des Amtes Ausland/Abwehr an das AA v. 23.4.1942

Pol. I M 1775 g
Eing. 24. Apr. 1942

Amt Ausland/Abwehr
Abt.Ausland Nr. /42 geh.Chef

23.April 1942

An
Gr. A für Auswärtiges Amt

Im Anschluss an die mündliche Unterredung Leg.Rat Kramarz mit Chef Abt.Ausland im Amt Ausl/Abw, Konteradmiral Bürkner, vom 22.4.42:

Die in oben genannter Besprechung zugesagten Feststellungen in Angelegenheit Baron v.Oppenheim haben zu folgendem Ergebnis geführt:

1) Baron v.Oppenheim war seit Oktober 1941 für die Abwehrnebenstelle Bremen tätig. Als Aufgabe war ihm gestellt: Erkundung gegen USA und England mit dem Schwerpunkt der Nachrichtenbeschaffung über die feindliche Rüstungsindustrie unter besonderer Berücksichtigung der die Kriegsmarine interessierenden Frage der Baukapazität für Handelsschiffstonnage.

2) Über das erwähnte Aufgabengebiet hat Baron v.Oppenheim recht brauchbares Material geliefert. Insgesamt wurden während seiner Tätigkeit von der Abwehrnebenstelle Bremen 31 Berichte weitergeleitet (u.a. USA Tankwagenproduktion, USA Flugzeugproduktion, USA Baukapazität für Handelsschiffstonnage, Mannschaftsausbildung für den Geleitzugverkehr, Fliegerschulen in Kanada, im Atlantik eingesetzte englische Tonnage, norwegische Tonnage im Feinddienst, USA Russlandhilfe).

3) Baron von Oppenheim hat sich ausserdem auf seinen Reisen für OKM insofern nutzbringend betätigt, als er bei Unterbringung eines im Auftrage von OKM durch die Firma Hugo Stinnes schwedischen Werften erteilten Auftrages auf den Bau von 45 Fischdampfern wesentlich mitwirkte.

4) Für die vom 8. bis 13.April nach Schweden durchgeführte Reise erhielt Baron v.Oppenheim von Abwehrnebenstelle Bremen keine Aufträge.

I.A.
Bürkner

H. Kramarz H. v. Grote
H. Geyer H. Steinmeyer
H. Stein H. Litter

283892 -

13. Vermerk des Gesandten v. Rintelen v. 28.4.1942

Ges. von Rintelen zu Pol I M 1006 g.Rs.

Über St.S.
U.St.S.Luther

vorgelegt.

Der Herr RAM hat von dem Schreiben des Admirals Bürkner in der Angelegenheit Baron von Oppenheim Kenntnis genommen. Ich bitte Sie um Rücksprache wegen der Weiterbehandlung dieser Angelegenheit mit der Geheimen Staatspolizei.

Im Zuge, den 28. April 1942.

Rintelen

30/4

283895

## 14. Schreiben des Oberst d.G. Piekenbrock an das AA v. 3.8.1942

Geheim

Oberst d. Gen. St. Piekenbrock
Chef Abwehr-Abteilung I
im Oberkommando der Wehrmacht

Berlin, den 3.August 1942

An

V A A

Dem Frhrn.Waldemar v.Oppenheim, Köln, ist nach Angabe des Reichssicherheitshauptamtes auf Anordnung des Herrn Reichsaußenministers sein Reisepaß entzogen worden.

Oppenheim ist V-Mann von Abw.

Reise Oppenheim +) nach Schweden in nächster Zeit ist im Abwehrinteresse erwünscht.

+) und Tochter

Darüber hinaus ist Abw daran interessiert, daß O. durch seine Tätigkeit für Abw kein Schade entsteht.

Nach Ansicht des R.S.H.A. haben die Vernehmungen Os. nichts Belastendes ergeben.

[Unterschrift]

283937

## 15. Vermerk des Legationsrates v. Grote v. 27.8.1942

LR von Grote                                zu D II 204/42 gRs Ang.II

Geheime Reichssache

Die Frage der nochmaligen Reise von Oppenheim's nach Schweden, ist entsprechend der Weisung des Herrn RAM nochmals mit Oberst Piekenbrock besprochen worden. Oberst Piekenbrock betont, dass das Interesse der Abwehr wirklich sehr erheblich ist. Oppenheim soll nach Möglichkeit Anfang September auf 10 - 14 Tage nach Schweden reisen, um dort den aus den USA zurückkehrenden Grafen Haakon K ö r n e r , zu dem er gute persönliche Beziehungen hat, zu treffen. Die Abwehr legt auf dieses Zusammentreffen sehr grossen Wert und bittet daher um Genehmigung der nochmaligen Ausreise Oppenheim's nach Schweden.

Zu der Frage, ob die Interessen der Abwehr die politischen Bedenken überwiegen oder nicht, kann die Abwehr naturgemäss keine Stellung nehmen, da ihr die politischen Bedenken im einzelnen nicht bekannt sind.

Hiermit über

D II

Herrn Unterstaatssekretär Luther

wieder vorgelegt.

Berlin, den 27. August 1942

283950

## 16. Vermerk des Reichsaußenministers für Unterstaatssekretär Luther v. 8.8.1942

Büro RAM | zu D II 2o4 g.Rs.

Über St.S.
U.St.S. Luther

283945

vorgelegt:

Der Herr RAM ist damit einverstanden, dass Bankier von Oppenheim wieder nach Paris fährt und dass ihm die Reisen nach den unter Zivilverwaltung stehenden besetzten Gebieten ohne weiteres freigegeben werden. Der Herr RAM konnte sich aber mit dem Gedanken einer Reise v.Oppenheims nach Schweden nicht befreunden, und bittet Sie um weitere Feststellung, ob das Interesse der Abwehr wirklich ein so überwiegendes ist, dass die bestehenden erheblichen Bedenken gegen eine neue Schwedenreise zurückgestellt werden könnten.

Feldmark, den 8.8.1942 Sonnleithner

## 17. Telegramm des Schwedischen Auswärtigen Amtes an die schwed. Botschaft in Washington und London v. 16.4.1942

de Besche

KUNGL. UTRIKES DEPARTEMENTET — **Telegram**

| | | |
|---|---|---|
| STOCKHOLM den 16/4 1942. | | |
| N:o 646 / 276 | Chiffer | BIL. |
| INK. D. N:o | | |
| AVD. HP | GR. 39 | MÅL. F |

Ang. fredstrevare i Stockholm samt Oppenheims besök.

till London / Wash.

Swedish Minister
London 646

Svensk
Washington 276

Med anl uppgifter eng am press om tysk fredstrevare i Stockholm gen bankiren von Oppenheim meddelas ed pers inf o här privat besök avhämta dotter anses allmänt fullst opolitisk utan förbind ledande kretsar tyskland. Synes em privathem samträffat medlem britt leg varifrån uppg fredstrevare genast utkolporterats. Här tilläggas dessa ingen trovärdighet och har förgäves ansträngningar gjorts förmå eng am korr avstå från ämnet. ~~Desse [illegible] inspirerats eng [illegible] håll~~.

Ministry Foreign Affairs (för London)
Cabinet (för Washington).

End för Wash. Uppgift Wallenbergs [illegible] O telegraferat Friis [illegible]

276 exp. 16/4 kl. 19.15
646 " " 19.30. C. [illegible]

Depesche

DAS KÖNIGLICHE
AUSSENMINISTERIUM KUMLIN TELEGRAM STOCKHOLM, 16. 4.1942

London Nr: 646 Buchstaben
Washington " 276 chiffriert

Betr.: Friedensstreber in Stockholm in Zusammenhang mit Oppenheims Besuch

INK. D. NR:

| Abt. | Gr. | Ziel |
|---|---|---|
| HP | 39 | F |

Schwedische Minister
London 646

Schwedisch
Washington 276

Bezogen auf englische/amerikanische Presseberichte hinsichtlich deutschen Friedensstrebern in Stockholm und Bankier Oppenheims Besuch wird nur Persönliches mitgeteilt, d.h. das Abholen seiner Tochter durch ihn wird allgemein ganz unpolitisch und ohne Verbindung zu führenden Kreisen in Deutschland verstanden. Es scheint ein Zusammentreffen mit Mitgliedern der britischen Delegation gegeben zu haben, wovon die Friedenstreber sofort Informationen verbreiteten. Hier wurden diesen kein Glaube geschenkt. Es wurden vergebens Anstrengungen unternommen, die englische/amerikanische Presse von diesem Thema abzubringen. ~~Dies inspirierte offenbar englische und möglicherweise auch amerikanische Stellen.~~

Aussenministerium (für Lonndon)
Cabinet (für Washington)

(handschriftlich)

Nur für Washington: Information bzgl. Wallenberg-Verwandtschaft an Fris ~~Loedel~~ telegrafiert
(Swede?)

276 exp. 16 April 19.15 Uhr
646 " " " 19.30

18. Vermerk von Sir John Cameron für Mr. Somers-Cocks o.D.

16

C 4175/48/18.

[CYPHER] DEPARTMENTAL NO.2.

FROM FOREIGN OFFICE TO WASHINGTON.

No. 2562
19th April 1942 D. 11.22 p.m. 19th April 1942

Repeated to Kuibyshev No. 542.
Stockholm No. 242.
Berne No. 1033.

---

A Reuter message from Washington dated April 13th reported publication in United States of America of a story that a German banker, now in Stockholm, was seeking to contact a British representative to discuss peace terms. Alleged basis was that Germany should be left free to crush Russia in return for which Japanese advance would be halted. Mr. Sumner Welles, is reported here to have replied, when questioned on the subject, that these reports had no interest whatever to the United States Government.

2. We understand that a German banker named Oppenheim is in fact in Stockholm. He had close pre-war contacts with British banking houses and this may have given rise to above stories. They were also telegraphed to London by the Daily Telegraph correspondent in Stockholm, but they have not been used or excited any interest here.

3. There is of course no question whatever of any British emissary entering into contact with a German emissary in Stockholm or elsewhere.

4. Above is for your information and general guidance.

NOTHING TO BE WRITTEN IN THIS MARGIN.

S.O.C.

TO MR. SOMERS-COCKS FROM SIR JOHN CAMERON.

This is the message' about which I spoke to you on the telephone earlier:-

Daily Telegraph, London from Goulding, Stockholm. Sunday.

Hitler has again tried in vain to drive a wedge between Great Britain and her Russian ally by offering conclude separate peace England. His chosen envoy famous banker arrived Stockholm Tuesday is believed diplomatic circles have approached British officials with offers scarcely distinguishable from those brought by Fuhrer deputy Rudolf Hess when he plummeted earthwards from Messerschmitt fighter aircraft over Scotland exactly eleven months ago.

Banker who arrived ostensibly private visit his daughter who staying friends outside city discreetly let it be known he wanted get touch British official circles was finally interviewed by Englishmen who must obvious reasons remain anonymous.

After repeating usual platitudes about stupidity two finest nations fighting one another envoy declared Hitler never wanted war England still anxious reach compromise avoid further bloodshed economic ruin and turn full attention Soviet Russia which real menace whole world.

No concrete peace terms actually discussed but clear Germany to be given free hand destroy Russia exchange certain concessions Britain's occupied European allies. Regarding Japan envoy was vague but stated Germany viewed

with/

with concern magnitude Japanese successes sincerely desired call further halt Jap Imperialism.

On being informed British Government adhered firmly principle stated by Mr. Eden never enter negotiations any Governments controlled by Hitler or Nazis envoy stated this Britain's last chance she well advised take it as once German army have occupied Caucasian oil wells British Empire would be wiped off face earth. Interview thereupon concluded but envoy who had made reservations leave Stockholm for Berlin this morning has cancelled plans last moment remains here.

Greatest importance attached British official circles thus under cover approach ~~has~~ as indication Hitler's state mind ~~of~~ on threshold ~~the~~ great summer offensive which was billed to wipe enemies off earth face. Four days ago Berlin correspondent Swedish Svenska Dagbladet was then allowed by German censorship cable his paper that "There two schools thought Germany - one favours speedy smashing Russia followed by invasion England the other advocates peace with England to enable Russian war to be brought speedy conclusion."

NOTHING TO BE WRITTEN IN THIS MARGIN.

# III. Gab es einen Fall Hans Baur?

An einem trüben Dezembertag des Jahres 1940 erschien ein ungepflegt aussehender Bulgare, der, wie sich später herausstellte, jugoslawischer Staatsbürger war, in der britischen Gesandtschaft in Sofia. Er verlangte den Luftwaffenattaché zu sprechen. Dessen Aufgaben wurden von Aidan Crawley wahrgenommen. Crawley, eigentlich Assistent des Luftwaffenattachés in Belgrad, war wegen Personalmangels in Sofia von der jugoslawischen Hauptstadt nach Bulgarien versetzt worden[1]. Der Diplomat konnte mit seinem Besucher zunächst nichts anfangen, da dieser außer Bulgarisch keine weitere Sprache beherrschte. Crawley bat daher den einzigen Angehörigen der Gesandtschaft, der der Landessprache mächtig war, als Dolmetscher zu dem Gespräch hinzu. Es war der studierte Historiker Steven Runciman[2].

Die Überraschung der beiden Diplomaten war außerordentlich groß, als der Bulgare sein Anliegen vorbrachte: Zunächst gab er seinen Namen mit »Kiroff« an. Sein Schwiegersohn, Baur, der Pilot Hitlers, habe die Absicht, den Führer mit dem von ihm gesteuerten Flugzeug nach England zu entführen, um auf diese Weise den Krieg zu beenden. Als Motiv hierfür gab der Bulgare an, daß bereits zwei Brüder Baurs gefallen wären. Zum Beweis für seine Angaben legte er den Briten ein Photo von Flugkapitän Hans Baur vor[3].

Die beiden Engländer baten Kiroff, sie in drei Tagen erneut in der diplomatischen Vertretung aufzusuchen.

Hastig teilte Crawley dem Chef des Luftwaffennachrichtendienstes, Air Commodore O. Forbes, den Sachverhalt mit und bat um weitere Instruktionen. Forbes wiederum informierte den Staatssekretär im Foreign Office, Sir A. Cadogan. Dieser ließ Forbes nach Sofia funken: »Anything is worth trying[4].« Nachdem Kiroff seine Verabredung mit Crawley nicht einhielt, kabelte der Diplomat an den Chef des Luftwaffennachrichtendienstes, daß er die ganze Geschichte für unsinnig hielte und man sie daher vergessen solle[5].

Crawley stand der ganzen Angelegenheit nicht zuletzt deshalb skeptisch gegenüber, weil er in Sofia über keinerlei Möglichkeiten verfügte, die Identität und die Angaben des Bulgaren auf ihre Richtigkeit hin zu überprüfen[6]. Da der Diplomat nichts weiter über diese Begebenheit hörte, mußte er annehmen, daß sie erledigt sei.

Kiroff, so ist zu vermuten, suchte, ohne daß Crawley davon etwas erfuhr, die britische Gesandtschaft offenbar erneut auf. Es kann daher angenommen werden, daß die weiteren Gespräche mit dem Bulgaren von dem Militärattaché, Oberstleutnant

1 Mitteilung A. Crawley v. 8.11.1991.
2 Vgl. ebenda.
3 Vgl. ebenda.
4 Ebenda.
5 Mitteilung Crawley v. 25.1.1992.
6 Vgl. ebenda.

A. Ross, geführt wurden. Runciman dürfte als Dolmetscher an ihnen teilgenommen haben. Kiroff erhielt jedenfalls detaillierte Weisungen von den Briten[7].

Die Führung der Royal Air Force veranlaßte zunächst das, wozu Crawley in Sofia nicht in der Lage gewesen war: eine Überprüfung der phantastischen Geschichte des Bulgaren. Hierbei stellte sie abgesehen von »ein bis zwei Ausnahmen« fest, daß Kiroff Vertrauen verdiente. Worin allerdings diese Ausnahmen bestanden, teilte Harris Douglas leider nicht mit.

Offensichtlich beeindruckte die Briten besonders die Tatsache, daß der Bulgare kein Geld verlangte[8]. Der Attaché händigte Kiroff nach dieser Überprüfung schriftliche Anweisungen aus, die so abgefaßt waren, daß ihre Herkunft nicht erkennbar war[9].

Kiroff versprach, dieses Dokument seinem Schwiegersohn zu übergeben. Er äußerte dem britischen Diplomaten gegenüber ferner die Hoffnung, seine Tochter (Baurs Ehefrau) und deren Familie vor der geplanten Entführung von Deutschland nach Belgrad bringen zu können.

Im Anschluß daran reiste Kiroff von Sofia nach Belgrad. Er hoffte, dort leichter ein deutsches Visum für seinen jugoslawischen Paß zu bekommen. Weshalb der Bulgare über einen jugoslawischen Paß verfügte, aber nur bulgarisch sprach, geht aus den vorliegenden Dokumenten nicht hervor. Dieser Sachverhalt beeinträchtigte aber seine Glaubwürdigkeit gegenüber den Briten offensichtlich nicht.

Die dem Bulgaren für Baur übergebenen Anweisungen lauteten folgendermaßen: Der Pilot sollte

1. *sich im Tiefflug mit ausgefahrenem Fahrwerk dem für die Landung vorbereiteten Flugfeld von Lympne (7 km südlich von Folkestone) nähern,*
2. *beim Anflug britischer Jäger nicht weniger als vier rote Leuchtkugeln im Abstand von 30 Sekunden abschießen,*
3. *unmittelbar nach der Landung die Motoren seines Flugzeuges abstellen.*

Baur wurde bewußt für den Fall einer Nachtlandung keine Anweisung übermittelt, weil davon ausgegangen werden konnte, daß Hitler nachts nicht fliegen würde[10].

7 Vgl. Most Secret v. 21.2.1941/Deputy Chief of the Air Staff Arthur F. Harris (Bert) to Air Officer Commanding-in-Chief (AOC-inC) Fighter Command, RAF, Air Marshall William Sholto Douglas/Air 16/619 PRO. Der hier geschilderte Ablauf der Angelegenheit beruht auf Mitteilungen von A. Crawley v. 8.11.1991 u. 25.1.1992 an den Verfasser sowie des o.a. Aktenstückes und anderer in diesem Bestand befindlicher Dokumente. Es erstaunt in diesem Zusammenhang, daß weder die veröffentlichten Tagebuchaufzeichnungen noch die handschriftlichen Tagebuchnotizen A. Cadogans diesen Sachverhalt erwähnen.

8 Vgl. Most Secret, a.a.O.

9 Der hier im Text des o.a. enthaltene Hinweis darauf, daß die Herkunft der Kiroff übergebenen Anweisungen nicht erkennbar sei, ist so nicht richtig. Der Inhalt dieses Schriftstückes ließ durchaus Rückschlüsse auf seine Herkunft zu.

10 Most Secret v. 21.2.1941, a.a.O.

Den Briten war bekannt, daß Hitler für seine Flüge eine viermotorige »Condor« benutzte. Ihnen lagen Informationen darüber vor, daß Hitler mit Baur als Pilot zweimal im Monat Flüge in großer Höhe über fremdes Gebiet unternahm; hierbei begleiteten ihn in der Regel mehrere Angehörige seines Stabes[11]. Die RAF hatte im Sommer des Jahres 1940 das Einfliegen einer viermotorigen Maschine, die von vielen Jagdflugzeugen begleitet war, in den eigenen Luftraum beobachtet. Die britische Luftwaffenführung gelangte zu der Überzeugung, daß es sich hierbei um das Flugzeug Hitlers gehandelt haben mußte. Aufgrund deutscher Pressemeldungen wußten die Engländer, daß Baur für seine Einsätze besonders ausgezeichnet worden war. Sie unterstellten, daß der Flugkapitän seine Co-Piloten in die Entführungspläne eingeweiht hatte. Ferner nahm die RAF an, daß die Führermaschine von Jägern begleitet sein würde[12].

Der Kommandeur der 11. Jägergruppe, Air-Vice-Marshall Leigh-Mallory, erhielt von Harris für den Fall der erwarteten Landung der Maschine Hitlers folgende Befehle:

1. *Ein Lympne mit ausgefahrenem Fahrwerk anfliegendes viermotoriges Flugzeug, aus dem vier rote Leuchtkugeln abgeschossen werden, nicht anzugreifen,*
2. *das gelandete Flugzeug am Durchstarten zu hindern (eine solche Möglichkeit konnte für den Fall, daß Baur von der Begleitung Hitlers überwältigt wurde, nicht ausgeschlossen werden),*
3. *keiner der beteiligten Dienststellen Hinweise auf die Identität der Fluggäste zu geben*[13].

Trotzdem schien die RAF am 26. Februar 1941, als die Vorbereitungen zum »Empfang« Hitlers anliefen, ihrer Sache nicht absolut sicher zu sein. Man wollte daher nicht ausschließen, daß bei dieser Gelegenheit von deutscher Seite der Versuch unternommen werden könnte, den Flugplatz anzugreifen, ihn mit Giftgas zu belegen oder durch andere Geheimwaffen zeitweilig unbrauchbar zu machen. Die Briten waren aber angesichts der von ihnen angenommenen Möglichkeit, Hitler in ihre Gewalt zu bringen, bereit, solche Risiken einzugehen[14]. Mit Schreiben vom 26. Februar wurde der Kommandeur der 11. Jägergruppe, Leigh-Mallory, angewiesen, entsprechende Vorbereitungen für den Fall der Landung einer viermotorigen deutschen Maschine mit »Deserteuren« zu treffen. Ihm wurde befohlen, den gesamten Vorgang geheimzuhalten und nur dem Horstkommandanten entsprechende Hinweise zu geben, damit dieser die notwendigen Vorbereitungen treffen konnte[15].

[11] Woher die Briten diese Informationen erhalten hatten, geht aus den vorliegenden englischen Dokumenten nicht hervor. Deutsche Quellen liegen hierzu ebenfalls nicht vor. – Vgl. Hoffmann, Peter, Die Sicherheit des Diktators, München 1975, S. 85 ff.

[12] Vgl. Most Secret v. 21.2.1941, a.a.O.

[13] Vgl. ebenda, aber auch: Most Secret/for the personal attention of Air Vice Marshall T.L. Leigh-Mallory v. 26.2.1941/Air 16/619/178681/PRO.

[14] Vgl. Most Secret v. 21. und 26.2.1941, a.a.O.

[15] Vgl. Most Secret v. 21. und 26.2.1941, a.a.O.

Gleichzeitig erhielt er den Befehl, durch das Anlegen von Hindernissen dafür Sorge zu tragen, daß die einmal gelandete deutsche Maschine nicht wieder starten konnte. Für die auf dem Flugplatz stationierten Jagdflugzeuge wurde befohlen, unmittelbar nach dem Anflug des deutschen Flugzeuges einen Luftschirm über dem Platz zu bilden, um mögliche Angriffe feindlicher Jäger abfangen zu können[16].

Am selben Tage noch ergingen entsprechende Befehle Leigh-Mallorys zur Sicherung von Lympne an den dortigen Horstkommandanten.

Der stellvertretende Chef des Stabes im Luftwaffenministerium, Harris, verfügte zum gleichen Zeitpunkt eine Verstärkung der Luftabwehr des Flugfeldes um vier leichte Flakgeschütze[17].

Am 1. März 1941 waren die Vorbereitungen zur Sicherung des Platzes durch Verstärkung der Flugabwehr, eine Verlegung von 150 Infanteristen und einer Batterie von Feldgeschützen offenbar abgeschlossen[18].

Am 7. März teilte Harris dem Chef des Jägerkommandos der RAF, Air Marshall Sholto Douglas, weitere bei ihm eingegangene Neuigkeiten mit[19].

Hiernach hatte Kiroff seinen Schwiegersohn Baur zwischenzeitlich in Wien getroffen und ihm die britischen Anweisungen für die geplante Landung der Führermaschine in England ausgehändigt.

Baur ließ den Briten folgendes mitteilen:

1. *Da er ständig von drei Flugzeugen begleitet werde, könne er keine Leuchtspurmunition abschießen,*
2. *er habe aber eine Reihe kleiner Metallplättchen mit den Initialen »AB« vorbereitet, die er über Lympne abwerfen werde,*
3. *die Engländer sollten bei seinem Anflug ein rotes Leuchtfeuer auf dem Flugplatz einschalten,*
4. *er werde in sehr großer Höhe anfliegen,*
5. *seine wahrscheinliche Ankunftszeit gab er für den Zeitraum ab dem 25. März entweder morgens zwischen 5.00–6.00 Uhr oder abends zwischen 18.00–20.00 Uhr an*[20].

Harris teilte weiter mit, Kiroff habe auf den Attaché in Sofia – offensichtlich fand das Treffen wiederum in der bulgarischen Hauptstadt statt – einen guten Eindruck gemacht. Weitere Begegnungen könnten aber dort, wenn die britische Vertretung die Stadt verlassen habe, nicht mehr stattfinden[21].

Die ganze Geschichte, so schrieb Harris weiter, wirke so phantastisch, daß man versucht sei, nach Fallstricken zu suchen, solche seien aber nicht erkennbar. Es

[16] Vgl. Most Secret, Ref.FC/S.230.15 v. 26.2.1941/Air 16/619/178681/PRO.
[17] Vgl. ebenda.
[18] Vgl. S.A.S.O./Defence of Lympne v. 1.3.1941/Air 16/619/178681/PRO.
[19] Vgl. Most Secret and Personal v. 7.3.1941/Air 16/619/178681/PRO.
[20] Vgl. Most Secret and Personal v. 7.3.1941/Air a.a.O.
[21] Bulgarien trat am 1.3.1941 dem Drei-Mächte-Pakt bei.

bliebe lediglich ein einziges Problem, man wisse nicht, ob Baur mit seinen Zeitangaben die mitteleuropäische Zeit meine[22].

Leigh-Mallory erhielt jetzt die Mitteilung, daß vom 26. März an mit der Landung des erwarteten deutschen Flugzeuges gerechnet werden müsse. Aus der Maschine werde aber nicht, wie ursprünglich angegeben, vier Mal »Rot« geschossen. Statt dessen würden aus der Maschine gelbe Metallplättchen über dem Platz abgeworfen werden[23]. Am 16. März wurde Leigh-Mallory, Kommandeur der 11. Jägergruppe, darüber informiert, daß Air Commodore Sanders, Chef der Bodenabwehr im Luftwaffenministerium, Lympne inspiziert und weitere Verbesserungen der Abwehr vorgeschlagen habe. Leigh-Mallory wurde angewiesen, diese Vorschläge bei den Abwehrvorbereitungen zu berücksichtigen[24]. Am 18. März teilte Harris Douglas mit, daß für den Abtransport der Zielobjekte (engl. »price«) ein Ford V-8 mit Fahrer zur Verfügung gestellt werde. In diesem Fahrzeug könnten allerdings nur die beiden »größten Fische« sofort in das Luftwaffenministerium nach London gebracht werden. Zur Begleitung dieses Transportes wurden zwei mit Krädern ausgerüstete Soldaten bereitgestellt. Der Abtransport weiterer mit der Führermaschine gelandeter Personen vom »Ort des Geschehens« an den für sie vorgesehenen Bestimmungsort sollte später geregelt werden[25]. Weitere »Empfangsvorbereitungen« wurden nicht vorgesehen, weil der Kreis der informierten Personen aus Geheimhaltungsgründen sehr klein gehalten werden mußte[26].

Sofort nach der erwarteten Landung sollte eine telefonische Meldung höchster Dringlichkeitsstufe, »daß etwas im Netz sei« an einen der folgenden Offiziere durchgegeben werden: A. Harris, stellvertretender Chef des Stabes im britischen Luftwaffenministerium, oder A.P.M. Sanders, Air Commodore, Chef der Bodenabwehr im Luftwaffenministerium, oder D. Boyle, Air Commodore, Chef des Nachrichtendienstes im Luftwaffenministerium[27].

Gemäß den Weisungen, die Harris Douglas am 18. März hinsichtlich des Abtransportes von Hitler und seiner Begleitung erteilt hatte, wurde jetzt der Kommandeur der 11. Jägergruppe, Leigh-Mallory, informiert, der dem Horstkommandanten des Flugplatzes von Lympne, Montgomery, am 19. März befahl, welche Maßnahmen dieser im Fall der »Landung eines feindlichen von der deutschen Luftwaffe desertierten Flugzeuges« ergriffen werden sollten[28].

Montgomery aber kam nach eingehender Prüfung der für Lympne getroffenen Abwehrmaßnahmen zu dem Ergebnis, daß diese unzureichend seien. Er bat daher den Chef der Bodenabwehr im Luftwaffenministerium, Sanders, um die Zuweisung

22 Most Secret and Personal v. 7.3.1941, a.a.O.
23 Vgl. Most Secret and Personal, FC/S.23015/Air v. 10.3.1941/Air 16/619/178681/PRO.
24 Vgl. Most Secret, FC/S.23015/Air v. 16.3.1941/Air 16/619/178681/PRO.
25 Most Secret and Personal v. 18.3.1941/Air 16/619/178681/PRO.
26 Vgl. ebenda.
27 Vgl. ebenda.
28 Vgl. FC/S.23015/Air v. 19.3.1941/Air 16/619/178681/PRO.

weiterer Bofors-Geschütze für seinen Flugplatz, da die zur Verfügung stehenden vier Rohre zur Verteidigung des Platzes nicht ausreichten[29]. Sanders teilte Montgomery am 11. April mit, daß er dieser Anforderung aufgrund der militärisch schwierigen Situation Englands nicht entsprechen könne, da die Geschütze dringend anderweitig benötigt würden[30].

Am 19. Mai wurde Leigh-Mallory angewiesen, die in Lympne getroffenen »Empfangsmaßnahmen« weitere zwei Wochen aufrechtzuerhalten[31].

Mit Schreiben vom 28. Mai wurde dem Chef des Jägerkommandos der RAF, Douglas, befohlen, die für den Flugplatz von Lympne getroffenen Maßnahmen aufzuheben, die britische Seite rechnete offenbar nicht mehr mit der Landung der Hitlermaschine[32]. Soweit die Darstellungen des geplanten »Empfangs« von Hitler durch die RAF nach den zugänglichen britischen Dokumenten.

Der gesamte Vorgang selbst bleibt voller Rätsel. Wesentliche, auch zu dieser Zeit von den Engländern vermutlich leicht überprüfbare Personaldaten Hans Baurs sind in den vorliegenden Dokumenten falsch angegeben. Dieses verwundert deshalb, weil unterstellt werden kann, daß die richtigen Personalangaben des Hitler-Piloten sicherlich in den Archiven des britischen Geheimdienstes vorhanden waren.

1. *Der Name des Piloten wird durchgehend unrichtig geschrieben, nämlich »Bauer« anstatt »Baur«, obgleich die Engländer die deutschen Pressemeldungen über die Auszeichnung des Flugkapitäns gelesen hatten. Diesen Berichten aber konnte unschwer die richtige Schreibweise seines Namens entnommen werden.*
2. *Harris behauptet in seinem Brief an Douglas vom 21. Februar 1941, daß Baur österreichischer Herkunft sei. Tatsächlich aber wurde der Hitler-Pilot am 19. Juni 1887 in Ampfing/Bayern geboren.*
3. *Als Grund für Baur angebliches Angebot, Hitler nach England zu fliegen, nennt Harris in seinem o.a. Brief den Soldatentod zweier Brüder des Piloten. Baur hatte nur einen Bruder, der erst 1954 verstarb, und zwei Schwestern*[33].
4. *Baurs jetzige Ehefrau gibt an, er selbst konnte aus Altersgründen*[34] *keine Auskunft mehr geben, daß ihr Ehemann niemals mit einer Bulgarin verheiratet gewesen sei*[35]. *Entsprechende Auskünfte des zuständigen Standesamtes bestätigen diese Aussage*[36].

29 Vgl. Montgomery to Sanders v. 10.4.1941/Air 16/619/178681/PRO.

30 Vgl. Sanders to Montgomery v. 11.4.1941/Air 16/619/178681/PRO.

31 Vgl. Secret and Personal/S.23015 v. 19.5.1941/Air 19/619/178681/PRO.

32 Vgl. Most Secret and Personal v. 28.5.1941/Air 16/619/178681/PRO.

33 Vgl. Mitteilung des Document Centers aus den Unterlagen Baurs v. 11.2.91 sowie Mitteilung des Standesamtes Oberschleißheim v. 2.12.91.

34 Flugkapitän Baur ist zwischenzeitlich verstorben.

35 Mitteilung des ehemaligen Hitleradjutanten O. Günsche.

36 Mitteilung des Standesamtes Oberschleißheim und des DC. Hiernach heiratete Baur 1920 zum ersten Mal. Diese Ehe dauerte bis 1935. 1936 heiratete er Maria Pohl aus Schönbaum bei Danzig. Hinweise auf eine bulgarische Ehefrau fehlen in den amtlichen Unterlagen.

*Das britische Luftwaffenministerium ging allerdings fälschlicherweise von der Existenz einer bulgarischen Ehefrau aus, weil hier den offensichtlich wenig sorgfältig geprüften Angaben Kiroffs geglaubt wurde.*

Harris schreibt am 7. März 1941 an Douglas, daß Baur über seinen Schwiegervater habe mitteilen lassen, daß die Führermaschine immer von drei (Jagd)Flugzeugen begleitet werde. Tatsächlich flog die Hitlermaschine, wie die »Gemeinschaft der Jagdflieger e.V.« nach Befragen ehemaliger Piloten mitteilte, in der Regel allein. Nur bei Gefahr wurden von in der Nähe liegenden Horsten Jäger zum Schutz der Führermaschine angefordert[37]. Es gab also keine Jagdstaffel mit der ausschließlichen Aufgabe, Jagdschutz für die Hitlermaschine zu fliegen.

Weitere Fragen bleiben unbeantwortet, wie:

Warum machte Harris, obgleich er Douglas in seinem Schreiben vom 21. Februar sehr detailliert in die Vorgeschichte dieser Angelegenheit einweiht, keine weiteren Angaben darüber, auf welche Weise man die Glaubwürdigkeit der Kiroffgeschichte überprüft hatte?

Aidan Crawley teilt mit, er habe Kiroff nur ein einziges Mal getroffen. Weitere Kontakte und Treffen hätten mit ihm nicht stattgefunden, sondern seien über den britischen Luftattaché in Belgrad, Hugh McDonald, gelaufen[38]. Er bestreitet energisch, daß es Oberstleutnant Alexander Ross, der britische Militärattaché in Sofia, gewesen sei, der die weitere Verbindung zu dem Bulgaren aufrecht erhalten habe[39]. Es bleibt also unklar, wer, nachdem Crawley mit der Angelegenheit nicht mehr befaßt war, der britische Kontaktmann zu dem Bulgaren gewesen ist.

Interessant ist, daß 1956 nur ein britischer Luftwaffenoffizier und keine politische Instanz darüber zu entscheiden hatte, ob der gesamte Vorgang zur Veröffentlichung freigegeben werden könnte. Der Offizier scheint hinsichtlich einer solchen Freigabe seine Zweifel gehabt zu haben. Die Begründung hierfür überrascht allerdings, wenn er seine Unsicherheit damit erklärt, daß Baur noch am Leben sein könnte[40]. Es wird hier nicht deutlich, weshalb sich dieser Offizier bzw. die Royal Air Force ausgerechnet darüber Gedanken machte, da doch noch andere Schlüsselfiguren dieser Ereignisse, wie z. B. Harris, ebenfalls noch am Leben waren.

Es erstaunt, daß Harris seinem offiziellen Biographen Dudley Saward gegenüber diese Angelegenheit mit keinem Wort erwähnt hat und dieser, nach Einsicht in die Dokumente, verblüfft äußerte:

*»Es ist schon ein außerordentlicher Vorgang, daß ich nichts über diese Sache erfuhr, verbrachte ich doch viele Wochen mit Harris, als ich mein Buch schrieb. Ich bin*

37 Vgl. Mitteilung v. 2.5.1991.

38 Vgl. Briefe von Crawley a.d. Verfasser, a.a.O.

39 Vgl. ebenda. Auch in der Sunday Times v. 23.8.1987 wird unter der Überschrift: Revealed: »RAF planned to hijack Hitler« behauptet, alle Kontakte zu dem Bulgaren seien über Ross gelaufen.

40 Vgl. Vermerk v. 30.8.1956 in Air 16/619/178681/PRO.

*während dieser Zeit mit ihm sein ganzes Leben durchgegangen. Er zeigte mir sogar seinen Briefwechsel mit Churchill. Ich bin sehr erstaunt darüber, daß er mir von dieser Sache nichts erzählte*[41]*.«*

Weshalb erfuhren Churchill und das gesamte Kriegskabinett, wie Sir John Colville, damaliger Privatsekretär des Premierministers, angibt, nichts von dem geplanten Unternehmen[42]? Warum wurde nur ein hoher politischer Beamter, Sir Alexander Cadogan, damals Unterstaatssekretär im Außenministerium, in die Planung eingeweiht? Cadogan erwähnte in seinen handschriftlich vorliegenden Tagebuchaufzeichnungen diese Ereignisse nicht[43].

Die Überprüfung der Personalakten der beiden Co-Piloten Baurs, SS-Standartenführer Georg Betz und SS-Standartenführer Ludwig Gaim, ergab, daß keiner von ihnen zu irgendeinem Zeitpunkt mit einer Bulgarin verheiratet war[44].

Die mögliche Vermutung, daß einer dieser beiden Flugzeugführer sich des Namens von Baur bedient haben könnte, um die geschilderten Kontakte mit dem Ziel einer Entführung Hitlers herzustellen, ist daher abwegig.

Es könnte vermutet werden, daß sich der dargestellte Vorgang nicht auf Hitler, sondern auf seinen Stellvertreter Rudolf Hess bezog. Im Umfeld von Hess gab es allerdings auch keine bulgarischen Kontakte, demzufolge auch keinen Herrn »Kiroff«[45].

Nach der sorgfältig recherchierten Darstellung von Costello[46], der auch die entsprechenden britischen Dokumente vorlegt, flog Hess am 10. Mai 1941 in den Norden des britischen Luftraumes ein. Seine Maschine wurde hier bereits erwartet. Die englische Luftabwehr dieses Verteidigungsabschnittes hatte Befehl, keinerlei Abwehrmaßnahmen gegen das Flugzeug zu unternehmen[47]. Dem britischen Nachrichtendienst war es durch die Überwachung der Korrespondenz, die Albrecht Haushofer auf Anregung von Hess mit dem Herzog von Hamilton führte, gelungen, den Hitlerstellvertreter mit seinem Flug in eine Falle zu locken. Zweck des Briefwechsels und der hierdurch angestrebten persönlichen Kontaktaufnahme in einem neutralen Land war es, herauszufinden, unter welchen Bedingungen England zu einem Friedensschluß bereit war[48]. Die »Empfangsmaßnahmen« in Lympne dauerten aber bis zum 28. Mai 1941 an. Der Einflug des hier erwarteten Flugzeuges sollte überdies im Süden und nicht im Norden erfolgen.

41 The Sunday Times v. 23.8.1987, a.a.O.
42 Vgl. ebenda.
43 Vgl. Manuskript, Cadogan Diaries, Churchill College Archives Cambridge.
44 Vgl. Personalakten von Betz und Gaim im Document Center.
45 Mitteilung v. W.R. Hess v. 12.1.1992 und Telefongespräch v. 14.1.1992.
46 Vgl. Costello, John, Ten Days That Saved The West, London 1991, S. 6.
47 Vgl. ebenda.
48 Vgl. ebenda. Costello konnte zur Beschreibung dieses Sachverhaltes auch Dokumente des sowjetischen KGB benutzen. Dieser war durch eigene Agenten im britischen Geheimdienst über die Hess-Affäre sehr genau informiert.

Ein vielleicht vermuteter Zusammenhang mit dem Hess-Flug scheint daher nicht möglich.

Bei dem Umfang der durch die Engländer getroffenen »Empfangsmaßnahmen« sowie der Hochrangigkeit der hieran beteiligten Persönlichkeiten muß unterstellt werden, daß es für diese sehr sorgfältigen Vorbereitungen einen sehr realistischen, konkreten Hintergrund gab.

Es kann daher vermutet werden, daß den Briten erheblich mehr Informationen über die durch Kiroff angekündigte »Entführung« Hitlers zugegangen sind als den zugänglichen Dokumenten entnommen werden kann. Es liegt daher die Vermutung nahe, daß nicht alle, diesen Vorgang betreffenden, Unterlagen freigegeben wurden, die Freigabe der vorliegenden Dokumente aber wahrscheinlich irrtümlich erfolgte.

Andere Erklärungen bieten sich deshalb nicht an, weil die Engländer mit der Vielzahl ihrer Überprüfungsmöglichkeiten sicherlich kaum den Erzählungen eines Phantasten aufgesessen sein dürften.

## Anlagen zu Teil III

1. Schreiben des Air Vice Marshall A. Harris an Air Marshall W.S. Douglas v. 21.2. 1941 . . . . . . . . . . . . . . . . . . . . . . . . . . . . . . . . . . 174
2. Schreiben des Air Marshall Douglas an das Hauptquartier der 11. Jägergruppe v. 26.2.1941 . . . . . . . . . . . . . . . . . . . . . . . . . . . . . 177
3. Schreiben des Air Marshall Douglas an Air Vice Marshall Leigh-Mallory v. 26.2.1941 . . . . . . . . . . . . . . . . . . . . . . . . . . . . . . . . . 178
4. Schreiben des Air Marshall Douglas an Air Vice Marshall Harris v. 26.2.1941 . . . . . . . . . . . . . . . . . . . . . . . . . . . . . . . . . 180
5. Verteidigungsvorbereitungen von Lympne v. 1.3.1941 . . . . . . . . . . . . 181
6. Schreiben des Air Vice Marshall Harris an Air Marshall Douglas v. 7.3.1941 . . . . . . . . . . . . . . . . . . . . . . . . . . . . . . . . . . 182
7. Schreiben des Air Marshall Douglas an Air Vice Marshall Leigh-Mallory v. 10.3.1941 . . . . . . . . . . . . . . . . . . . . . . . . . . . . . . . . . 184
8. Schreiben des Air Marshall Douglas an Air Marshall Leigh-Mallory v. 16.3.1941 . . . . . . . . . . . . . . . . . . . . . . . . . . . . . . . . . 186
9. Schreiben des Air Vice Marshall Leigh-Mallory an Air Vice Marshall Evill v. 17.3.1941 . . . . . . . . . . . . . . . . . . . . . . . . . . . . . . . . . 187
10. Schreiben des Air Vice Marshall Harris an Air Marshall Douglas v. 18.3.1941 . . . . . . . . . . . . . . . . . . . . . . . . . . . . . . . . . 188
11. Schreiben des Air Marshall Douglas an Air Vice Marshall Leigh-Mallory v. 19.3.1941 . . . . . . . . . . . . . . . . . . . . . . . . . . . . . . . . . 189
12. Schreiben des Air Commodore Sanders an Air Vice Marshall Evill v. 11.4.1941 . . . . . . . . . . . . . . . . . . . . . . . . . . . . . . . . . 190
13. Schreiben des Squadron Leader Montgomery an das Hauptquartier des 12. Korps usw. v. 9.4.1941 . . . . . . . . . . . . . . . . . . . . . . . . . 191
14. Schreiben des Squadron Leader Montgomery an das Air Ministry v. 10.4.1941 . . . . . . . . . . . . . . . . . . . . . . . . . . . . . . . . . 192
15. Schreiben des Air Commodore Sanders an Squadron Leader Montgomery v. 11.4.1941 . . . . . . . . . . . . . . . . . . . . . . . . . . . . . . . . . 193
16. Schreiben des Air Commodore Sanders an Air Vice Marshall Evill v. 17.5.1941 . . . . . . . . . . . . . . . . . . . . . . . . . . . . . . . . . 194
17. Schreiben des Büros des Chefs d. Stabes des brit. Jägerkommandos an Air Vice Marshall Leigh-Mallory v. 19.5.1941 . . . . . . . . . . . . . . . . 195
18. Air Vice Marshall Leigh-Mallory an Air Commodore Cunningham v. 21.5.1941 . . . . . . . . . . . . . . . . . . . . . . . . . . . . . . . . . 196
19. Schreiben des Air Ministry an Air Marshall Douglas v. 28.5.1941 . . . . 197
20. Schreiben des Büros des Chefs d. Stabes des brit. Jägerkommandos an Air Vice Marshall Leigh-Mallory v. 28.5.1941 . . . . . . . . . . . . . . . . 198

## Die Personen, ihre miltiärischen Dienstränge und Dienststellungen

| England/Royal Air Force/RAF | Die vergleichbaren Wehrmachtsdienstränge |
|---|---|
| Air Marshall | General der Flieger |
| Douglas, William Sholto,<br>Oberbefehlshaber aller Jagdflieger der RAF<br>(Fighter Command) | |
| Air Vice Marshall | Generalleutnant |
| Harris, Arthur, F. (Bert),<br>Stellvertretender Chef des Stabes im Luftwaffen-<br>ministerium (Air Ministry) | |
| Leigh-Mallory, Traffor,<br>Kommandeur der 11. Jägergruppe der RAF | |
| Evill, D., C., S.,<br>Chef des Stabes des britischen Jägerkommandos | |
| Air Commodore | Generalmajor |
| Sanders, A., P., M.,<br>Direktor der Bodenabwehr (Flakabwehr)<br>im Luftwaffenministerium (Air Ministry) | |
| Boyle, Dermot,<br>Direktor des Nachrichtendienstes (Feindabwehr u.<br>Aufklärung) im Luftwaffenministerium | |
| Squadron Leader | Major |
| Montgomery, D., H.,<br>Staffelkapitän, Horstkommandant des<br>Flugplatzes Lympne | |

Baur, Hans,
Flugkapitän, Generalleutnant der Schutzpolizei. Chef der »Führerstaffel« mit zeitweise bis zu 60 Flugzeugen, Hitlers persönlicher Pilot.

## 1. Schreiben des Air Vice Marshall A. Harris an Air Marshall W.S. Douglas v. 21.2.1941

1H

MOST SECRET.

21st February, 1941.

Dear Sholto,

You will remember in my room on the 6th February, I mentioned the fantastic story of Hitler's pilot and said that directly we had any further indication that there was even a possibility of success, we would let you know.

2. The position is that a Bulgarian called Kiroff, who is father-in-law to Bauer, Hitler's pilot, approached our Attaché in Sofia early in December and stated that Bauer, who is of Austrian extraction, had lost two brothers flying in this war, and being almost continuously on duty as Hitler's pilot, had become "fed-up" and was prepared to attempt to make a "forced landing" in England with Hitler and distinguished companions. I will not go into the various measures we took to test this apparently fantastic story, but, with one or two exceptions, the story has run true to form and the present position is that Kiroff, who all along has not asked for money, has left Bulgaria and was, on the 18th, in Belgrade, with the object of getting a German visa on his Yugoslav passport, since he had found it impossible in the present troubled state of Bulgaria, to get an entry permit to Germany from Bulgaria. The Attaché, therefore, has handed written instructions, bearing no trace of origin, to Kiroff, who has said that he will convey them to his son-in-law Bauer and hopes to bring his daughter (Bauer's wife) and her family, out of Germany to Belgrade, before Bauer makes the flight which might have so much importance for all of us. There is the outline of the story, and here are the simple instructions we have given Bauer:-

"(i) Aircraft must approach coastline and make steep descent to Lympne aerodrome with wheels down. The exact position is [illegible] miles due West of Folkestone.

Air Marshal W.S. Douglas, C.B., M.C., D.F.C.,
Headquarters, Fighter Command,
Royal Air Force,
Stanmore,
Middlesex.

(ii) Pilot should fire not less than 4 red flares at 30 seconds intervals when approached by British fighters.

(iii) As soon as aircraft lands engines should be stopped and put out of action."

3. We have thought it wise to say that we could not issue instructions for a night landing and consider it most unlikely that Hitler would be flown over this country by night. Your precautionary measures, therefore, only affect the hours of daylight and presumably only the area in the vicinity of Lympne.

4. The last information we had of Hitler's aircraft was that it was a Condor 4-engine and it has been publicly announced by the German Press that Bauer had been specially commended for devoted service. It has been stated also that Hitler usually flew with Bauer over foreign territory twice a month, and was never without one or more of his senior staff. He normally flew at a great height and that the assistant pilots were Bauer's men rather than Hitler's. There is a possibility, however, that the aircraft would be escorted by fighters, very naturally, and you will remember the story that never seems to have been confirmed, of a large 4-engined aircraft last summer, flying over this country with a very large fighter escort protecting it.

5. Will you be good enough, therefore, to issue instructions, with, for obvious reasons, special precautions to keep these instructions "alive", that if a single 4-engined aircraft is seen descending steeply towards Lympne, with under-carriage down, and firing four red flares, it is not to be attacked or fired at by the ground defences. There is a danger, of course, of some attempt to beat up the aerodrome or launch a gas attack or to produce some secret weapon which would immobilise the aerodrome for a period, but we must accept that risk and hope that the story that appears to be too fantastic for words, might have a fortunate outcome.

2.

There is an obvious possibility that while the aerodrome guard is still gaping other occupants of the aircraft might overpower Bauer immediately he lands and take the aircraft off again. This would indicate the necessity of very special instructions to the aerodrome defences at Lympne to guard especially against such an occurrence if any foreign aircraft lands. One German aircraft has already landed by mistake on one of our aerodromes and been allowed to depart.

6. For purposes of secrecy it could where necessary be inferred that we expect "a German deserter" to land.

7. The vital necessity to confine this story to the smallest circle will be apparent to you and in any case I think there should be no mention to anybody of the possible occupants of the aircraft, whose arrival we hope for but do not expect.

2. Schreiben des Air Marshall Douglas an das Hauptquartier der 11. Jägergruppe v. 26.2.1941

**MOST SECRET**

For the personal attention of Air Vice-Marshal T.L. Leigh-Mallory, CB, DSO.

From: Headquarters, Fighter Command.

To: Headquarters, No. 11 Group.

Date: 26th February, 1941.

Reference: FC/S.23015.

LANDINGS BY ENEMY AIRCRAFT DESERTING FROM THE GERMAN AIR FORCE.

It is not impossible that enemy aircraft crews may attempt to desert. In particular, there is reason to believe that an aircraft of the four-engined Condor type flown by a German deserter may attempt to land at LYMPNE by daylight.

2. It is necessary to keep this matter entirely secret, and it is only to be divulged to the Officer Commanding, R.A.F. Station LYMPNE, who is to make the necessary arrangements on the aerodrome. It will be impossible under the circumstances to issue an effective warning to our fighters, and a deserting aircraft must therefore make its way through our patrols as best it can.

3. An aircraft arriving with this intent may be expected to approach from seaward in a steep descent towards LYMPNE with undercarriage down, and if challenged by fighters or defences to fire four Red flares to avert attack.

4. At LYMPNE itself, it is particularly necessary to guard against surprise. The aerodrome defences, therefore, must be instructed that a single enemy aircraft of this type approaching to land and possibly firing flares is to be allowed to do so. If there are more than one aircraft [illegible] are to be treated as hostile and engaged.
One, if it complies with the terms of paras 1 and 3 above, is to be allowed to land, the remainder

5. The LYMPNE defences are to be kept constantly ready for such an eventuality. An enemy aircraft landing is to be held covered during its approach and during and after landing. Steps are to be taken immediately to seize the crew and our defence personnel must again be prepared against surprise and to deal with opposition if necessary.

6. An immediate precaution should be to immobilise the aircraft by chocks or ~~damage to tyres or airscrews~~. Should the aircraft forestall this with an attempt to take off again, it is at once to be disabled or destroyed by A.A. or fighters. Any fighters on the aerodrome at the time should be sent up to patrol overhead, ready to engage any further enemy aircraft or to prevent the escape of the one that has landed.
obstacles.

7. Instructions are to be issued at LYMPNE to aerodrome defence personnel in a manner that will preserve the maximum secrecy; but they must also be impressed with the necessity for speed and vigour in securing aircraft and crew, guarding against surprise, and above all ensuring that escape is not permitted once an enemy aircraft has been allowed to approach.

Air Marshal,
Air Officer Commanding-in-Chief,
Fighter Command, Royal Air Force.

3. Schreiben des Air Marshall Douglas an Air Vice Marshall Leigh-Mallory v. 26.2.1941

PERSONAL

FC/S.23015/Air

MOST SECRET

26th February, 1941

My dear

Further to our conversation yesterday on the possibility of enemy aircraft landing at Lympne, I attach herewith an instruction on the action to be taken in this matter.

Our aim must be -

(i) to ensure that we get and hold the aircraft and crew.

(ii) to arrange this with the minimum of publicity as regards preparations.

(iii) to guard against possible exploitation of such landings on the part of the enemy.

Will you use your discretion in instructing O.C. Lympne accordingly.

I find that the local defences at Lympne are weak in that they have no light A.A. guns, and have only just received their Company of Young Soldiers to take over the aerodrome defences. I am trying to arrange at once for trained personnel to be substituted and for some light A.A. guns to be provided. I will inform you verbally of what proves practicable in this connection.

Air Vice Marshal T.L. Leigh Mallory,
C.B., D.S.O.,
Headquarters, No.11 Group,
Royal Air Force,
Uxbridge, Middlesex.

-2-

You will note that there is no provision in the accompanying instructions for warning to Group or Sector Controllers that such landings may take place. You may think it essential that some such warning should be given, but it means a lot more explanation which I think we should avoid if possible. Please advise me on this before you do anything.

Yours

4. Schreiben des Air Marshall Douglas an Air Vice Marshall Harris v. 26.2.1941

P E R S O N A L

FC/S.23015/Air

MOST SECRET

26th February, 1941.

My dear

Further to my letter of the 23rd February, on the subject of enemy aircraft landing at Lympne, I now enclose for your information a copy of the instructions that we have issued to A.O.C. 11 Group personally, and a further covering note to him both dated to-day. He is instructing O.C. Lympne in accordance with these papers, also to-day.

As regards the defences at Lympne, I have taken steps with A.A. Command to concentrate four light A.A. guns within the next 48 hours, and I am waiting for D.G.D. to ring me up to say what he can do about providing a more experienced defence Company as you promised.

The whole arrangement is a very difficult one as it is impossible to reconcile satisfactory requirements of efficient organisation and those of secrecy. You will see that as you agreed we are issuing no warning to fighters as it would be impossible to ensure that it is effective without making the matter generally known. I hope you will agree that the instructions are adequate.

Yours

Air Vice Marshal A.T. Harris,
C.B., O.B.E, A.F.C.,
Air Ministry, Whitehall,
London, S.W.1.

## 5. Verteidigungsvorbereitungen von Lympne v. 1.3.1941

MINUTE SHEET. Reference 11A

S.A.S.O.

Defence of Lympne.

R.A.F. Defence Force.

3 ground defence officers and 33 A.C.H..Lewis gunners manning 4 Hispano posts, available to reinforce crews of Lewis gun posts on alarm.

2. One armadillo Mark III with C.O.W. gun. At present unserviceable. Replacement Mark III armadillo is being deployed there and the C.O.W. gun will be transferred to the serviceable vehicle.

3. 100 rifles are held by the R.A.F. C. & M. Party, but the C.O. ( S/Ldr. Montgomery ) holds the only revolver on the station. I am arranging with Equipment to issue 12 revolvers, pistol, on station charge for re-issue on loan.

Young Soldiers.

4. 7 officers, 150 O.Rs. of the 70th. Buffs employed on inward defence, manning 16 Brownings, 7 Vickers, 2 A/T rifles, 1 Bren and 12 ·300 Lewis. We have arranged to issue in addition four ·3 Light Automatics (Vickers or Lewis).

5. I asked the Station Commander if he had any desire to replace the Young Soldiers with a field force which could be made available, and he firmly decided that the Young Soldiers were training on well, and were a good set of fellows, reasonably well officered.

Army in the Area.

6. I saw the Local Army Commander, Brigadier Hayes and asked him if it was possible to provide two Bren carriers for the aerodrome. He deicded that he would deploy a section (3 Bren carriers) and this can be taken as an example of the generous measure of support he is giving Lympne.

7. He has at his disposal one Battery (6) 25 pounder field guns, which range the aerodrome and is providing a Liaison Officer for Montgomery so that his troops can be on immediate call. The nearest field troops are billetted about a mile away.

8. Providing that the C.O. Lympne works in close liaison with Brigadier Hayes, it would appear that his station may be considered to be very strongly defended indeed against any possible form of attack.

A.A. Defence.

9. Four Bofors arrived on 27/2 and are now disposed round the aerodrome, 2 for A.A. defence and the other 2 for the dual role of A.A. defence and ground defence. As, however, the field guns are available for ground defence, I have suggested to Colonel Burlton that A.A. Command may wish to re-site these mobile Bofors for their normal role.

NOTE - Tell Burlton clear there are guns as they are

1. 3. 41.

Squadron Leader,
Ops.2(c).

## 6. Schreiben des Air Vice Marshall Harris an Air Marshall Douglas v. 7.3.1941

124

MOST SECRET          7th March, 1941.
&
PERSONAL.

My dear Sholto.

Since I wrote to you on the 21st February, our Bulgarian friend Kiroff has been to Belgrade and has now returned via Belgrade to Sofia, where he stated that he had been to Vienna had met Bauer, his son-in-law, handed Bauer his instructions, which Kiroff states were perfectly understood, and obtained the following additional information, which may or may not be helpful:-

1. Bauer stated to his father-in-law that he is always accompanied by three aircraft which keep at considerable distance unless he signals to them. For this reason he does not want to fire flares.

2. He has, however, prepared a number of small yellow metal plaques bearing the initials "A.B", which he proposes to drop over Lympne.

3. He asks that one red light (presumably a beacon) should be shown on the aerodrome.

4. Bauer stated that he flies very high.

5. The most likely times are between 5 and 6 a.m. or 6 and 8 p.m., and the date is stated to be the 25th March, or afterwards.

Kiroff apparently was particularly lucid and gave a good impression to our Attaché in Sofia, who, incidentally, will not be able to contact him when the Legation leaves Sofia.

/The

Air Marshal W.S. Douglas, C.B., M.C., D.F.C.,
Headquarters, Fighter Command,
Royal Air Force,
Stanmore,
Middlesex.

The story seems so fantastic that one is tempted to look for snags, but I can find none, with the possible exception of the time factor, since blackout on the 25th March is at 6.23 in the morning and 7.21 in the evening. Bauer may be speaking of Central European time which would of course make his suggested times less unlikely.

yours ever

A. Boyle.

= Boyle (Col)

This letter was approved by A.V.M. Harris and is signed by me in his absence.

A.B.

7. Schreiben des Air Marshall Douglas an Air Vice Marshall Leigh-Mallory v. 10.3.1941

MOST SECRET

Headquarters, Fighter Command

Headquarters, No.11 Group
Copy direct for personal information
C.O. R.A.F. Station, Lympne.

10th March, 1941.

FC/S.23015/Air

For personal attention Air Vice-Marshal T.L. Leigh-Mallory

Landings by enemy aircraft deserting from the German Air Force

Reference my memorandum FC/S.23015 dated 26th February, 1941:-

Para.1 - The most likely dates are 25th March onwards

Para.5 - It is likely that the aircraft concerned will not fire four red flares to avert attack of ground defences but will instead drop small yellow metal plaques marked AB on the aerodrome. If this is done a red light, (beacon or aldis lamp) should be shown as permission to land.

Air Marshal,
Air Officer Commanding-in-Chief,
Fighter Command, Royal Air Force.

MOST SECRET

-2-

2. Sanders proposes to visit you tomorrow morning to go through these arrangements with you before finally putting them into effect. I think that once they are completed the organisation at Lympne should be satisfactory and will then only need supervision by the Sector Commander to have it in sound working order.

3. I attach to this letter a memorandum including a further small amendment to the Command Instructions issued for Lympne on this subject. A copy has been sent direct to Lympne.

Yours

8. Schreiben des Air Marshall Douglas an Air Marshall Leigh-Mallory v. 16.3.1941

PERSONAL

MOST SECRET

FC/S.23015/Air

16th March, 1941.

My dear Trafford,

We have just had a visit from Air Commodore Sanders, (D.G.D. Air Ministry) with proposals for further improvements to the Lympne defences. I went in to these fully with him and our proposals were later approved by the C.in.C. Subject to your concurrence it is proposed to take the following steps:-

(i) Put Lympne at once on a station basis for defence purposes.

(ii) Appoint a Senior Local Defence Officer under the orders of the Station C.O. to assist in defence organisation and act as a relief for the C.O. when the latter is off the station.

(iii) Supply two additional armadillos.

(iv) Draft in further defence personnel to ensure that all vehicles and light defence weapons are adequately manned and to provide a sufficient detachment of troops to supplement the fixed and mechanised defences.

(v) Make the necessary arrangements and provide the necessary vehicles for the removal of prisoners under guard.

/Continued

Air Vice Marshal T.L. Leigh-Mallory,
C.B, D.S.O.,
Headquarters, No.11 Group,
Royal Air Force,
Uxbridge.

9. Schreiben des Air Vice Marshall Leigh-Mallory an Air Vice Marshall Evill v. 17.3.1941

PERSONAL &
MOST SECRET.

DO/TLM.

Headquarters, No. 11 ~~Group,~~
Royal Air Force,
UXBRIDGE,
MIDDLESEX.

17th. March, 1941.

Dear Strath

With reference to your letter reference FC/S.23015/Air. dated 16th. March, 1941, I have today seen Air Commodore SANDERS and have discussed with him the improvements to be made in the defenses and general arrangements at LYMPNE.

2. The situation now seems to me satisfactory.

Yours ever

Trafford Leigh-Mallory

Air Vice-Marshal D.C.S. Evill, C.B., D.S.C.,
Senior Air Staff Officer,
Headquarters,
FIGHTER COMMAND.

10. Schreiben des Air Vice Marshall Harris an Air Marshall Douglas v. 18.3.1941

21A

MOST SECRET
&
PERSONAL.

18th March, 1941.

Dear Sholto

With reference to my letters dated 21st February and 7th March, Sanders says he has been told by Evill that you would like to have some definite directions as to the disposal of the 'arisings' should the incredible event actually occur.

I feel that it will be essential to get the prize, (or prizes if there are more than one 'of great price'), away from the scene of 'the accident' at the earliest possible moment in case of any immediate attempt at interference by an escort or by hastily summoned air support. I consider, therefore, that the booty should be brought straight up to the Air Ministry by car under armed escort, and would be glad if you will give orders to that effect. Sanders has arranged for a Ford V.8 box-body touring car with driver, and two motor cycles and D.Rs., to be sent down to the Station for this particular purpose, all of which will arrive there to-day.

If there is a large bag, only the biggest birds need be sent in the Ford, the number being limited to a maximum of two so as to allow for an adequate close escort. Any others could be dealt with later.

As it would be most undesirable to extend the circle of those already in the know, I do not propose to lay on any special arrangements this end unless and until we hear that something is in the net. It will be essential therefore that a telephone message should be got through at highest priority either to me, to Sanders, or to Boyle, if anything occurs at the coast. Will you arrange this too?

Yrs
Bert.

Air Marshal W.S. Douglas, C.B., M.C., D.F.C.,
Headquarters, Fighter Command,
Royal Air Force,
Stanmore,
Middlesex.

## 11. Schreiben des Air Marshall Douglas an Air Vice Marshall Leigh-Mallory v. 19.3.1941

PERSONAL

22A

MOST SECRET

Headquarters Fighter Command

Headquarters No.11 Group.
(For personal attention of
Air Vice Marshal T.L. Leigh Mallory)

Copy to: O.C. R.A.F. Station LYMPNE.

19th March, 1941

FC/S.23018/Air

Landings by enemy aircraft deserting from the G.A.F.

With reference to this Headquarters memorandum FC/S.23018/Air dated 26th February, 1941, the following additional paragraph is to be inserted after para.6 of the original memorandum.

"All persons taken from the enemy aeroplane are to be promptly put under guard and removed from precincts of the aerodrome to safe custody. Any persons of importance to a maximum of two, are to be removed immediately under the charge of the senior Officer with an armed guard by car direct to Air Ministry, Whitehall where report is to be made to D.C.A.S. or to Director of Intelligence, (Air Commodore Boyle) or to Director of Ground Defences, (Air Commodore Sanders). A car for this purpose is to be kept ready and a spare car and motor-cycle to proceed in company with it. Air Ministry, (one of the individuals noted above) is in the meantime to be notified of the action taken. A further report to Sector and Group is then to be made."

2. You are requested to make this amendment to the above mentioned Instruction and to take all necessary steps to implement it.

3. You are requested to acknowledge receipt of this memorandum.

Air Marshal,
Air Officer Commanding-in-Chief

## 12. Schreiben des Air Commodore Sanders an Air Vice Marshall Evill v. 11.4.1941

23A

Ref: B.J.80/D.G.D./D.O.

SECRET AND PERSONAL.

11th April, 1941.

Dear A.V.M.,

I enclose, for your personal information, copies of some recent correspondence which I have had with Squadron Leader Montgomery at Lympne.

If any action is necessary to alter the siting of the Bofors guns to enable them better to undertake the dual role of ground-to-air and ground-to-ground firing, perhaps you would be able to help by putting in a discreet word to A/A Command. As far as I remember, two of these guns are now situated some way from the aerodrome itself, one of them being on the far side of an adjacent wood.

Yours sincerely,

A.P. M. Sanders.

Air Vice-Marshal D.C.S.Evill, C.B.,D.S.C.,A.F.C.,
Headquarters, Fighter Command,
Royal Air Force,
STANMORE,
Middlesex.

## 13. Schreiben des Squadron Leader Montgomery an das Hauptquartier des 12. Korps usw. v. 9.4.1941

238

SECRET.

COPY.

From:- Station Commander,
Royal Air Force,
Lympne.

To:- (1) G.H.Q. 12th Corps (for personal attention of G.1)
(2) G.H.Q. 169 Infantry Brigade (personal attention of Brigadier Hayes)
(3) Air Ministry (D.G.D.) King Charles St. Whitehall, S.W.1
(Personal attention Air Com. Sanders)

Date:- 9.4.41.

Ref:- TEMPORARY DUTY OF A 2/6th QUEENS PLATOON AT LYMPNE.

Two Platoons of the above Regt. have already alternated in this Duty and although it was not desired that more than a few people should be brought into this Scheme, this was agreed to.

Both the Platoon Commanders were Officers in whom I had confidence as regards reticence and ability.

I now understand that it is the intention to introduce a third Platoon to this Duty on Friday, and as I have no confidence whatever, on looks, in the commander of this Platoon, I feel that the time has come to say that continually changing bodies of men are not conducive to secrecy.

I therefore propose on Friday to inform the Office Commanding "A" Company 2/6th. Queens that I do not need his assistance and that I shall rely instead on the Young Soldiers Company already established at this Station.

(sgnd) D.H.MONTGOMERY.

Squadron Leader, Commanding,
ROYAL AIR FORCE STATION,
LYMPNE.

14. Schreiben des Squadron Leader Montgomery an das Air Ministry v. 10.4.1941

MOST SECRET.

23c

C O P Y.

From: Station Commander,
Royal Air Force, Lympne.

To: Air Ministry D.G.D.
(for Personal Attention of Air Commodore A.P.M. Sanders).

Date: 10/4/41.

SUBJECT: DEFENCE OF LYMPNE.

It is requested that one more Bofors gun may be made available for the defence of this aerodrome.

This request is made after consultation with the Bofors gun officers who agree with me that it is impossible to provide against all eventualities with the present four guns owing to the difficult nature of the surrounding terrain.

(sgnd) D.H. MONTGOMERY S/Ldr.

Station Commander.

## 15. Schreiben des Air Commodore Sanders an Squadron Leader Montgomery v. 11.4.1941

23D

Ref: B.J.80/D.G.D./D.O.

SECRET AND PERSONAL.

11th April, 1941.

Dear

With reference to your letter dated 9th April 1941, addressed in the first instance to 12th Corps and 169 Infantry Brigade, if you have now got the operational control of your 'Young Soldier' Company under your own hand to a satisfactory extent, and if you are satisfied that that Unit is sufficiently trained and reliable for the purpose which you have in mind, I agree that it would be best to dispense with the services of the extra Platoon of the 2/6th Queens. As you know, I only arranged for this extra assistance as a temporary measure to help you over a difficult, and possibly dangerous, period. It was never intended to be a permanent arrangement.

With regard to your memorandum dated the 10th April 1941, addressed to me, I have spoken to the D.C.A.S. about this but I am afraid it is quite impossible to give you another Bofors. There are many other very urgent requirements for these guns, including one in connection with the Battle of the Atlantic and it is out of the question to provide against all eventualities, even at Lympne. I do not know whether it would be possible to improve your situation in this respect by altering the siting of the 4 guns which you have already got. You might discuss this with the C.O. of your A.A. Command Detachment and let me know. Even if this was possible, there might be difficulties with the higher authorities of A/A Command, who are unaware of your special problem, but if it is desirable, and possible, I will see what I can do to help.

Squadron Leader D.H. Montgomery,
Royal Air Force Station,
LYMPNE.

/I

I am sending copies of your memoranda and of my reply to Air Vice-Marshal Evill at Fighter Command, as I think he would like to be kept in the picture.

Yours

A. P. M. SANDERS

## 16. Schreiben des Air Commodore Sanders an Air Vice Marshall Evill v. 17.5.1941

D/SASO. Papers on Lympne are in the safe - I have recently warned 11 Gp to keep arrangements on the top line, so that all that needs doing is to instruct 11 Gp to release S/L Heape. Will you pl. do this through [illegible] if possible & then confirm with Sanders.

Ref: B.J.33/D.G.D./D.O.

SECRET.
&
PERSONAL.

[illegible] 19/5 - Halton.

17th May, 1941.

Dear A.V.M.,

In view of recent events, I have received instructions that the special arrangements at Lympne (which were about to be called of) are to be kept in being for another fortnight from to-day. After that, unless any-new developments take place in the meantime, they will in all probability be cancelled. I think you will like to know this.

As regards S/L Heape, I took no action to remove him from Lympne after speaking to you on the telephone a few weeks ago and he is still there. It is now urgent that he should return to his own station, Eastchurch, at any rate for a week or two, and if you agree I shall be grateful if you will issue instructions through 11 Group and Biggin Hill to that effect.

Squadron Leader Montgomery, the Station Commander at Lympne, looked in to see me about a fortnight ago, and I gathered from him that although he was most grateful for Heape's assistance during the last two months or so, he felt that he could now manage without him without detriment to the execution of the special task. All the arrangements have been thoroughly practised and co-ordinated, and everybody on the station knows his own role. Montgomery has quite a competent Flight Lieutenant Defence Officer as well as Heape, and the former is fully in the picture and has in fact been taking his share of special duty for some time past. In these circumstances I hope you will be able to agree to release Heape.

Yours sincerely,

A.R.W. Sanders.

Air Vice-Marshal D.C.S.Evill, C.B.,D.S.C.,A.F.C.,
Headquarters, Fighter Command,
Royal Air Force,
STANMORE,
Middlesex.

## 17. Schreiben des Büros des Chefs d. Stabes des brit. Jägerkommandos an Air Vice Marshall Leigh-Mallory v. 19.5.1941

Secret and Personal.

SECRET

25A

FC/S.23015.

19th May, 1941.

Dear

Air Vice Marshal Evill is away and has asked me to forward to you a request he has received from Air Commodore Sanders.

2. In view of recent events Sanders has received instructions that the special arrangements at Lympne ( which he says were about to be called off) are to be kept in being for another fortnight from 17th May, 1941. He states that after that, unless any new developments take place in the meantime, they will in all probability be cancelled.

3. Apparently it is now urgent that Squadron Leader Heape should return to his own station, Eastchurch, at any rate for a week or two, and Sanders has asked for letters to be issued through No. 11 Group and Biggin Hill to that effect. Squadron Leader Montgomery visited Sanders recently and said that although he was most grateful for Heape's assistance during the last two months or so he felt he could now manage without him without detriment to the execution of the special task. All arrangements have been thoroughly practised and co-ordinated and everybody on the Station knows his role. Montgomery has quite a competent Flight Lieutenant Defence Officer as well as Heape and the former is fully in the picture and has in fact been taking his share of special duty for some time past.

4. In these circumstances Sanders hopes you will be able to release Heape. If you agree will you please issue the order and let me know so that I can inform Sanders.

Yours

Air Vice-Marshal T. Leigh-Mallory, C.B., D.S.O.,
Air Officer Commanding No. 11 Group,
Royal Air Force,
Uxbridge,
Middlesex.

18. Air Vice Marshall Leigh-Mallory an Air Commodore Cunningham v. 21.5.1941

S E C R E T.

(26A)

Headquarters, No. 11 Group,
Royal Air Force,
UXBRIDGE,
MIDDLESEX.

DO/TLM.

21st. May, 1941.

Dear Cunningham

Reference your FC/S.23015/Air. dated 19th. May, 1941, I have been in communication with Squadron Leader MONTGOMERY, and I think he must have given Air Commodore SANDERS rather the wrong impression.

2. He points out the hours of day-light now are extremely long, and that he would have difficulty in carrying on with only two. In view of the limited time this arrangement is likely to continue, I suggest the best thing is to leave HEAPE there until the end of the month.

Yours

T. Leigh-Mallory

Air Commodore A.D. Cunningham, C.B.E.,
Headquarters,
FIGHTER COMMAND.

## 19. Schreiben des Air Ministry an Air Marshall Douglas v. 28.5.1941

Tel. No. ABBEY 3411.

AIR MINISTRY,

KING CHARLES STREET,

WHITEHALL, S.W.1.

MOST SECRET & PERSONAL

28th May, 1941.

Dear C.-in-C.,

My predecessor wrote to you on the 21st February, 7th and 18th March about the possible arrival at Lympne of a visitor from Germany, and about the arrangements necessary for his reception. Sanders here has since been in communication with Evill and Leigh Mallory about details.

Now that the target date is long past, and in the absence of any fresh information, we have decided that the special arrangements at Lympne can be discontinued with effect from 1st June, and I shall be glad if you will issue instructions to that effect to those concerned. In addition to the cancellation of your instructions to Leigh Mallory contained in your FC/S.23015 of 26th February, the following additional action will be required :-

(i) Squadron Leader Heape should be returned to Eastchurch where he is urgently required.

(ii) The Ford utility 6 seater van and the two motor cycles with their respective drivers should be returned to No.. M.T. Company, Abbey Road, where they came from.

(iii) Squadron Leader Montgomery, the Station Commander at Lympne, should notify the local Army authorities that the special detachments which they have been providing, over and above the Young Soldier Company allotted in the normal way, are no longer required.

As regards the A.A. defences (Bofors, Hispanos and Lewis guns), I suggest that your new Operational Aerodrome /Defence

Air Marshal W.S.Douglas, C.B., M.C., D.F.C.
Headquarters, Fighter Command.

Defence Committee might usefully consider at an early meeting whether any of these could be better deployed elsewhere or whether, in view of the frequent low flying attacks on Lympne, they had better stay where they are for the present.

Yours sincerely,

Norman Bottomley

20. Schreiben des Büros des Chefs d. Stabes des brit. Jägerkommandos an Air Vice Marshall Leigh-Mallory v. 28.5.1941

P E R S O N A L

29A

MOST SECRET

FC/S.23015/Air

28th May, 1941.

Further to Cunningham's letter FC/S.23015 dated 19th May, the C.in.C has now been informed by D.C.A.S. that the special arrangements at Lympne may be discontinued with effect from 1st June. Will you therefore please instruct Biggin Hill and Lympne that the arrangements brought into effect by our memorandum FC/S.23015 of the 26th February, 1941 are to be cancelled from that date.

2. The following additional action is requested:-

(i) That Squadron Leader Heape shall be posted on the 1st June to R.A.F. Station Eastchurch where he is urgently required.

(ii) That the Ford utility six seater van and the two motor cycles with their respective drivers be returned to No.4 M.T. Company, Abbey Road whence they came.

(iii) That O/C. Lympne should notify the local Army Authorities that the special detachments which they have been providing for his station over and above the normal Young Soldier Company are no longer required.

3. The final disposition of the Bofors guns now at Lympne whether they shall stay or be transferred elsewhere will be settled shortly when a complete review of station defences now in hand has been completed.

Air Vice Marshal T. Leigh-Mallory, C.B., D.S.O.,
Headquarters, No.11 Group,
Royal Air Force,
Uxbridge, Middlesex.

# Schlußbetrachtung

Die Vorschläge Hitlers, die Weißauer den Engländern zugeleitet hatte und deren Verwirklichung die Aufgabe des japanischen Verbündeten bedeutet hätte, hatten in zwei Punkten historische Vorbilder:

1. Die Aufteilung der Welt in zwei Interessensphären: Der britische Kolonialminister Chamberlain schlug anläßlich eines Besuches des deutschen Kaisers in England dem Staatssekretär im AA v. Bülow am 22. November 1899, wie sich dieser in seinen Memoiren erinnert, folgendes vor:

   *»Er (Chamberlain, d. Verf.) fing damit an, mir mit Lebhaftigkeit und großer Offenheit seine Anschauungen und Pläne auseinanderzusetzen. Sein Ideal wäre ein Zusammengehen zwischen England, Amerika und Deutschland. Diese Gruppierung würde die Welt beherrschen. Sie würde das barbarische Rußland in seine Schranken zurückweisen und das turbulente Frankreich zur Ruhe zwingen . . .*[1]*.«*

Kronprinz Wilhelm äußerte sich 1910 ähnlich gegenüber dem britischen Außenminister Sir Edward Grey. Der Kronprinz meinte, es wäre »im Hinblick auf einen sicheren Frieden das weitaus Vernünftigste, wenn Deutschland und England, die beiden großen germanischen (sic!) Nationen, die stärkste Landmacht und die stärkste Seemacht zusammengingen, dann könnten wir auch (wenn wir das überhaupt wollten) die Welt teilen . . .«[2].

2. Auch Hitlers Bemerkungen, »daß den Übergriffen der gelben Rasse und dem weiteren Vordringen des japanischen Imperialismus Einhalt geboten werden müsse«, hatten ein historisches Vorbild.

Kaiser Wilhelm »entdeckte« Ende der neunziger Jahre die »Gelbe Gefahr«. Er gab seiner Auffassung durch ein von ihm skizziertes und dann von einem Maler hergestelltes Bild Ausdruck. Der Kaiser versah dieses Bild mit der Unterschrift »Völker Europas, wahret eure heiligsten Güter«. Das Bild zeigte allegorisch, wie der schwer gerüstete deutsche Michel, den furchtsam im Hintergrund gruppierten Staaten Europas die »gelbe Gefahr« in Gestalt eines Buddhas zeigte, der über einer Szene der Verwüstung und des Brandes schwebte[3].

Fürst von Bülow konstatierte bei Wilhelm II. eine »Idiosynkrasie«[4] gegenüber den Japanern[5].

[1] Bülow, Bernhard Fürst von, Denkwürdigkeiten, Bd. 1, Ullstein Verlag, Berlin 1930, S. 315.

[2] Rosner, Karl, Erinnerungen des Kronprinzen Wilhelm, Stuttgart-Berlin 1922, S. 116.

[3] Vgl. Reventlow, Graf Ernst zu, Von Potsdam bis Doorn, Berlin 1940, S. 277 f.

[4] Idosynkrasie, griechisch eigentümlich/medizinisch: unüberwindliche Abneigung gegenüber bestimmten Stoffen bereits beim ersten Kontakt aufgrund eines Enzymmangels. Pschyrembel, Klinisches Wörterbuch, Berlin 1977, S. 545.

[5] Vgl. Bülow, a.a.O., Bd. 2, S. 87.

Auch Hitler überwand bis 1945 seine Ablehnung der »gelben Rasse« nicht, obgleich er dieser in »Mein Kampf« als einziger asiatischen Rasse eine »kulturtragende« Rolle im Gegensatz zur »kulturschöpfenden« arischen bestätigt hatte[6].

Die NS-Rassendoktrin hatte zur Folge, daß z. B. Eheschließungen zwischen deutschen und chinesischen sowie japanischen Staatsbürgern nach 1933 von den zuständigen deutschen Behörden nicht genehmigt wurden. Dieser Umstand führte mehrfach zu entsprechenden Interventionen der diplomatischen Vertreter Japans und Chinas beim Auswärtigen Amt[7]. Die deutsche Auslandspropaganda bezeichnete das Rassenproblem als eine innerdeutsche Auseinandersetzung und betonte mehrfach die Verschiedenartigkeit statt der Verschiedenwertigkeit der außereuropäischen Rassen[8].

Das Signifikante der beiden ersten hier dargestellten Friedensinitiativen besteht darin, daß Hitler versuchte, die »japanische Karte« auszuspielen. Der hierfür von ihm gewählte Zeitpunkt war in beiden Fällen nicht falsch. Weißauer leitete die Vorschläge im September 1940 an die Engländer weiter. In dieser Zeit wachsender Spannungen in Ostasien und der damit verbundenen Gefährdung ihres Kolonialbesitzes, mußte die Briten zwangsläufig veranlassen, so nahm Hitler an, seinem Friedensvorschlag zuzustimmen. Sie hatten, so mag seine Überlegung gewesen sein, abzuwägen zwischen dem Verlust ihres asiatische-pazifisch-ozeanischen Besitzes und der Aufgabe ihrer kontinental-europäischen Interessen. Hitler scheint unterstellt zu haben, daß England sich zugunsten seiner Kolonien entscheiden würde. Insofern war der von der deutschen Seite gewählte Zeitpunkt nicht unrichtig.

Auch der Zeitpunkt des zweiten deutschen Versuches im April 1942, die Engländer unter Hinweis auf die deutsche Sorge über ein weiteres Vordringen des japanischen Imperialismus aus der Reserve zu locken, war nicht falsch gewählt. Die Briten und Amerikaner hatten seit dem japanischen Überfall auf Pearl Harbor am 7. Dezember 1941 schwere und bittere militärische Niederlagen hinnehmen müssen. Wesentliche Teile der britischen und amerikanischen Flotte in Ostasien waren vernichtet worden. Die Japaner standen in Neuguinea und bedrohten Australien. Singapur war gefallen. Die japanische Flotte operierte im Seegebiet um Ceylon. Die Japaner hatten bereits Niederländisch-Indien und Borneo besetzt[9].

Angesichts dieser militärisch schwierigen Lage glaubte Hitler wahrscheinlich, daß den Briten eigentlich nichts anderes blieb, als die hier in Stockholm vorsichtig ausgestreckten Fühler weiter zu verfolgen, um die bei positiver britischer Reaktion sicherlich vorgelegten deutschen Vorschläge anzunehmen. Die Engländer aber

6 Vgl. Mein Kampf, a.a.O., S. 319.

7 Fox, John, The Formulation of Germany's Far Eastern Policy 1933–1936, Dissertation London School of Economics, 1972, S. 87, 141 und 94.

8 Vgl. Martin, Berndt, Die deutsch-japanischen Beziehungen während des Dritten Reiches, in: Hitler, Deutschland und die Mächte, hg. v. M. Funke, Düsseldorf 1978, S. 458.

9 Es werden hier die 1940 üblichen politisch-geographischen Bezeichnungen verwendet.

reagierten, entgegen den deutschen Erwartungen, wiederum nicht positiv. Warum aber war Hitler bereit, den japanischen Verbündeten aufzugeben?

Am 29. Juni 1940 gab die neugebildete japanische Regierung Konoye ihre Absichten zur Errichtung einer »Großasiatischen Wohlstandssphäre«, die geheimen Plänen zufolge bis nach Indien und Australien reichen sollte, bekannt[10]. Japan wollte dieses Ziel nicht zuletzt durch ein Militärbündnis mit dem in Europa siegreichen Deutschen Reich erreichen. Der japanische Außenminister Matsuoka verfolgte in diesem Zusammenhang das Ziel der Bildung eines eurasischen Blockes unter Einbeziehung der Sowjetunion, um dadurch die japanische Ausgangsposition für Verhandlungen mit den USA über einen modus vivendi im Pazifik zu verbessern. Entsprechende japanische Sondierungen in Berlin wurden von Hitler brüsk abgelehnt. Er bezeichnete diese Bemühungen, den eigenen Machtbereich im Pazifik quasi aufgrund der deutschen militärischen Erfolge in Europa und der damit verbundenen Schwächung insbesondere Englands, auszudehnen, geringschätzig als solche von »Erntehelfern«[11].

Hatten die zunehmenden Lieferungen von Kriegsmaterial der USA an Großbritannien in den Monaten Juni/Juli 1940 die deutsche Seite nur noch wenig beunruhigt, so fanden die am 6. August 1940 eingehenden Nachrichten, daß die USA den Briten 50 Zerstörer gegen die Überlassung von Stützpunkten in der westlichen Hemisphäre zu liefern beabsichtigten, jedoch große Beachtung in Berlin. Die bei einem Treffen zwischen dem kanadischen Ministerpräsidenten Mackenzie King und Präsident Roosevelt am 17. August 1940 erzielten Ergebnisse über gemeinsame Verteidigungsanstrengungen in Verbindung mit Berichten des deutschen Geschäftsträgers in Washington: ». . . daß sich nun immer deutlicher ein bündnisähnliches Verhältnis der USA zu Kanada und England abzeichne« und »die USA unter Roosevelt alles tun würden, um Englands Widerstandskraft zu stärken, uns zu schaden und sich selbst zu rüsten . . .«[12], beunruhigten die deutsche Seite außerordentlich.

Darüber hinaus wurde ein größeres amerikanisches Interesse an der Verstärkung eigener atlantischer Positionen deutlich: Errichtung von Konsulaten in Island, Grönland sowie in den französischen Besitzungen St. Pierre, Miquelon und Martinique. Diese Politik zeigte, daß die USA ihren Einflußbereich immer weiter nach Westen vorschoben; dies mußte in letzter Konsequenz bedeuten, daß die Amerikaner die britischen Inseln dieser ihrer erweiterten Interessenssphäre zugehörig ansahen. Hitler mußte erkennen, daß sein Ziel, die Engländer zu einem Frieden zu veranlassen, hierdurch noch unrealistischer wurde.

Hinzu kam, daß sich die USA um eine Verbesserung ihrer Beziehungen zur UdSSR bemühten. Dieses war offensichtlich die Reaktion auf die von der neuen japanischen Regierung erklärte Absicht der Errichtung einer »Großasiatischen Wohlstandssphäre« und der damit verbundenen Konzeption, den japanischen Einflußbereich in

[10] Vgl. Martin, Japans Weltmachtstreben, a.a.O., S. 119.

[11] Vgl. Martin, Deutschland und Japan, a.a.O., S. 19.

[12] Deutscher Geschäftsträger in Washington an AA v. 18.8.1940, ADAP, Serie D, Bd. X, Dokument Nr. 362.

Gebiete auszudehnen, die von den Amerikanern als ihre eigenen angesehen wurden.

Die japanische Expansionspolitik mußte zwangsläufig zu einer Konfrontation mit den USA führen. Hinzu kam die Belastung des amerikanisch-japanischen Verhältnisses durch den japanischen Eroberungsfeldzug gegen China und das Festhalten der USA an dem 1922 abgeschlossenen Neunmächteabkommen[13], das grundsätzlich die Erhaltung der chinesischen Unabhängigkeit vorsah, die nun durch die Eroberungspolitik des Kaiserreiches ernsthaft gefährdet wurde.

Vor dem Hintergrund dieser Entwicklung gab es aus der Sicht Hitlers nur eine Möglichkeit: Durch einen Vertrag mit Japan den USA durch die hiermit sich abzeichnende Möglichkeit eines Zweifrontenkrieges die Hände zu binden, d.h. sie zu »reneutralisieren«[14], England hierdurch zu isolieren und damit friedenswillig zu machen, um in Europa den Rücken für den von Hitler geplanten Eroberungsfeldzug gegen die UdSSR freizubekommen[15].

Aufgrund der hier dargestellten Entwicklung beschloß Hitler um den 10. August 1940 herum, den genannten Sondierungsversuchen Japans, einen Bündnisvertrag mit dem Deutschen Reich abzuschließen, zu entsprechen. Er beauftragte den Sondergesandten Stahmer damit, ein präventives Defensivbündnis mit Japan auszuhandeln. Stahmer flog am 23. August 1940 von Berlin über Moskau nach Tokio, das er am 7. September erreichte. Kennzeichnend für die politische Haltung Japans zu diesem Vertrag waren die Stimmen des Mißtrauens, die während der Verhandlungen im japanischen Ministerrat laut wurden und die Furcht vor einem deutschen Ausgleich mit England ausdrückten und nachdrücklich diese Befürchtung als Motiv für diesen Paktabschluß angaben[16].

Daß die japanischen Befürchtungen eine Berechtigung hatten, erhellt die Tatsache, daß Anfang September, dem Zeitpunkt also, zu dem der deutsche Sondergesandte Stahmer in Tokio eintraf, Weißauer die Friedensvorschläge Hitlers über Ekeberg Mallet zuleitete. »Die Furcht vor einem deutsch-britischen Arrangement bestand bis weit in die Zeit des Pazifikkrieges hinein . . .[17].« Diese Bemerkung Sommers trifft des weiteren daher auch für die Friedensfühler des Barons v. Oppenheim im April 1942 zu und erklärt überdies, weshalb die japanischen Diplomaten in Stockholm, nicht ohne Grund, jeden Schritt des Kölner Bankiers argwöhnisch beobachteten.

Die Annahme Hitlers, daß sich die USA durch den deutsch-italienisch-japanischen Vertrag »neutralisieren« lassen würden, erwies sich als falsch. Bereits einen

13 Vgl. hierzu Berger, W., Die politisch-militärischen Pakte der Nachkriegszeit im Wortlaut, Erlangen 1936, S. 14 ff.

14 Hillgruber, Andreas, Hitlers Strategie, Politik und Kriegführung 1940–41, München 1982, S. 203; vgl. hierzu insgesamt S. 192–206.

15 Vgl. hierzu auch die Aussage Ribbentrops vor dem IMT: ». . . unter Umständen die USA neutralisiert und England isoliert werden könnten, um dann auf dieser Basis doch noch zu einem Kompromißfrieden (mit England) zu kommen«. IMT, Bd. X, S. 334.

16 Vgl. Sommer, Theo, Deutschland und Japan zwischen den Mächten 1935–1940, Vom Antikominternpakt zum Dreimächtepakt, Tübingen 1962, S. 424.

17 Ebenda.

Tag vor der Unterzeichnung des Dreimächtepaktes verhängte Roosevelt, gleichsam als Antwort auf den zwischenzeitlich erfolgten japanischen Einmarsch in Nordindochina, ein Embargo auf die Ausfuhr von amerikanischem Stahl- und Eisenschrott nach Japan.

Drei Tage nach der Unterzeichnung des Paktes gewährte Roosevelt China eine Anleihe in Höhe von 25 Millionen Dollar. Nicht zuletzt hierdurch wurde deutlich, daß sich weder die deutschen noch die japanischen Erwartungen, die beide Länder an diesen Pakt knüpften, erfüllten. Auch aus diesem Grund versuchte jeder der beiden Bündnispartner offenbar weiterhin zu einem Arrangement mit der Macht zu kommen, von der er sich die von ihm erhofften Vorteile vesprach. Obgleich der japanische Außenminister Matsuoka sich ganz eindeutig während seiner Europareise (September 1940) zu dem Bündnis seines Landes zu den Achsen-Mächten bekannt hatte, betrieb die japanische Regierung geheime Verhandlungen mit den USA, in deren Verlauf für den Fall einer Aufgabe des amerikanischen Engagements in China sogar erwogen wurde, den Dreimächtepakt zu annullieren[18].

So standen sich daher Japan und Deutschland mit tiefem Mißtrauen gegenüber. Der zwischen diesen Mächten abgeschlossene Pakt hatte offenbar nur solange für jeden Partner einen Wert, wie dieser hoffen konnte, den Vertrag als Rückhalt zur Durchsetzung der eigenen Eroberungspläne nutzen zu können.

Beide Staatsführungen fühlten sich offensichtlich, ohne Rücksichtnahme auf den Bündnispartner berechtigt, hinter dem Rücken des jeweils anderen mit der für ihn wichtigen Macht zu verhandeln, um abzuklären, ob es nicht doch noch einen Weg zum Erreichen der eigenen politischen Ziele gab.

So ist auch Hillgruber hier zuzustimmen, wenn er schreibt: »Nachdem . . . auch der abenteuerliche Weg über den Herzog von Windsor«[19] gescheitert war, suchte er (Hitler) im geheimen nach immer ungewöhnlicheren Mitteln . . .[20], um doch noch zu einem Ausgleich mit England zu kommen.

Die beiden hier dargestellten Friedensinitiativen waren solche »ungewöhnlichen Mittel«, die allerdings auch erfolglos blieben.

[18] Vgl. Martin, Japans Weltmachtstreben, a.a.O., S. 126.

[19] Hiermit ist der deutsche Versuch im Juli/August 1940 gemeint, den Herzog v. Windsor (ehemaliger britischer König Edward VIII, der am 10.12.1936 wegen seiner Beziehung zu der zweimal geschiedenen Amerikanerin W. Simpson auf den Thron verzichtet hatte), zu überreden, in deutsches Einflußgebiet überzuwechseln, um als Friedensvermittler gegenüber der britischen Regierung tätig zu werden bzw. nach einer erfolgreichen deutschen Invasion in England als Thronprätendent zur Verfügung zu stehen. Die deutschen Pläne sahen aber auch vor, falls er nicht freiwillig bereit war, sich in den deutschen Einflußbereich zu begeben, ihn zu entführen. Mit dieser Aufgabe, den Herzog zunächst von Portugal nach Spanien zu bringen, wurde der spätere Amtschef VI/Reichssicherheitshauptamt, Walter Schellenberg, beauftragt. Vgl. hierzu: ADAP, Serie C, Bd. VI,2, Nr. 529–553 und Walter Schellenberg, Aufzeichnungen, Unter Verwendung bislang unveröffentlichter Dokumente neu kommentiert von Gerald Flemming, Wiesbaden 1979, S. 108 ff.

[20] Hillgruber, a.a.O., S. 156.

Inwieweit Weißauer seine finnischen Verbindungen, außer dem hier dargestellten Fall, weiterhin nutzte, um bis zur Kriegserklärung Englands an Finnland (6. Dezember 1941) den Engländern durch finnische Vermittlung weitere deutsche Friedensangebote zu übermitteln, ist aufgrund der Aktenlage nicht nachweisbar.

Waldemar v. Oppenheim wurde nach dem 20. Juli 1944 von der Gestapo in Köln verhaftet. Grund hierfür war wohl auch ein Bericht, der von der Kölner Gestapo an das RSHA geschickt worden war und in dem es u. a. hieß:

*»Es besteht der dringende Verdacht, daß Waldemar und Friedrich K. v. Oppenheim ihre Auslandsreisen zu undurchsichtigen Geschäften benutzten. Die engen Verbindungen zu dem jüdischen Bankier Wallenberg in Schweden, die sonstigen weitverzweigten Auslandsverbindungen, die rassisch bedingte gegnerische Einstellung zum nationalsozialistischen Staat, die guten Beziehungen zu dem schweizerischen Generalkonsul in Köln Dr. v. Weiss lassen mit Sicherheit annehmen, daß v. O. allen gegnerischen Stellen, mit denen er in Berührung kommt, Nachrichten geheimen und vertraulichen Charakters wirtschaftlicher wie politischer Natur in größtmöglichem Umfang bekanntgibt. Es ist nicht von der Hand zu weisen, daß einer der beiden Gebr. v. Oppenheim mit dem im Abw.-Mitteilungsblatt Nr. 2/44 Teil A, bezeichneten englischen Agenten aus Industriekreisen identisch ist . . .[21].«*

Waldemar v. Oppenheim wurde nach dreiwöchiger Haft entlassen und tauchte mit seiner Familie aus begründeter Furcht vor neuerlicher Verhaftung unter. Er überlebte so das Ende des Dritten Reiches.

Der dritte hier dargestellte Fall bleibt mysteriös. Die vorgelegten, von den Briten bislang freigegebenen Dokumente, weisen lediglich aus, daß die Führung der RAF aufgrund der ihr zugegangenen Informationen eines dubiosen Informanten alle Vorbereitungen für den Empfang Hitlers getroffen hatte. Die in den englischen Dokumenten genannte Person des angeblichen »Schwiegervaters« von Baur wird hier allerdings nicht näher identifiziert.

Entsprechende Rückfragen des Verfassers zur Person »Kiroffs« beim bulgarischen Nachrichtendienst, die mit Hilfe des AA in Sofia vorgetragen wurden, blieben ergebnislos.

Es bleibt daher die Frage offen, ob die britische Seite lediglich aufgrund dieser ihr zugegangenen, wie nachgewiesen, offensichtlich unrichtigen Informationen die umfangreichen »Empfangsvorbereitungen« getroffen hat. Ein solcher nachrichtendienstlicher Dilettantismus, nämlich nicht einmal die von Kiroff angegebenen falschen Daten Baurs als unrichtig festzustellen und den falschen Schwiegervater deshalb allein schon als Schwindler zu entlarven, kann den Engländern nicht unterstellt werden.

**Ging es aber vielleicht doch um den Fall Hess?** Galten die umfangreichen britischen Vorbereitungen dem von den Engländern erwarteten Flug des Führer-Stell-

21 Zitiert in: Wägen und Wagen, a.a.O., S. 405.

vertreters. Die Briten vermuteten zu diesem Zeitpunkt vielleicht schon richtig aufgrund der von ihrem Nachrichtendienst kontrollierten Kontakte Haushofers zum Herzog von Hamilton, daß Hess nach England kommen würde, ohne jedoch genau zu wissen, wann und wo der Einflug stattfinden würde.

Träfe diese Vermutung zu, so wäre dieses ein Indiz dafür, daß die vorliegenden Papiere irrtümlich freigegeben worden sind und weitere schlüssige Dokumente der Öffentlichkeit vorenthalten werden.

Es konnte so nur nachgewiesen werden, daß weder Baur noch seine beiden Co-Piloten aufgrund fehlender bulgarischer Verbindungen und weiterer aus den Dokumenten ersichtlicher Fehler, die sich insbesondere auf Baurs Personaldaten beziehen, nicht in die »Entführungspläne« verwickelt waren.

Ferner muß vermutet werden, daß den Engländern für sie offenbar zuverlässige, öffentlich leider nicht zugängliche Informationen darüber vorgelegen haben müssen, daß sie, wie es in einem der vorliegenden Dokumente heißt, »einen Fisch« erwarten konnten. Daß es sich hierbei nicht um Hitler handelte, wurde nachgewiesen. **Ob Hess die erwartete Persönlichkeit war, kann lediglich vermutet werden.**

# Literaturverzeichnis

## 1. Bundesarchiv/Militärarchiv

Chi-VN Nr. 2353 v. 26.6.1942/BA/MA RW5 v. 389
Abwehrpersonalakte/W.v.Oppenheim/Abwehrnebenstelle Bremen/W.v.Oppenheim/BA/MA RW5 v. 389
Abwehrnebenstelle Bremen/Ehemalige V-Leute: Wilhelm Mertens/BA-MA/RW 49/252 Bl. 148
Abwehrnebenstelle Bremen/Aktennotiz/Betr.: Treff mit Sonderführer Mertens, Paris, 2., 3., 4., 5.6.1941/BA-MA RW 49/434 Bl. 190 f.
Driessen an Mertens v. 8.7.1941/BA-MA RW 49/436 Bl. 215
Oberkommando der Wehrmacht/Az.i 10–20 J (Jc) Nr. 524/40 geh. v. 8.4.1940/BA-MA/RW19/853
W. Mertens an Hptm. Driessen v. 17.7.1941/BA-MA RW49/436 Bl. 247
W. Mertens an Hptm. Driessen v. 30.7.1941/BA-MA RW49/436 Bl. 225
Driessen an Mertens v. 22.8.1941/BA-MA RW49/436
Bundesarchiv/ZNS-Aachen-Kornelimünster
Luftwaffenpersonalakte: Dr. Ludwig Weißauer

## 2. Bundesarchiv

Erkundung englischer Friedensbedingungen v. 2.1.1942/BA/R58/441 Br.B.Nr. 44 v. 5.6.44, v. 6.5.44, v. 1.5.44, v. 16.5.44, v. 24.5.44, v. 26.4.44, v. 4.3.44 Bestand/BA R 58/840

## 3. Politisches Archiv des Auswärtigen Amtes

Handakten Luther/:
Schriftverkehr N-Sch, R 27635
Telegramm der deutschen Gesandtschaft in Stockholm Nr. 913 v. 17.4.42/R 27635
Transocean-Meldung v. 16.4.42/R 27635
Notiz v. 18.4.42/R 27635
U.St.D.Nr. 6104 v. 8.5.1942/R 27635
Chef der Sicherheitspolizei u.d.SD/IV E 4 v. 26.5.42/R 27635
Der Chef der Sicherheitspolizei u.d.SD/IV E 4 v. 28.5.42/R 27635
Büro Reichsaußenminister v. 7.6.1942/R 27635
Notiz für den Unterstaatssekretär v. 22.6.1942/R 27635
Der Chef der Sicherheitspolizei u.d.SD/IV E 4 v. 23.6.42/R 27635
ders. v. 19.6.1942/R 27635
Vermerk/U.St.S.Luther v. 30.6.1942/R 27635
Büro Reichsaußenminister v. 4.7.1942/handschriftl. Vermerk R 27635
Diplogerma Nr. 921 v. 8.7.1942/R 27635
Deutsche Gesandtschaft Stockholm Nr. 1937 v. 18.7.1942/R 27635
Der Chef der Sicherheitspolizei u.d.SD/IV E 4 v. 4.8.1942
Oberst d.G.Piekenbrock v. 5.8.1942/R 27635
Vortragsnotiz Luther v. 4.8.1942/R 27635
Büro RAM v. 8.8.1942/R 27635
An den Chef der Sicherheitspolizei v. 12.8.1942/R 27635
Vermerk Luther v. 25.8.1942/R 27635
Oppenheim an Steengracht u. Ribbentrop v. 14.8.1942/R 27635
Vermerk LR v. Grote für d.U.St.S. v. 27.8.1942/R 283950

Aufzeichnung/LR Picot für d.U.St.S. v. 29.8.42/R 27635
Handakten Luther (Fortsetzung):
Pers.Ref.U.St.S. v. 31.8.1942/R 27635
Mitteilung v. Luther für Steengracht v. 4.9.1942
Vortragsnotiz v. U.St.S. f. St.S. v. 4.9.42/R 27635
Vermerk Luther f. Ribbentrop v. 4.9.1942/R 27635
Der Chef der Sicherheitspolizei u.d.SD/IV E 4 v. 22.10.42/R 27635
ders. v. 28.10.1942
Chef der Sicherheitspolizei u.d.SD/VI G v. 12.8.1940
Führende Männer Finnlands und augenblickliche Lage/Inland IIg/R 101946

## 4. Public Record Office London

To Mr. Somers-Cocks from Sir John Cameron/FO 371/30912
From Foreign Office to Washington Nr. 2562 19.4.1942
Churchill an Halifax v. 25.6.1940/Prem.11/100/8 200852
Halifax an Churchill v. 26.6.1940/Prem.11/100/8 200852
Mallet an Cadogan v. 7.9.1940/FO 371/24408/XC1973
Mallet an Cadogan v. 8.9.1940/FO 371/24408/XC1973
Mallet an Foreign Office Nr. 1011 v. 5.9.1940/FO 371/24408/XC1973
Notiz v. Sir R. Vansittart für den Staatssekretär v. 6.9.1940/FO 371/24408/XC1973
Strang an Maechtig v. 11.9.1940/FO 371/24408/XC1973
Dr. Weißauer/Prem.11/100/8 200852
Cadogan an Mallet Nr. 737 v. 11.9.1940 Reg.Nr.C 9558/G/FO 371/24408/XC1973
Mallet an Foreign Office Nr. 1019 v. 12.9.1940/FO 371/24408/XC1973
Mallet an Foreign Office, Nr. 1038 v. 23.9.1940/FO 371/24408/XC1973
Foreign Office an Marquess of Lothian, Washington, Nr. 2234 v. 11.9.1940/FO 371/24408/XC1973
Marquess of Lothian to Foreign Office Nr. 2042 v. 19.9.1940/FO 371/24408/XC1973
Halifax an Lothian Nr. 2234 v. 11.9.1940/FO 371/24408/XC1973
Extract from War Cabinet Conclusions v. 16.9.1940/FO 371/24408/XC1973
Circular M Nr. 61/an Regierungen Canadas, Australien, Südafrikanische Union, Neuseeland v. 12.9.1940/FO 371/24408/XC1973
Sir A. Hardinge an Hopkins v. 18.9.1940/FO 371/24408/XC1973
Hopkins an Hardinge v. 1.10.1940/FO 371/24408/XC1973
Vermerk v. F.K.Roberts v. 14.4.1942/FO 371/30912
Alle hier benutzten Dokumente befinden sich im Bestand Air 16/619
Most secret/Air Marshall W.S.Douglas von A.F. Harris v. 21.2.1941
Most secret/For personal attention of Air Vice Marshall T.L.Mallory v. 26.2.1941/1786
Most secret, Ref.FC/S. 230.15 v. 26.2.1941/178681
S.A.S.O./Defence of Lympne v. 1.3.1941
Most secret and personal v. 7.3.1941/178681
Most secret, FC/S. 23015/Air v. 10.3.1941/178681
Most secret, FC/S. 23015/Air v. 16.3.1941/178681
Most secret and personal v. 18.3.1941/178681
Most secret, FC/S. 23015/Air v. 19.3.1941
Montgomery to Sanders v. 10.4.1941/178681
Sanders to Montgomery v. 11.4.1941/178681
Secret and personal/FC/S. 23015 v. 19.5.1941/178681
Most secret and personal v. 28.5.1941/178681
Vermerk v. 30.8.1956/178681

### 5. Schwedisches Staatsarchiv Stockholm

Ekeberg, Birger, Memorandum v. 5.8.1940 o.S.
Ekebergs Brief an Kivimäki v. 18.8.1940 o.S.
Kungl.Utrikes Departement/strängt förtroligt v. 5.8.1940 o.S.
Brief Ekebergs an Söderblom v. 3.8.1940/HP 1 Af 101/Bd.HP 111
Schwedische Gesandtschaft in Berlin an Söderblom v. 8.11.1940/ HP 1 CT:64 Bd.HP 317
Karteikarte L. Weißauer Nr.492284 o.S.
Telegramm Nr.723 v. 17.6.1940/HP 39A/XXXIII/UDA
Kungl.Utrikes Departement an Gesandte in London und Washington Nr. 646 und 276 v. 16.4.1942

### 6. Berlin Document Center

Akten Dr. Weißauer, Hans Baur, Georg Betz, Ludwig Gaim und Melitta Wiedemann

### 7. Churchill Archives Centre Cambridge

Cadogan Diaries

## Gedruckte Quellen:

ADAP, Serie D, Bd. X Nr. 653 v. 12.8.1940
ADAP, Serie D, Bd. X, Aufzeichnung des Leiters d.Pol.Abt. v. 14.8.1940
ADAP, Serie D, Bd. X, Aufzeichnung des Staatssekretärs v.12.8.1940
ADAP, Serie D, Bd. XI, 2 RAM an Gesandtschaft in Helsinki v. 27.1.1940
ADAP, Serie D, Bd. XI, Nr. 56 v. 28.1.1941
ADAP, Serie C, Bd. VI,2 Nr. 529–553
Domarus, Max, Hitler, Reden und Proklamationen 1932–1945, Bd. 1–4, Leonberg 198
Pressearchiv: Reichslandbund, Ed-Edu, Re 1/BA-Potsdam
Berger, W., Die politisch militärischen Pakte der Nachkriegszeit im Wortlaut, Erlangen 1936
Vertrags-Ploetz, Bielefeld 1936
The Sunday Times v. 23.August 1987/Revealed: The RAF planned, to hijack Hitler
Hitler, Adolf, Mein Kampf, München 1939
IMT, Bd. X

## Zeitschriften

Manninen, Ohto, Ludwig Weißauer i hemliga uppdrag 1940–1943, in: Historisk tidskrift för Finland 1975
Voigt, H.J., Hitler und Indien, in: VJHZ, 1971, S. 40 und 52
Loock, Hans-Dietrich, Zur »großgermanischen Politik« des Dritten Reiches, in: VHJZ (8) 1960, H. 1, S. 37 ff.

## Mitteilungen

Crawley, Aidan v. 8.11.1991 und 25.1.1992
Günsche, Otto v. 8.3.1991
Standesamt Oberschleißheim v. 2.12.1991

Hess, W.R. v. 12.1.1992 und Telefongespräch v. 14.1.1992
Churchill Archives Center, Churchill College Cambridge v. 2.3.1992
Gemeinschaft der Jagdflieger e.V. v. 2.5.1991
Frau Rüttinger geb.Hoffmann v. 20.11.1993
A. Tipelt v. 1.5.1993
S. Goldbach v. 3.4.1993
Dr. W. Höttl v. 18.2.1993.
Amtsgericht München v. 30.10.1992
Rechtsanwaltskammer München v. 5.11.1992
Finnische Botschaft in Bonn v. 23. und 25.4.1992
Japanische Botschaft in Bonn v. 27.7.1992
Schwedisches Außenministerium v. 5.10.1992
Mr. P.L.V. Mallet v. 29.1.1994
Staatlicher Archivdienst der Russischen Föderation v. 25.3.94

## Literatur

Bülow, Bernhard, Fürst von, Denkwürdigkeiten, Bd. 1 und 2, Berlin 1930
Blücher, Wipert v., Gesandter zwischen Diktatur und Demokratie, Wiesbaden 1951
Calgren, W.M., Mellan Hitler och Stalin, Udevalla 1981
Charmley, John, Chruchill: The End of Glory, London 1993
Costello, John, Ten Days That Saved The West, London 1991
Fleischhauer, Ingeborg, Die Chance des Sonderfriedens, Deutsch-sowjetische Geheimgespräche 1941–1945, Berlin o.J.
Fox, John, The Formulation of Germany's Far Eastern Policy 1933–1939, Diss. London School of Economics, 1972
Gellermann, Günther, W., . . . und lauschten für Hitler, Koblenz 1991
Gilbert, Martin, Finest Hour, Bd. IV, London 1980
Hayes, Paul, The Carreer and Political Ideas of V. Quisling, 1887–1945, o.O. 1971
Hill, C., Cabinet Decisions in Foreign Policy October 1938–June 1941, Cambridge 1991
Hillgruber, Andreas, Hitlers Strategie, Politik und Kriegführung 1940–1941, München 1982
Hoffmann, Peter, Die Sicherheit des Diktators, München 1975
Jägerskiöld, Stig, Mannerheim 1867–1951, Herford 1983
Jokipii, Mauni, Jatkosodan Synti, Helsinki o.J.
Kivimäki, T.M., Suomalaisen Poliitikon Muistelmat, Helsinki o.J.
Kogon, Eugen, Der SS-Staat, Gütersloh o.J.
Lamb, Richard, Der verfehlte Frieden, Englands Außenpolitik 1935–1945, Berlin 1989
Mannerheim, G., Erinnerungen, Zürich 1952
Martin Berndt, Friedensinitiativen und Machtpolitik im Zweiten Weltkrieg 1939–1942, Freiburg 1974
Ders., Die deutsch-japanischen Beziehungen während des Dritten Reiches , in: Hitler, Deutschland und die Mächte, herausgegeben von M. Funke, Düsseldorf 1978
Ders., Japans Weltmachtstreben 1939–1941, in: O. Hauser, Weltpolitik II 1939–1945, Göttingen 1975
Ders., Deutschland und Japan im Zweiten Weltkrieg, Göttingen 1969
Meyer, Winfried, Unternehmen Sieben, Frankfurt/Main 1993
Olsson, Ulf, Bank, familj och företagande, Stockholm o.J.
Pickert, Henry, Hitlers Tischgespräche im Führerhauptquartier, Wiesbaden 1983
Pschyrembel, Klinisches Wörterbuch, Berlin 1977
Paasikivi, J.K., Meine Moskauer Mission 1939–1941, Hamburg 1966

Reventlow, Graf Ernst v., Von Potsdam bis Doorn, Berlin 1940
Ritter, Gerhard, Carl Goerdeler und die deutsche Widerstandsbewegung, Stuttgart 1956
Rosner, Karl, Erinnerungen des Kronprinzen Wilhelm, Stuttgart–Berlin 1922
Ryti, Risto, Memoiren, Helsinki o.J.
Schellenberg, Walter, Aufzeichnungen, Wiesbaden 1979
Sommer, Theo, Deutsch-japanische Beziehungen zwischen den Mächten 1935–1940, Vom Antikominternpakt zum Dreimächtepakt, Tübingen 1962
Schlie, Ulrich, Kein Friede mit Deutschland. Die geheimen Gespräche im Zweiten Weltkrieg 1939–1941, München 1944
Saint-Loup, Die Geisterschiffe der Abwehr, Berg.-Gladbach 1978
Stürmer/Teichmann/Treue, Wägen und Wagen, München 1980
Westmann, K.G., Politiska ansteckningar september 1939–mars 1943, Stockholm 1981

# Personenregister

Abetz, Otto; 1940–1944 Botschafter bei der Vichy-Regierung 127
Alten, Edwin; Richter 49
Baudissin, Graf; Regierungsrat im Reichsluftfahrtministerium 11, 65
Baur, Hans; Flugkapitän; Generalleutnant der Schutzpolizei; Chef der »Führerstaffel« mit zeitweise bis zu 60 Flugzeugen; Hitlers persönlicher Pilot 9, 163, 164, 165, 166, 167, 168, 169, 170, 173, 204
Betz, Georg; SS-Standartenführer; Co-Pilot von Baur 170
Bismarck, Otto Fürst von 16, 17, 69
Blücher; deutscher Gesandter in Helsinki 46
Bömer, Karl; Ministerialrat im Reichspropagandaministerium 23
Boyle, Dermot; Direktor des Nachrichtendienstes (Feindabwehr u. Aufklärung) im Luftwaffenministerium 167, 173
Bräutigam, Dr.; Abteilung Führungsstab Politik im Reichsministerium für die besetzten Ostgebiete 52
Bülow, Bernhard Fürst von; 1899 Staatssekretär im AA; 1900–1909 dt. Reichskanzler 199
Bürkner; Konteradmiral; Chef der Abteilung Ausland im Amt Ausland/Abwehr 125, 153
Butler; Unterstaatssekretär im britischen Außenministerium 25, 26, 85
Cadogan, Sir Alexander; brit. Unterstaatssekretär im Foreign Office 26, 30, 31, 33, 90, 163, 170
Cameron, Sir John 159, 160
Canaris, Wilhelm; Admiral; 1935–1944 Chef des Amtes Ausl./Abw.; am 9.4.45 im Zusammenhang mit dem 20.7.44 hingerichtet 130, 134
Chamberlain; brit. Kolonialminister 1899 199
Chamberlain, Arthur, Neville; 1937– Mai 1940 britischer Premierminister 36, 96, 98
Churchill, Sir Winston Spencer; seit 10. Mai 1940 Premierminister 7, 25, 26, 27, 35, 37, 46, 85, 105, 106, 112, 120, 151, 170
Clemens; Kriminalrat 124, 126, 128, 129, 131
Colville, Sir John; damaliger Privatsekretär von Churchill 170
Costello, John; Schriftsteller 170
Crawley, Aidan; Assistent beim britischen Luftwaffenattaché in Belgrad, dann in Sofia 163, 164, 169
Cunningham; Air Commodore 196
Dahlerus, Birger; schwedischer Industrieller; 1939 Mittelsmann Görings zur britischen Regierung 8, 32, 88
Daufeldt; SS-Sturmbannführer 108, 109,
Douglas, William Sholto; Air Marshall; Oberbefehlshaber aller Jagdflieger der RAF (Fighter Command) 164, 166, 167, 168, 169, 173, 174, 177, 178, 180, 182, 184, 186, 188, 189, 197
Driessen; Hauptmann; Führungsoffizier 118, 119
Eden, Anthony; 1935–1938 und 1940–1945 britischer Außenminister 135, 161
Ekeberg, Birger; Präsident des schwedischen Hofgerichts 15, 16, 17, 19, 20, 21, 22, 25, 31, 33, 34, 35, 36, 37, 43, 44, 45, 46, 47, 49, 67, 69, 90, 91, 93, 94, 95, 104, 105, 106, 107, 112, 134, 202
Evill; Air Vice Marshall 187, 190, 194
Forbes, O.; Air Commodore und Chef des britischen Luftwaffennachrichtendienstes 163
Funk, Walter (1890–1960); Reichswirtschaftsminister; seit 1939 Reichsbankpräsident 73
Gaim, Ludwig; SS-Standartenführer; Co-Pilot von Baur 170
Geiger; Konsul 113, 116
Goebbels, Dr. Joseph; 1933–1945 Reichsminister für Volksaufklärung und Propaganda 11
Goerdeler, Dr. Carl Friedrich 8, 32, 88, 132
Göring, Hermann; OB der Luftwaffe; 1940 Reichsmarschall; wichtiger Berater Hitlers 37, 100
Goulder; Stockholmer Korrespondent des »Daily Telegraph« 135
Grey, Sir Edward; brit. Außenminister 1914 199
Grote, von; Legationsrat im AA 155
Günther; schwedischer Außenminister 24, 26, 30, 31, 48, 90
Haakon VII.; König von Norwegen 22, 74
Halifax; britischer Außenminister bis zum 23. Dezember 1940 26, 27, 36, 39, 85
Hambro, Ch. J.; englischer Bankier; diente seit 1940 als Oberst im engl. Generalstab 134
Harris, Arthur, F. (Bert); Air Vice Marshall; stellvertretender Chef des Stabes im Luftwaffenministerium (Air Ministry) 164, 165, 166, 167, 168, 169, 173, 174, 180, 182, 188

Hauptmannl, Karl; Senator a. D. 62
Haushofer, Dr. Albrecht; Professor an der Universität Berlin 170, 205
Hedin, Sven; schwedischer Asienforscher 13
Henderson, Sir Neville; englischer Botschafter in Berlin 28
Hess, Rudolf; Stellvertreter von Hitler 135, 160, 170, 204, 205
Hewins, Ralph; Stockholmer Korrespondent der »Daily News« 120, 126, 150
Heydrich; Chef des Reichssicherheitshauptamtes 38
Hillgruber, Dr. Andreas; Professor für Mittlere und Neuere Geschichte; als Historiker in der internationalen Fachwelt hoch angesehen; 1989 verstorben 203
Himmler, Heinrich 14, 15, 38
Hitler, Adolf 7, 8, 9, 13, 14, 17, 19, 20, 21, 24, 27, 28, 29, 30, 31, 32, 33, 34, 35, 38, 39, 40, 41, 42, 50, 51, 70, 71, 72, 91, 92, 94, 98, 100, 119, 120, 121, 122, 135, 136, 149, 150, 151, 160, 161, 164, 165, 167, 168, 170, 171, 199, 200, 201, 202, 203, 204, 205
Hoffmann, Irmgard; Stabshelferin 57
Höglund, Z.; schwedischer Politiker 72
Hull, Cordell; amerikanischer Außenminister 37
Issmer; Oberstleutnant, Leiter der Wehrmacht-Verkehrsdirektion Paris 141
Jeschonnek, Hans; Generaloberst; 1942 Chef des Generalstabs der Luftwaffe 58, 108, 109
Jost, Heinz; SS-Brigadeführer; Amtschef VI/RSHA 10, 25, 38, 77, 102
Jung; SS-Brigadeführer 103
Keitel, Wilhelm; Generalfeldmarschall 14, 24
Kiroff; angeblicher Schwiegervater von Hans Baur, Chefpilot Hitlers 163, 164, 166, 169, 170, 171, 204
Kivimäki, T.M.; finnischer Gesandter in Berlin 14, 15, 17, 18, 22, 23, 31, 37, 43, 45, 46, 47, 49, 69, 70, 71, 74, 112, 134
Konoye; jap. Ministerpräsident 1940 201
Kramarz; Legationsrat vom AA 125, 152
Leigh-Mallory, Traffor; Kommandeur der 11. Jägergruppe der RAF 165, 166, 167, 168, 173, 178, 184, 186, 187, 189, 195, 196, 198
Limmer, Hans; ehemaliger enger Mitarbeiter von Ludwig Linsert 62
Lindemann; Generaloberst 53
Linsert, Ludwig; DGB-Landesbezirksvorsitzender 62, 63
Lothian, Lord; britischer Botschafter in Washington 37, 100
Lundström; finnischer Legationsrat 22
Luther; Gesandter, später U-Staatssekr. im AA 10, 25, 38, 77, 102, 103, 120, 123, 124, 125, 126, 127, 128, 129, 131, 153, 155, 156, 157
Mackenzie King; kanad. Ministerpräsident 201
Mallet, Victor; britischer Gesandter in Stockholm 8, 25, 30, 31, 32, 33, 35, 36, 37, 44, 46, 86, 87, 88, 89, 90, 95, 96, 99, 101, 133, 134, 202
Mannerheim, Carl, Gustav, Emil, Freiherr von (1867–1951); finnischer Feldmarschall, später: Marschall von Finnland; 1918–1919 Reichsverweser; 1939–1940 und 1941–1944 Oberbefehlshaber im Krieg gegen die Sowietunion; seit August 1944 Staatspräsident von Finnland (schloß im September 1944 den Waffenstillstand mit der SU ab), trat im März 1946 – bereits schwer krank – zurück. 17, 19, 20, 45, 46, 55, 70, 71, 74, 78
Mantere, Oskari; Kanzler des Ordens der Weißen Rose von Finnland 114
Matsuoka; jap. Außenminister 1940 201, 203
McDonald, Hugh; britischer Luftattaché in Belgrad 169
Mertens, Wilhelm; Syndikus einer Kölner Firma; als Sonderführer beim Militärbefehlshaber in Frankreich tätig; Agent für die Abwehr 118, 119
Milch; Generalfeldmarschall 54
Montgomery, D., H.; Squadron Leader, Staffelkapitän; Horstkommandant des Flugplatzes Lympne 167, 168, 173, 181, 191, 192, 193
Mörner, Graf Haakon; schwedischer Reserveoffizier 130, 131, 137, 155
Müller, Heinrich; SS-Gruppenführer u. Amtschef des Amtes IV/Reichssicherheitsdienst 123, 124, 125, 126, 136
Mussolini, Benito; seit 1922 italienischer Regierungschef und Führer der faschistischen Partei 34, 43, 94
Mustad, Halfdan; Fabrikdirektor 49
Napoleon I.; Kaiser der Franzosen 1804–1814/15 34, 92
Nogiseks; SS-Untersturmführer 53
Oppenheim, Karin von; Tochter von Waldemar von Oppenheim 124, 125, 131
Oppenheim, Waldemar Freiherr von; Bankier in Köln und Teilhaber des Bankhauses Pferdmenges & Co. 8, 117, 118, 119, 122, 123, 124, 125, 126, 127, 128, 129, 130, 131, 132, 133, 134, 136, 137, 139, 140, 142, 144, 152, 153, 154, 155, 157, 158, 159, 202, 204,

Päffgen, Dr.; SS-Obersturmbannführer, Amt VI/ Reichssicherheitshauptamt 59, 111
Papen, Franz von; 1932–1944 Reichskanzler, Vizekanzler; Gesandter in Wien und Botschafter in Ankara 120, 122, 150
Picot; Legationsrat 125
Piekenbrock; Oberst d. Gen. St. und Chef der Abwehrabteilung I im Oberkommando der Wehrmacht 127, 129, 130, 154, 155
Prytz, Björn G.; schwedischer Gesandter in London 25, 26
Quisling, Vidkun; norwegischer Politiker; gründete 1933 die faschistische Partei »Nasjonal Samling«. Bereitete 1940 mit der deutschen Regierung die Besetzung Norwegens vor; nach Kriegsende in Norwegen wegen Hochverrat zum Tode verurteilt 47, 49
Ramsay, Dr. Henrik; Direktor der Finnischen Dampfschiffahrts-AG 45, 46
Rappe; stellvertretender Verteidigungschef 24
Ribbentrop, Joachim von 8, 14, 15, 17, 22, 23, 38, 55, 91, 124, 125, 127, 128, 129, 130, 131
Richert, Arvid; schwedischer Gesandter in Berlin 22, 26, 75, 107, 126
Rintelen, von; Gesandter im AA 153
Ritter, Karl; Botschafter, Verbindungsmann des AA zur Wehrmacht 124
Roosevelt, Franklin; US-Präsident 37, 38, 201, 203
Ross, A.; Oberstleutnant; britischer Militärattaché in Sofia 164, 169
Roth, Walter; Senatspräsident a. D. 61
Runciman, Steven; britischer Historiker und Dolmetscher bei der britischen Gesandtschaft in Sofia 163, 164
Rüttinger; frühere Sekretärin Weißauers 62, 63
Ryti; finnischer Ministerpräsident 17, 18, 19, 48, 55, 70, 78, 84
Sahlin; schwedischer Botschafter in Helsinki 22, 75
Sanders, A., P., M.; Air Commodore; Direktor der Bodenabwehr (Flakabwehr) im Luftwaffenministerium (Air Ministry) 167, 168, 173, 186, 190, 193, 194
Sandler; schwedischer Politiker 72
Saward, Dudley; offizieller Biograph von Arthur F. Harris 169
Schelderup, Ferdinand; Justizrat 49
Schröder, Baron Kurt von; deutscher Bankier, nach 1933 Leiter der Fachgruppe Privatbanken a. d. Deutschen Bankenvereinigung 118, 122
Serrano, Rosita; bek. chilenische Sängerin 123
Söderblom; Staatsrat im schwedischen Außenministerium 22, 75, 76, 107
Somers-Cocks, o. D. 159, 160
Stahmer; Sondergesandter des Ausw. Amtes für Japan im Jahr 1940 202
Steengracht, von; Gesandter 130, 131
Tarjanne, P.K.; Sekretär des Ordens der Weißen Rose von Finnland 114
Thomä, K.E.; Leiter der Rechtsabteilung des Boschkonzerns 132
Tiplt, Alexander; damaliger Leiter der Abt. Bildungswesen des DGB-Landesbezirks Bayern 62
Vansittard, Sir Robert; diplom. Chefberater des britischen Außenministers 8, 30, 32, 88
Wallenberg, Jacob; Leiter der Skandinaviska Enskilda Banken; Kontaktmann von Goerdeler 117, 118, 132, 134
Wallenberg, Marcus; Bankier; Bruder von Jacob Wallenberg 117, 122, 123, 124, 125, 126, 127, 128, 139, 204
Walz, H.; Direktor der Geschäftsleitung des Boschkonzerns 132
Ward Price; britischer Journalist 29
Wasastjerna; schwedischer Minister 70
Wedel, von; Reichsbankdirektor 126, 127, 128
Weißauer, Dr. Ludwig; Rechtsanwalt 7, 8, 10, 11, 12, 13, 14, 15, 16, 17, 18, 19, 20, 21, 22, 23, 24, 26, 31, 32, 33, 34, 35, 36, 37, 39, 40, 41, 43, 44, 45, 46, 47, 48, 49, 50, 51, 52, 53, 54, 55, 56, 57, 58, 59, 60, 61, 62, 63, 65, 66, 67, 69, 78, 80, 82, 84, 87, 88, 89, 90, 91, 92, 93, 94, 95, 96, 98, 99, 102, 104, 107, 108, 109, 110, 111, 113, 114, 115, 133, 134, 137, 199, 200, 202, 204,
Weizsäcker; Staatssekretär im AA 24
Welles, Sumner; 1937–1943 Unterstaatssekretär im amerik. Außenministerium 149, 159
Westmann, K. G.; schwed. Justizminister 23
Wied, Victor Prinz zu; 1933–1942 Gesandter in Stockholm 122
Wiedemann, Melitta; frühere Sekretärin bei der NS-Zeitung »Der Angriff« 62, 63, 116
Wilhelm II.; dt. Kaiser von 1888–1918 199
Wilhelm; Sohn Kaiser Wilhelm's II.; deutscher Kronprinz 199
Witting, Rolf; finn. Außenminister 18, 78
Woermann, Dr. Ernst; Unterstaatssekretär und Leiter der politischen Abteilung des AA 23
Wolf; Reichsbankdirektor 126

# Danksagung

Mein Dank gilt insbesondere meinem Kollegen und Freund Dr. Eberhard Schwarz, der das Rohmanuskript dieses Buches aufmerksam und kritisch durchlas und viele Anregungen gegeben hat.

Ein weiterer Freund, Herr Rupprecht Sommer, hat sich für die Gestaltung auch dieses Buches sachkundig und mit großem Engagement eingesetzt, der Verfasser ist ihm daher in herzlicher Verbundenheit zu sehr großem Dank verpflichtet.

Im Frühjahr 1995 Günther W. Gellermann

# Der Autor

**Dr. Günther W. Gellermann,** geboren am 17. Juli 1930 in Bremen, erlernte das Maurerhandwerk und arbeitete acht Jahre auf dem Bau. Erwerb der Hochschulreife durch Ablegung der Begabtenprüfung. 1953–1960 Studium der Politischen Wissenschaften an der Hochschule für Politik und der Geschichte und Geographie an der Freien Universität Berlin. 1957 Diplom-Prüfung in Politik (Diplom-Politologe) und 1960 Erstes Staatsexamen für das Lehramt an Gymnasien. Nach Referendarzeit und Assessorexamen (1962) Tätigkeit im Schuldienst, 1964 Studienrat. 1965–1971 politischer Beamter in Berlin (Bezirksstadtrat für Volksbildung im Bezirksamt Schöneberg). 1981 Promotion zum Dr. phil. an der Universität Köln bei Professor Dr. Andreas Hillgruber.

Buchveröffentlichungen (im Bernard & Graefe Verlag):

Die Armee Wenck – Hitlers letzte Hoffnung. Aufstellung, Einsatz und Ende der 12. deutschen Armee im Frühjahr 1945 (1984)

Der Krieg, der nicht stattfand. Möglichkeiten, Überlegungen und Entscheidungen der deutschen Obersten Führung zur Verwendung chemischer Kampfstoffe im Zweiten Weltkrieg (1986)

Moskau ruft Heeresgruppe Mitte ... Was nicht im Wehrmachtbericht stand: Die Einsätze des geheimen Kampfgeschwaders 200 im Zweiten Weltkrieg (1988)

... und lauschten für Hitler: Geheime Reichssache! Die Abhörzentralen des Dritten Reiches (1991)

# Zur Geschichte des Zweiten Weltkrieges

Günther W. Gellermann

## Moskau ruft Heeresgruppe Mitte . . .

Was nicht im Wehrmachtsbericht stand: Die Einsätze des geheimen Kampfgeschwaders 200 im Zweiten Weltkrieg

326 Seiten, 78 Fotos, 61 Dokumente. Geb.

». . . sauber recherchiert und ohne luftige Spekulationen . . .«

Das Historisch-Politische Buch

Günther W. Gellermann

## Die Armee Wenck – Hitlers letzte Hoffnung

Aufstellung, Einsatz und Ende der 12. deutschen Armee im Frühjahr 1945

2. Auflage. 215 Seiten, 49 Fotos, 5 Kartenskizzen, 18 Dokumente (Faksimiledrucke). Brosch.

». . . verdient dieser saubere und solide Beitrag zur Geschichte des Zweiten Weltkrieges . . . besondere Beachtung.«

Frankfurter Rundschau

Günther W. Gellermann

## . . . und lauschten für Hitler

Geheime Reichssache! Die Abhörzentralen des Dritten Reiches. 320 Seiten und 12 Bildtafeln, zahlreiche Fotos und Dokumente. Geb.

ISBN 3-7637-5899-2

Wer waren die Nachrichtendienste, von denen hier die Rede ist? Hier werden unbekannte oder weniger bekannte Tatsachen zur Geschichte, mit zum größten Teil unveröffentlichten Dokumenten, ans Tageslicht gebracht.

Franz W. Seidler

## Die Organisation Todt

Bauen für Staat und Wehrmacht 1938–1945

300 Seiten und 32 Bildtafeln, 72 Fotos, 8 Karten, 15 Skizzen und Graphiken. Geb.

»Das sorgfältig bearbeitete Buch . . .«

Frankfurter Allgemeine

## Hitlers Weisungen für die Kriegführung 1939–1945

Dokumente des OKdos. der Wehrmacht

Herausgegeben von Prof. Dr. W. Hubatsch

2. Auflage. 332 Seiten. Leinen

Diese vollständige Sammlung in ungekürztem Wortlaut ist eine unentbehrliche Quelle für die Beurteilung der strategischen Absichten der deutschen Obersten Führung während des Zweiten Weltkrieges.

Ronald Lewin

## Entschied ULTRA den Krieg?

Alliierte Funkaufklärung im Zweiten Weltkrieg

485 Seiten und 16 Bildtafeln, 29 Abbildungen. Brosch.

». . . beeindruckend . . . auf dem Weg zu einem abschließenden und wohlbegründeten Urteil stellt das vorliegende Buch ohne Zweifel einen Meilenstand dar.« NDR/WDR

Erich von Manstein

## Verlorene Siege

13. / 14. Auflage. 664 Seiten und 12 Bildtafeln, 42 Abbildungen, 13 Kartenskizzen. Geb.

Die Kriegserinnerungen des »gefährlichsten Gegners der Alliierten« (Sir Basil Liddell Hart):

». . . ein Rechenschaftsbericht des wahrscheinlich größten Strategen auf deutscher Seite, zugleich eine phrasenlose Würdigung der Tapferkeit und der Leiden des deutschen Ostheeres.« Die Welt

Günther W. Gellermann

## Der Krieg, der nicht stattfand

Möglichkeiten, Überlegungen und Entscheidungen der deutschen Obersten Führung zur Verwendung chemischer Kampfstoffe im Zweiten Weltkrieg

264 Seiten, 19 Fotos, 3 Skizzen, 11 Dokumente. Ln.

ISBN 3-7637-5804-6

»Überraschung des Jahres.« Der Spiegel

Diese Titel bilden nur eine Auswahl aus unserem umfangreichen Buchprogramm. Fordern Sie bitte unverbindlich weitere Informationen zu den Themenbereichen Geschichte / Politik / Wehrwesen / Luftfahrt und Marine an.

Bernard & Graefe Verlag · Heilsbachstraße 26 · D-53123 Bonn